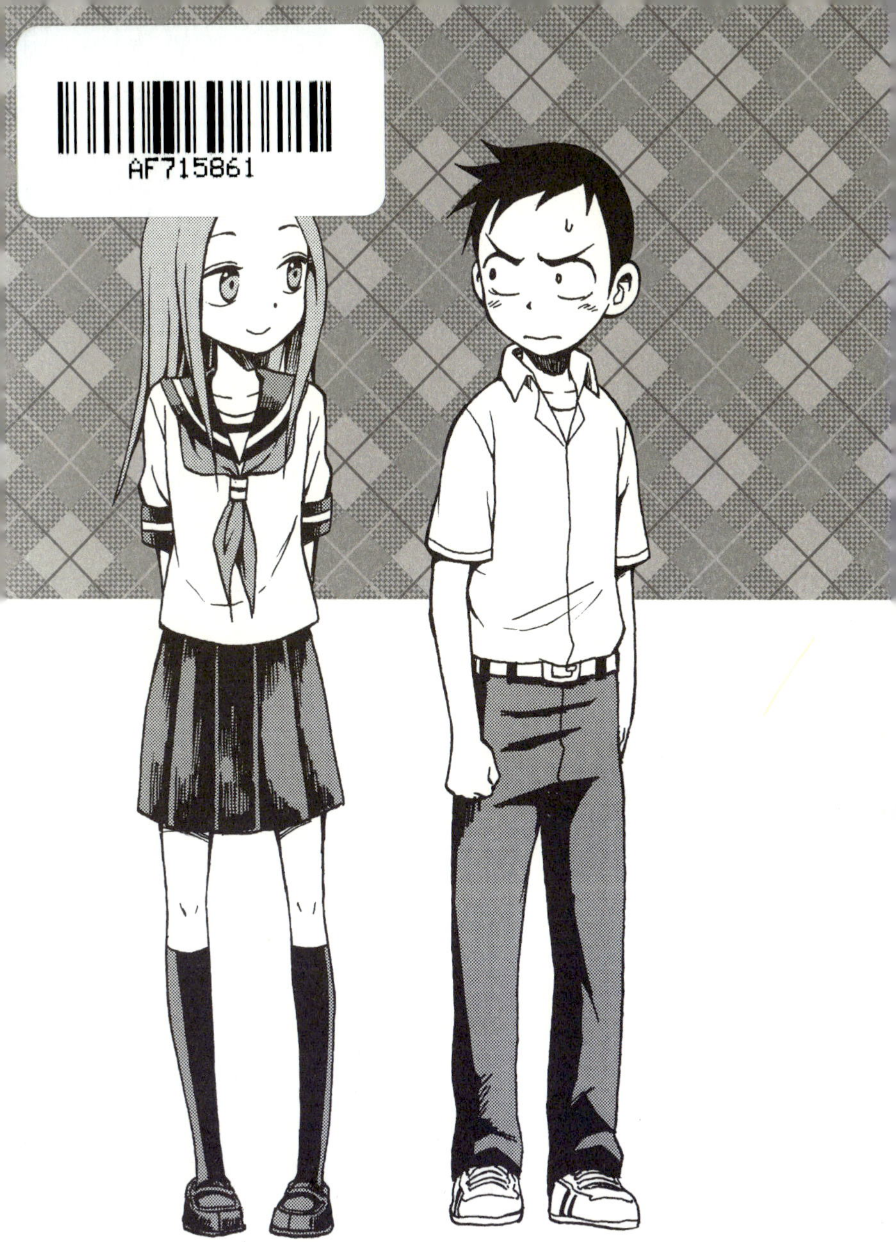

Nicht schon wieder, Takagi-san! 1 Soichiro Yamamoto

Inhalt

Ratzefummel

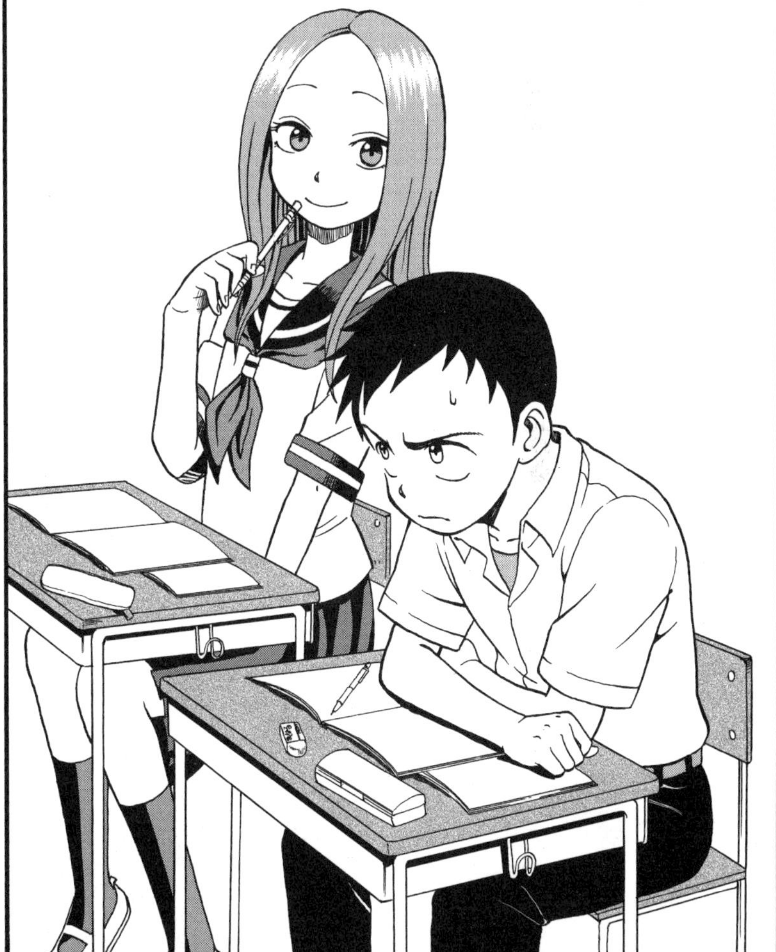

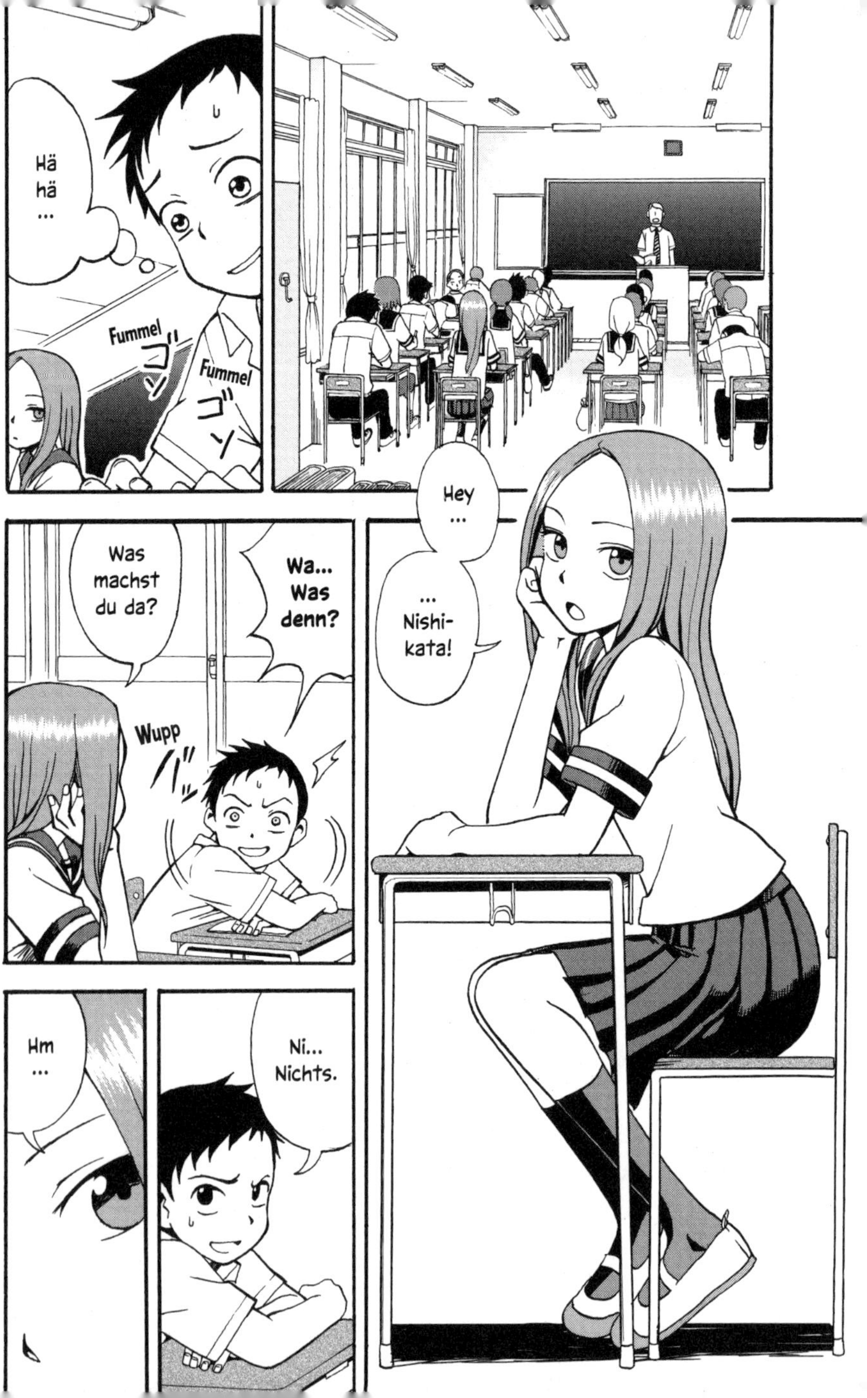
Hä hä …
Fummel
Fummel
Hey …
… Nishi-kata!
Wa… Was denn?
Was machst du da?
Wupp
Ni… Nichts.
Hm …

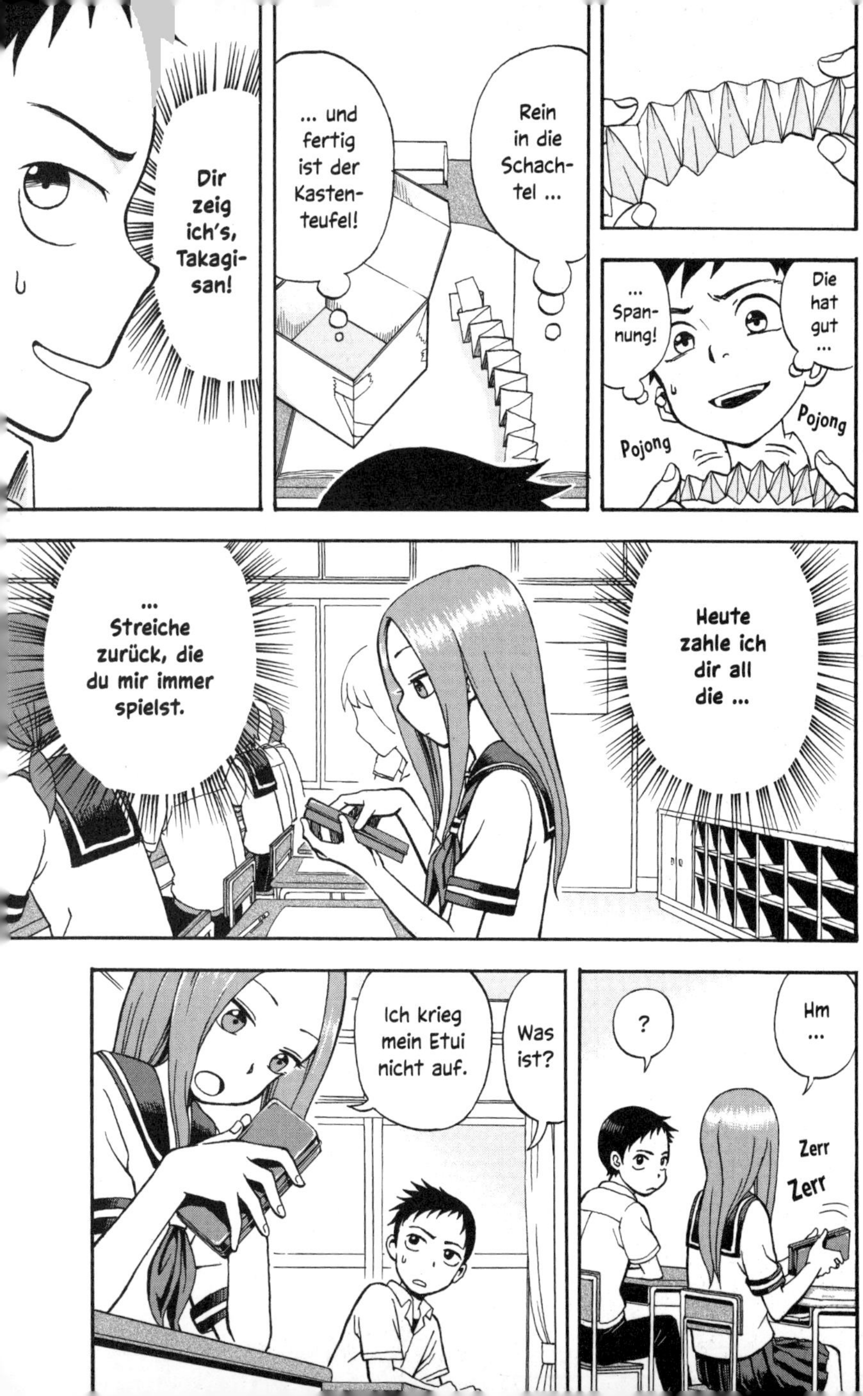

Die hat gut ...
... Spannung!
Pojong
Pojong
Rein in die Schachtel ...
... und fertig ist der Kastenteufel!
Dir zeig ich's, Takagi-san!
Heute zahle ich dir all die ...
... Streiche zurück, die du mir immer spielst.
Hm ...
?
Zerr
Zerr
Was ist?
Ich krieg mein Etui nicht auf.

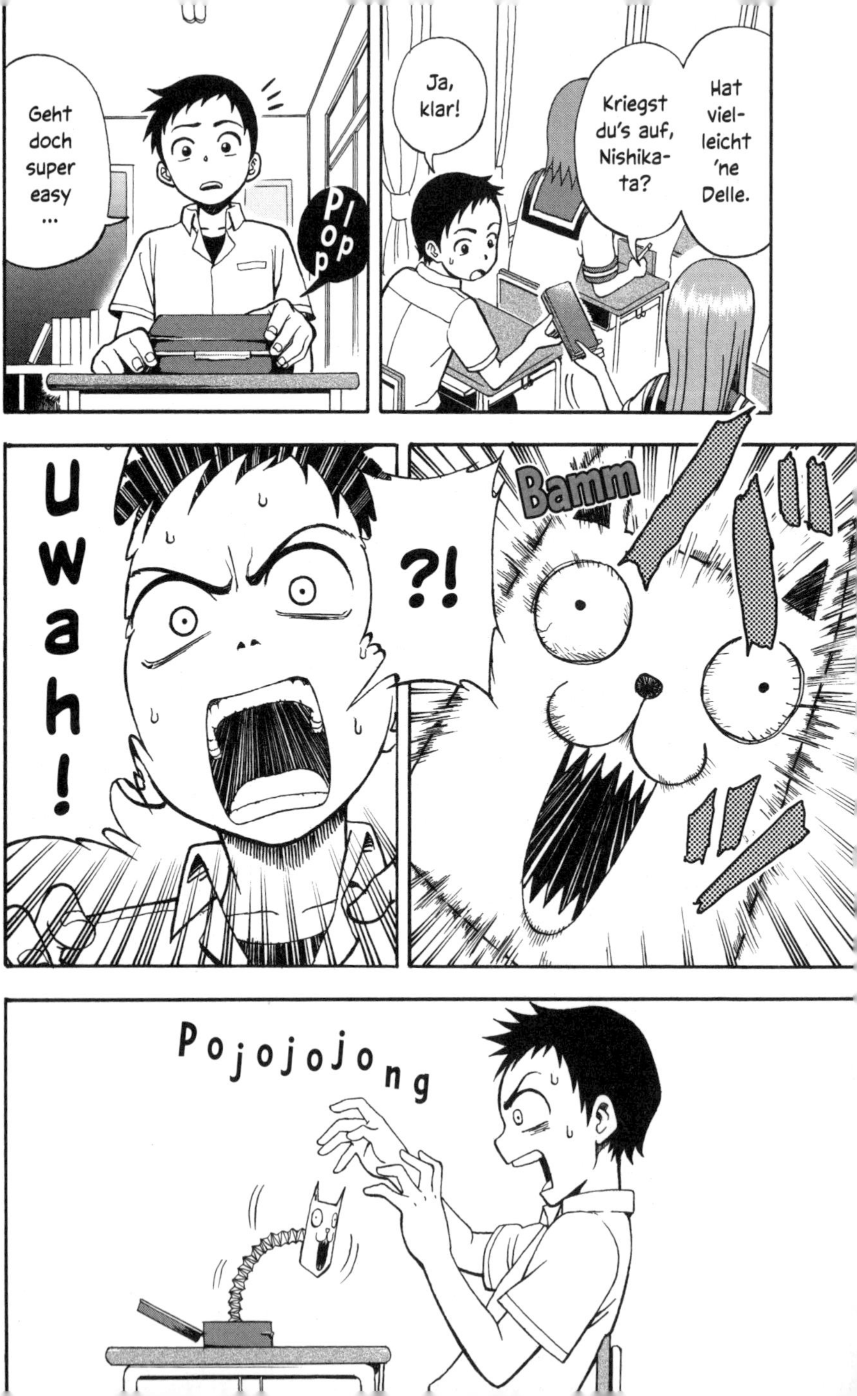
Hat viel-leicht 'ne Delle.
Kriegst du's auf, Nishika-ta?
Ja, klar!
Geht doch super easy ...
Plopp
Bamm
?!
Uwah!
Pojojojong

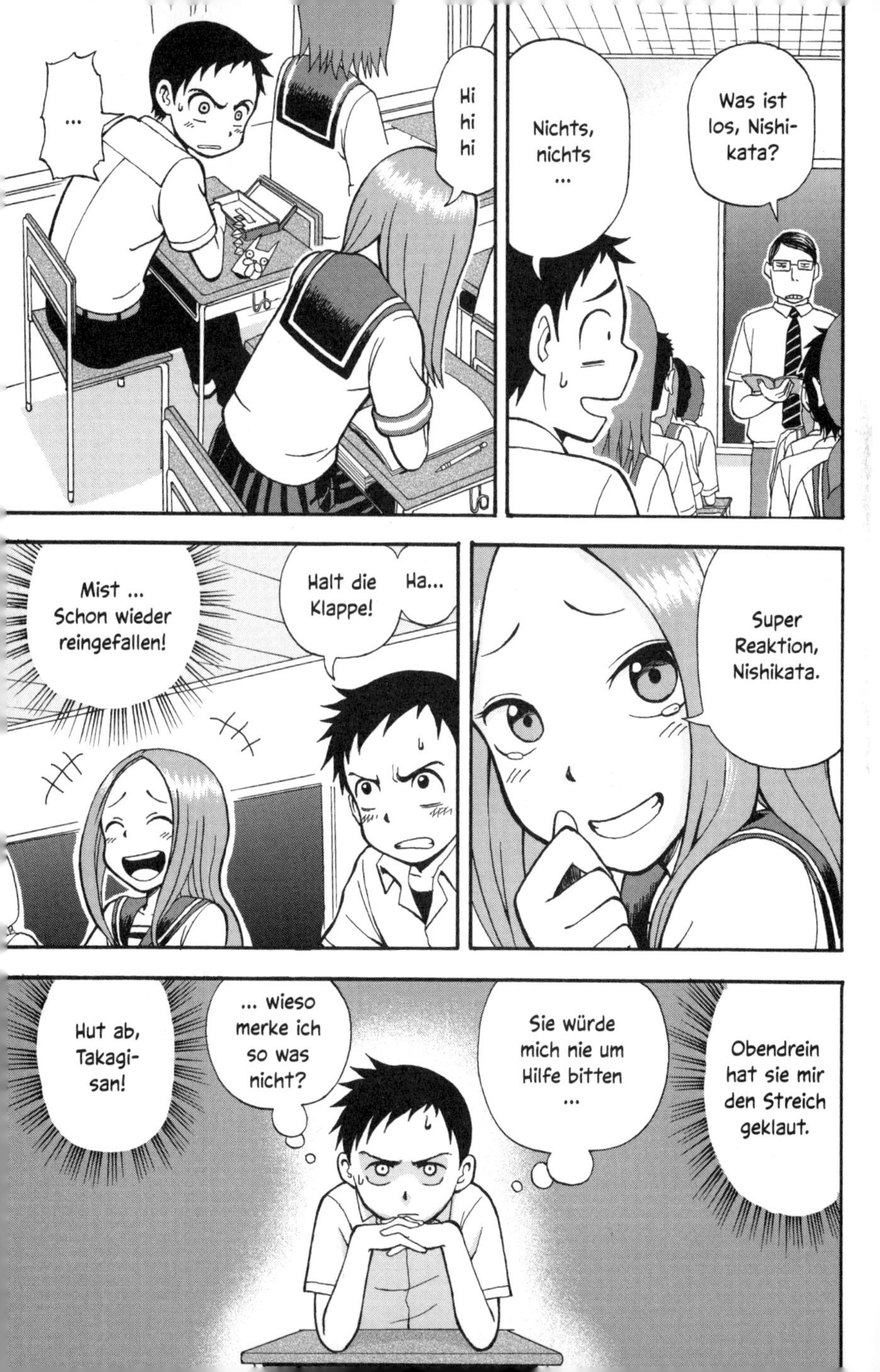
Was ist los, Nishikata?
Nichts, nichts ...
Hi hi hi
...
Super Reaktion, Nishikata.
Ha...
Halt die Klappe!
Mist ... Schon wieder reingefallen!
Obendrein hat sie mir den Streich geklaut.
Sie würde mich nie um Hilfe bitten ...
... wieso merke ich so was nicht?
Hut ab, Takagi-san!

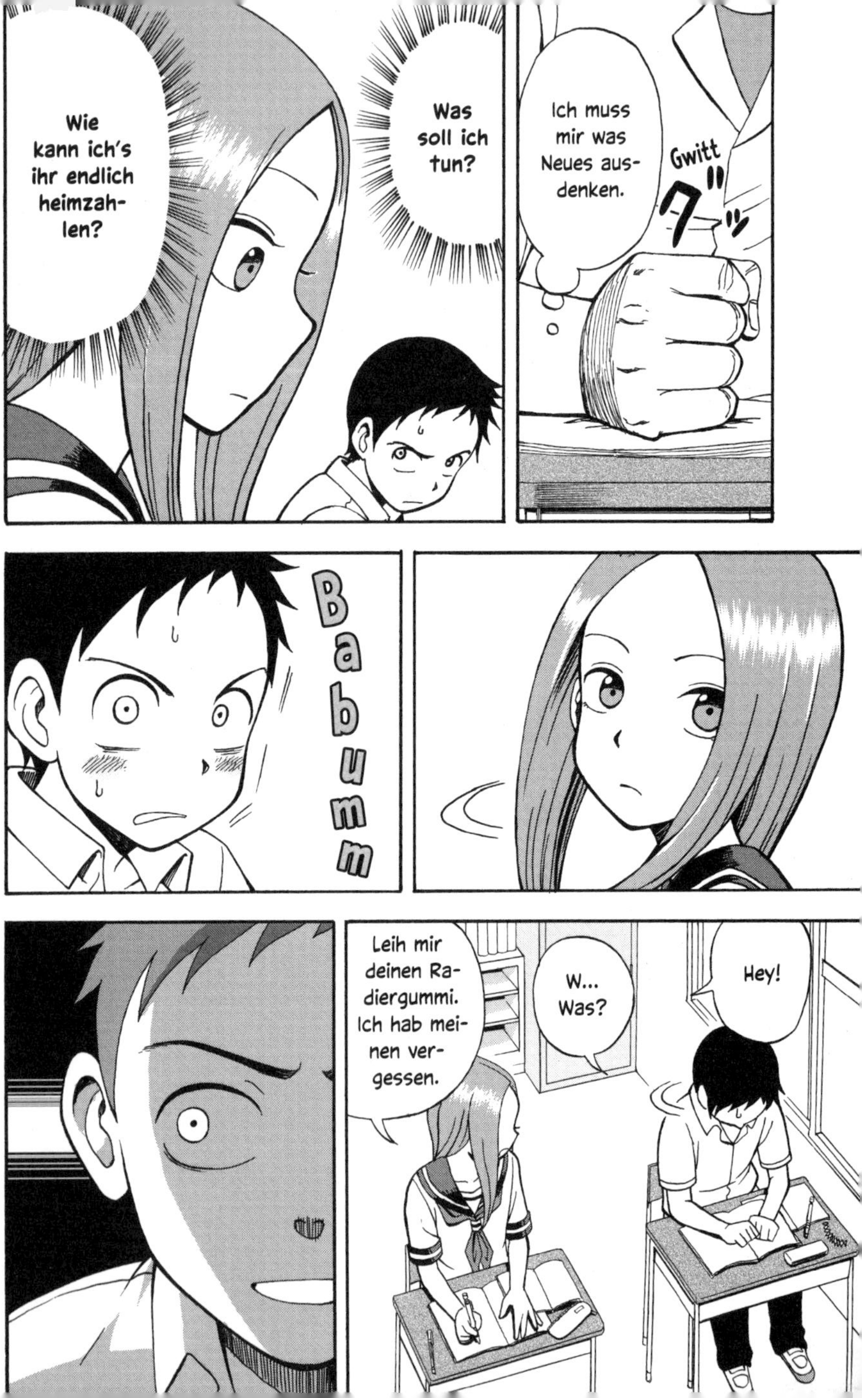
Ich muss mir was Neues ausdenken.
Gwitt
Was soll ich tun?
Wie kann ich's ihr endlich heimzahlen?
Babumm
Hey!
W... Was?
Leih mir deinen Radiergummi. Ich hab meinen vergessen.

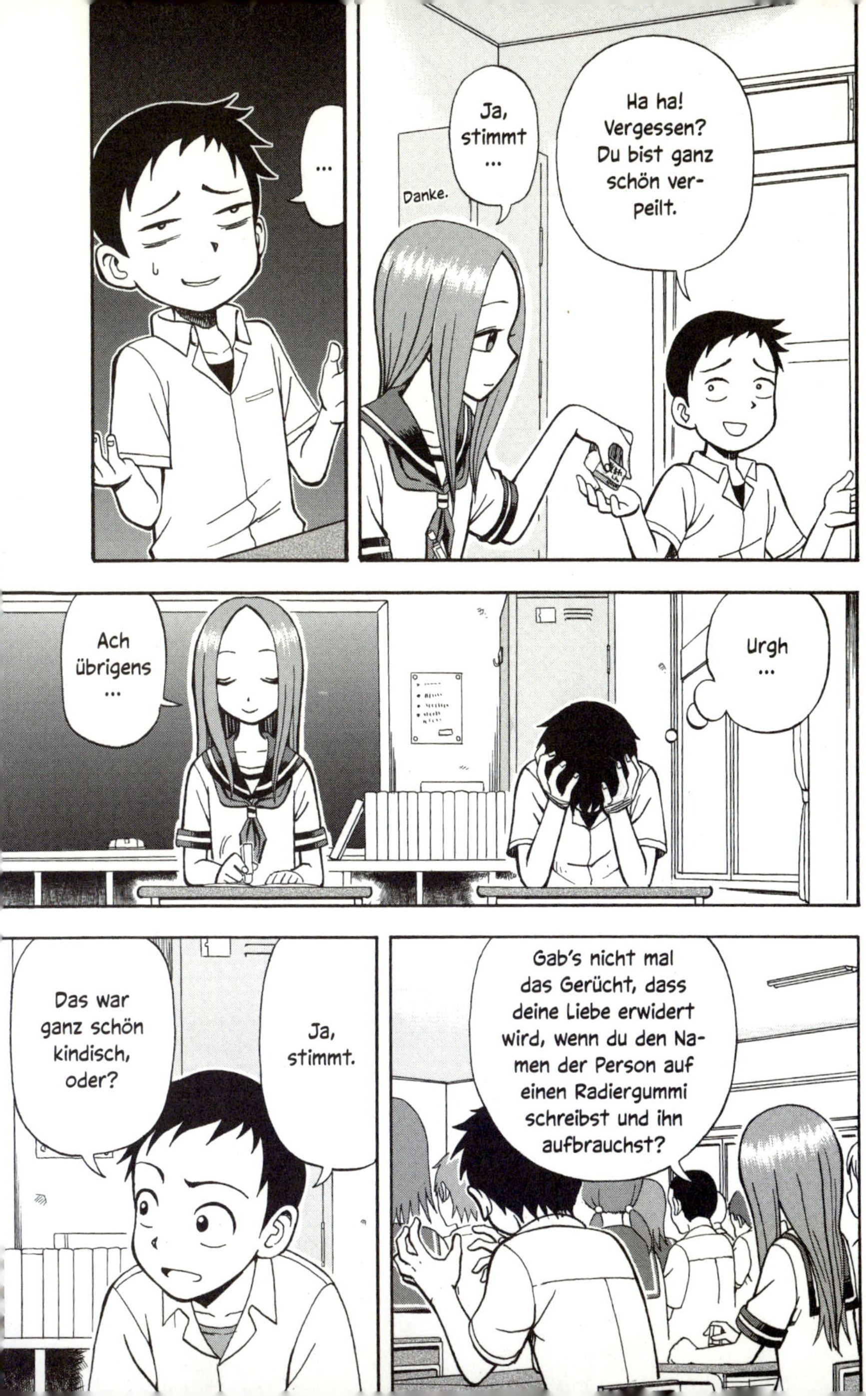
Ha ha! Vergessen? Du bist ganz schön ver-peilt.
Ja, stimmt ...
Danke.
...
Urgh ...
Ach übrigens ...
Gab's nicht mal das Gerücht, dass deine Liebe erwidert wird, wenn du den Na-men der Person auf einen Radiergummi schreibst und ihn aufbrauchst?
Ja, stimmt.
Das war ganz schön kindisch, oder?

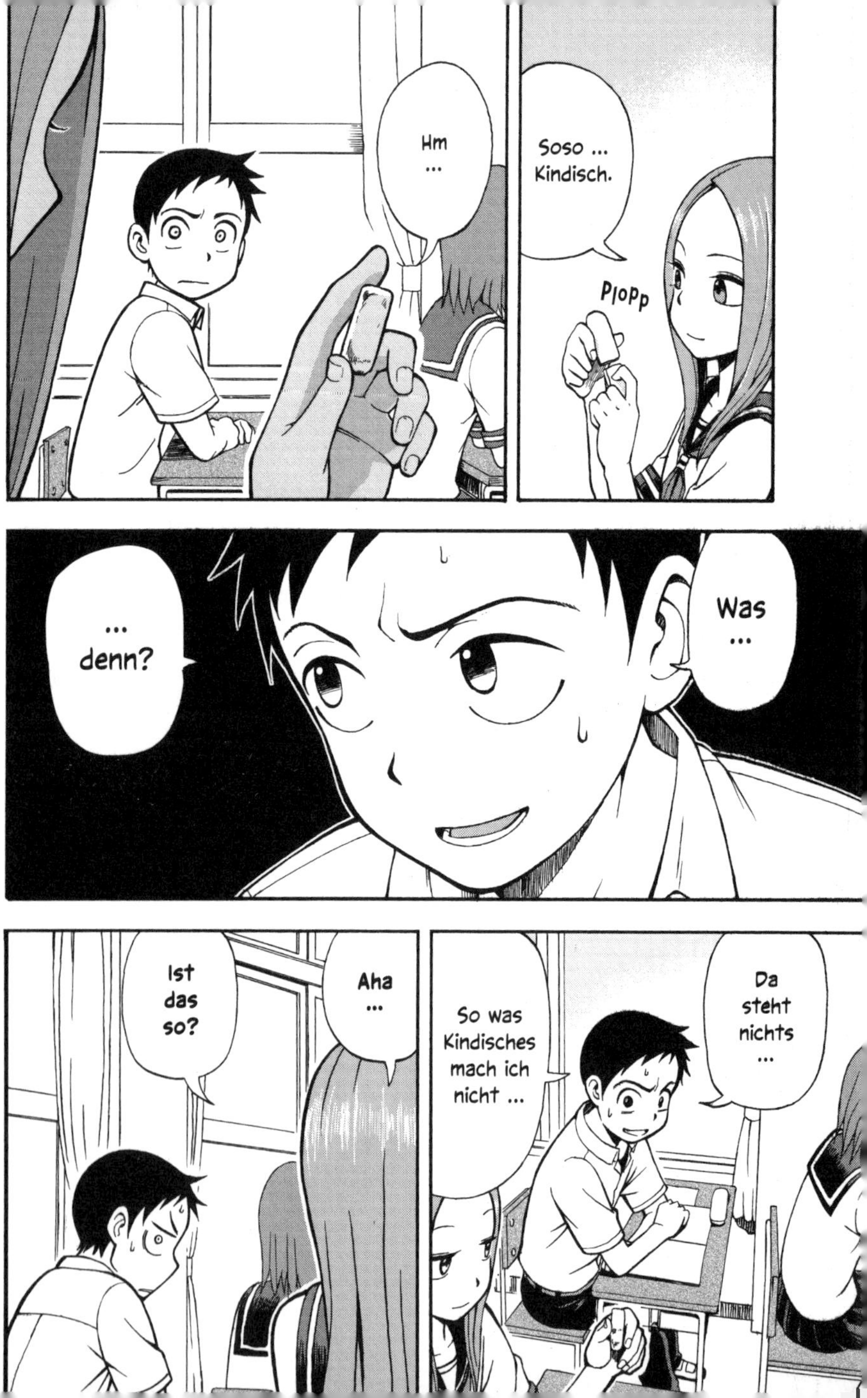
Soso ... Kindisch.
Plopp
Hm ...
Was ...
... denn?
Da steht nichts ...
So was Kindisches mach ich nicht ...
Aha ...
Ist das so?

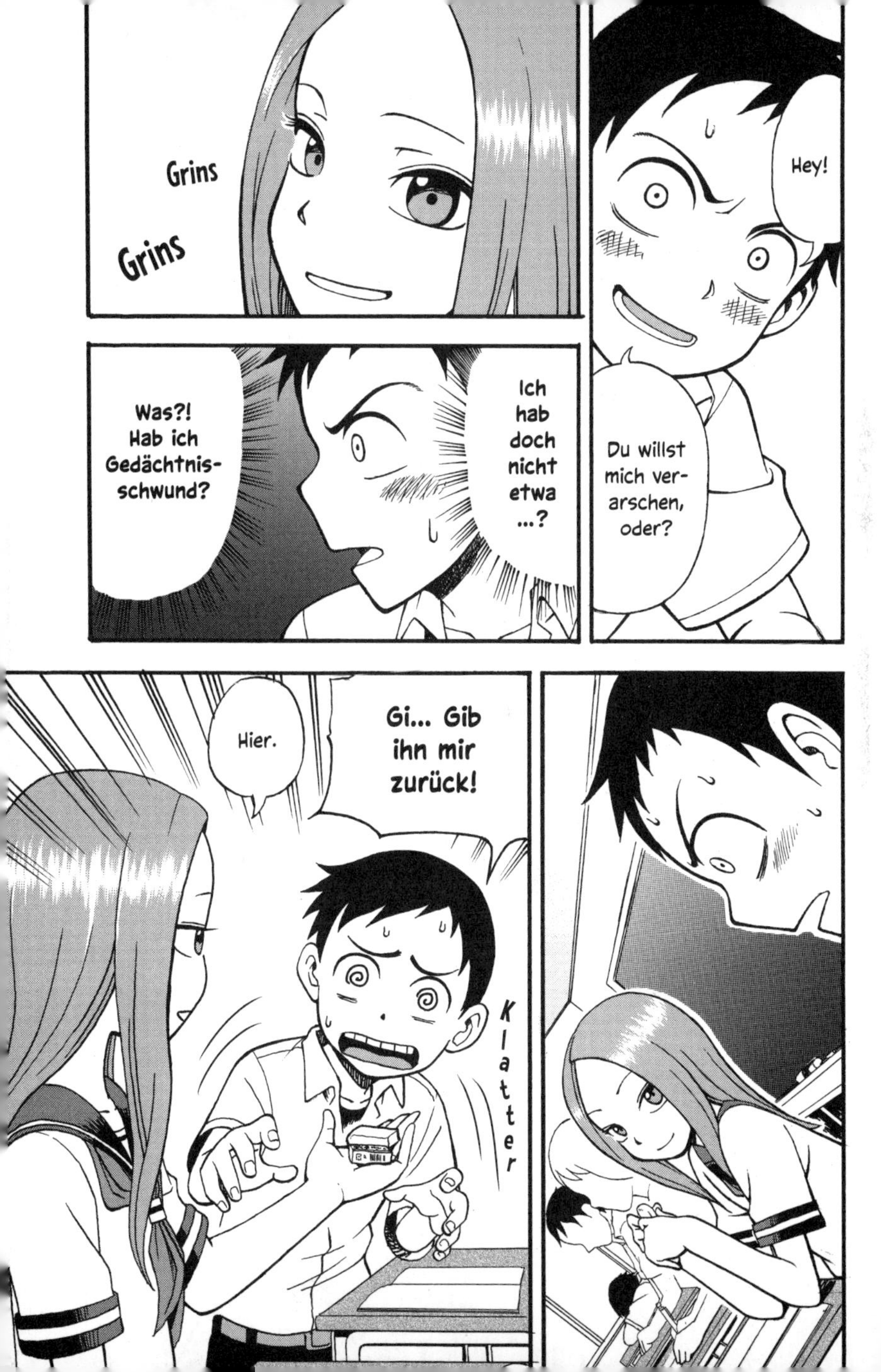
Hey!
Du willst mich verarschen, oder?
Grins
Grins
Ich hab doch nicht etwa ...?
Was?! Hab ich Gedächtnisschwund?
Gi... Gib ihn mir zurück!
Hier.
Klatter

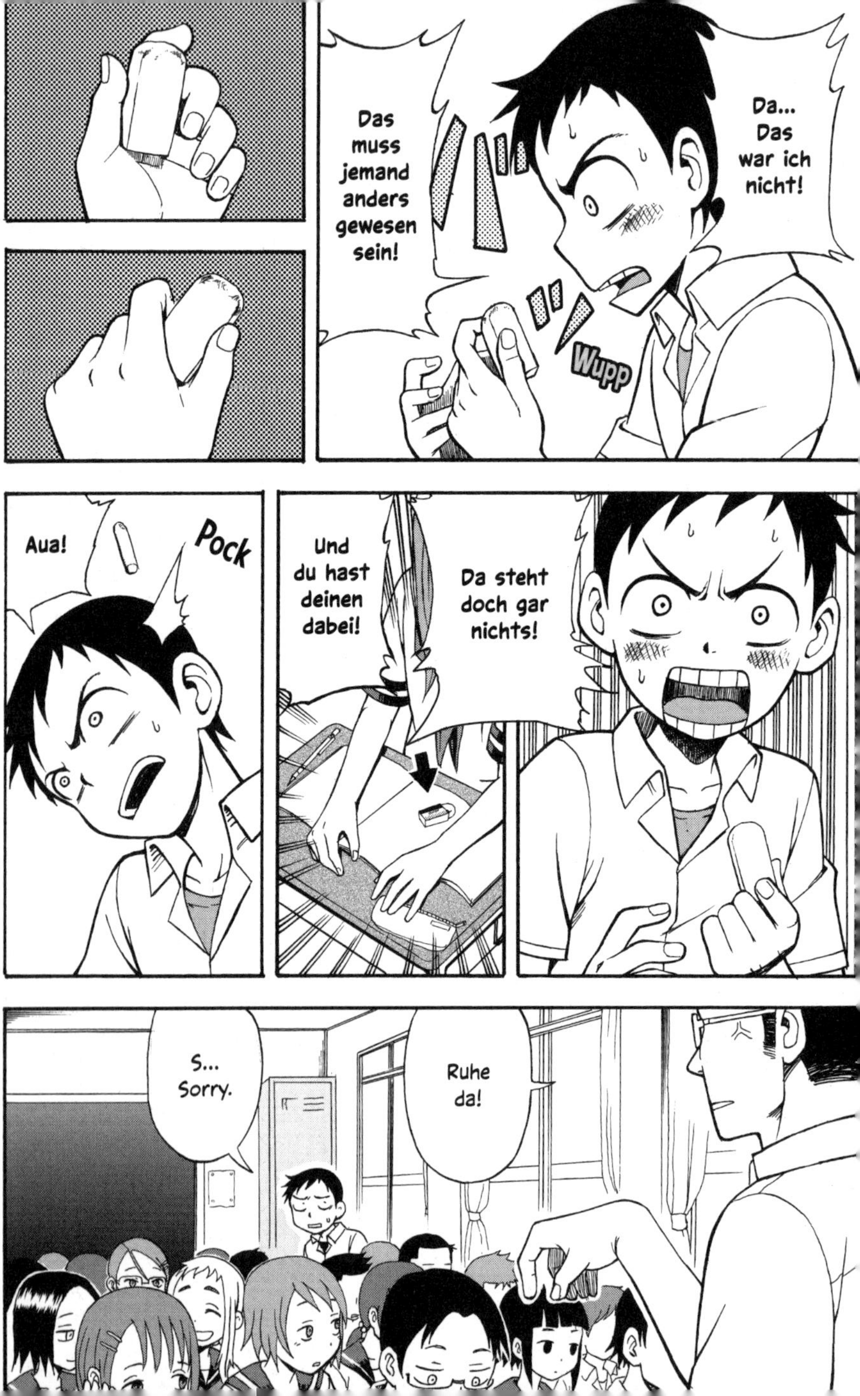

Da... Das war ich nicht!
Das muss jemand anders gewesen sein!
Wupp
Da steht doch gar nichts!
Und du hast deinen dabei!
Pock
Aua!
Ruhe da!
S... Sorry.

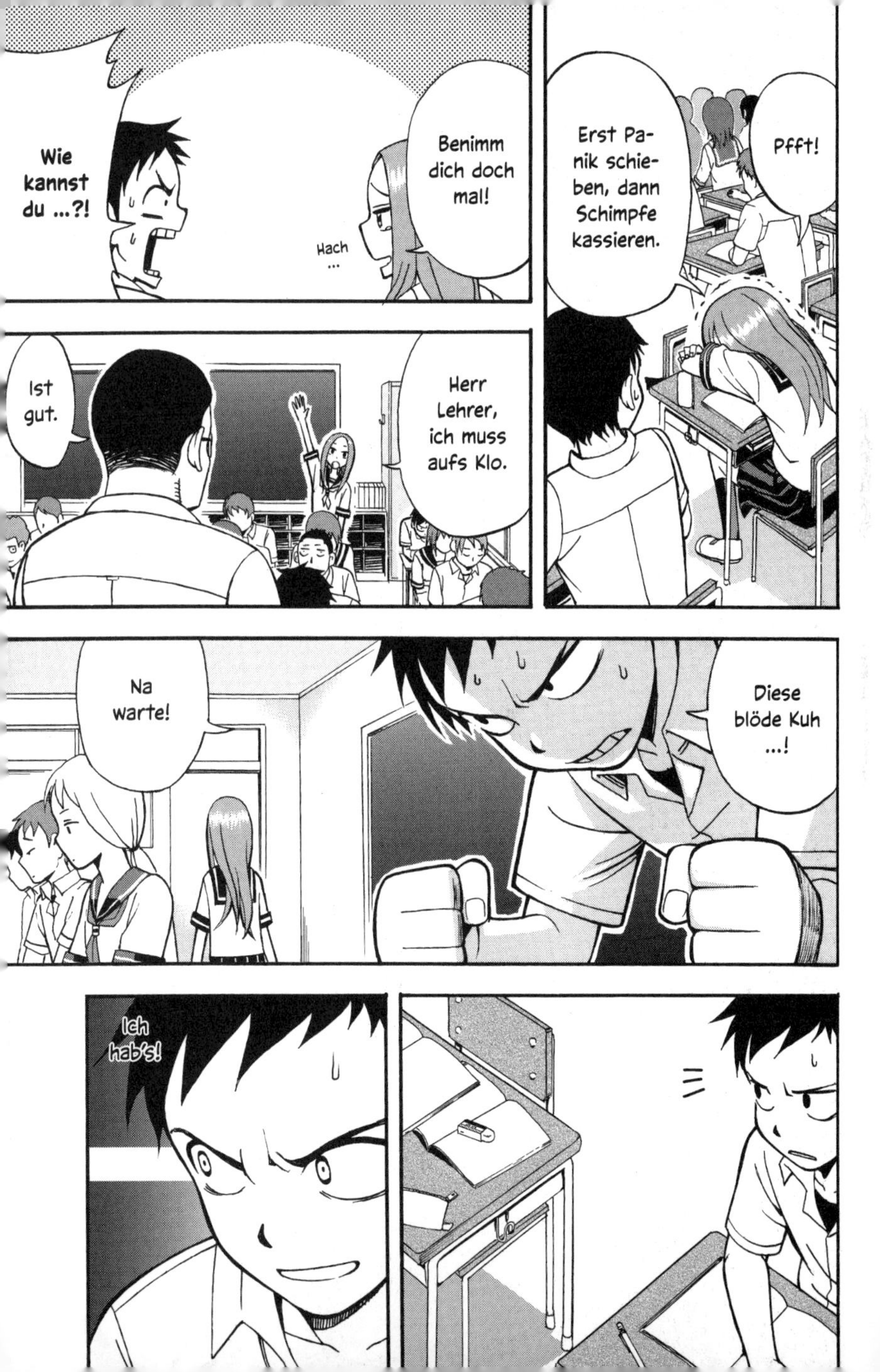
Pfft!
Erst Panik schieben, dann Schimpfe kassieren.
Benimm dich doch mal!
Hach ...
Wie kannst du ...?!
Herr Lehrer, ich muss aufs Klo.
Ist gut.
Diese blöde Kuh ...!
Na warte!
Ich hab's!

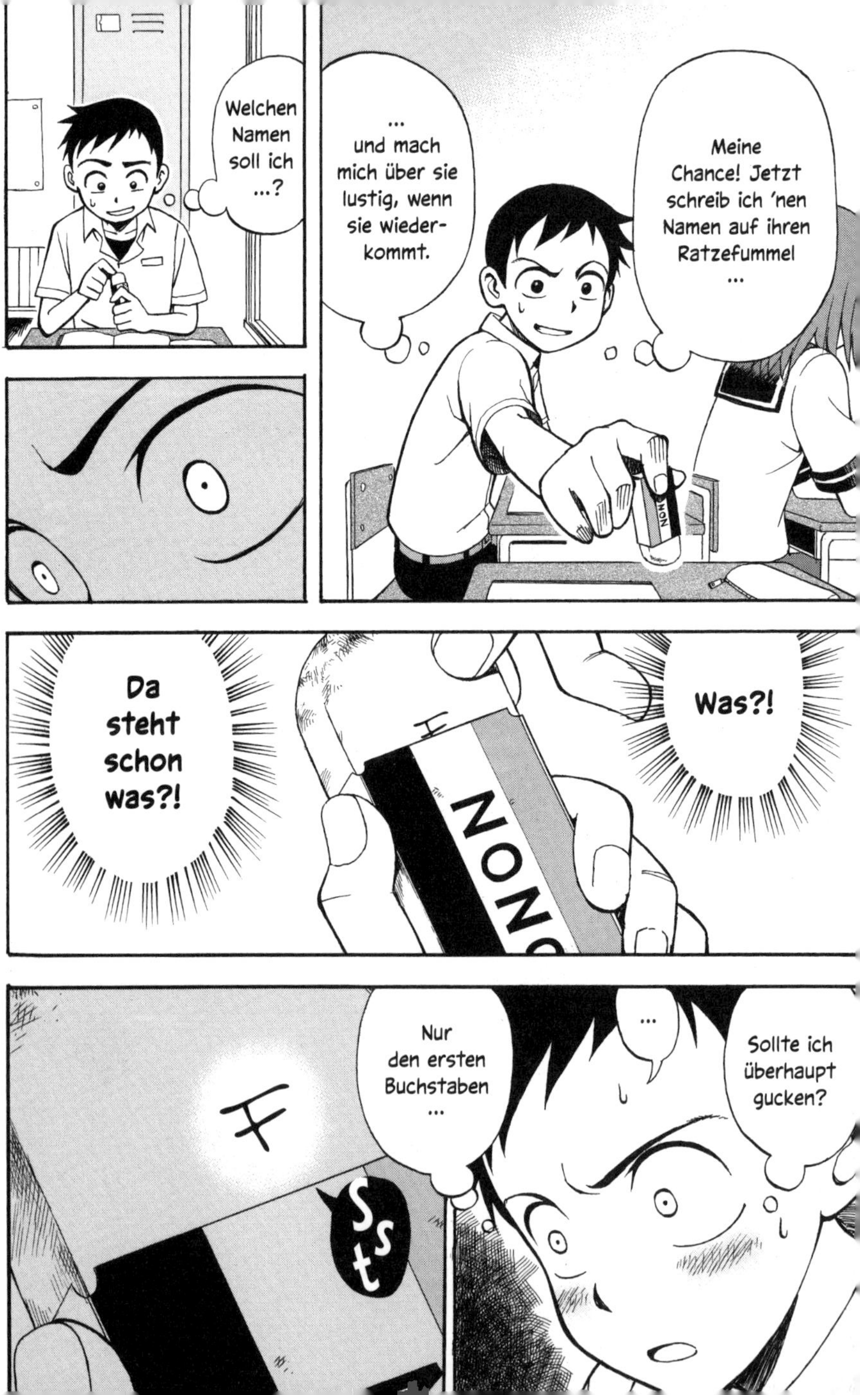
Meine Chance! Jetzt schreib ich 'nen Namen auf ihren Ratzefummel ...
... und mach mich über sie lustig, wenn sie wiederkommt.
Welchen Namen soll ich ...?
Was?!
Da steht schon was?!
Sollte ich überhaupt gucken?
...
Nur den ersten Buchstaben ...
Sst

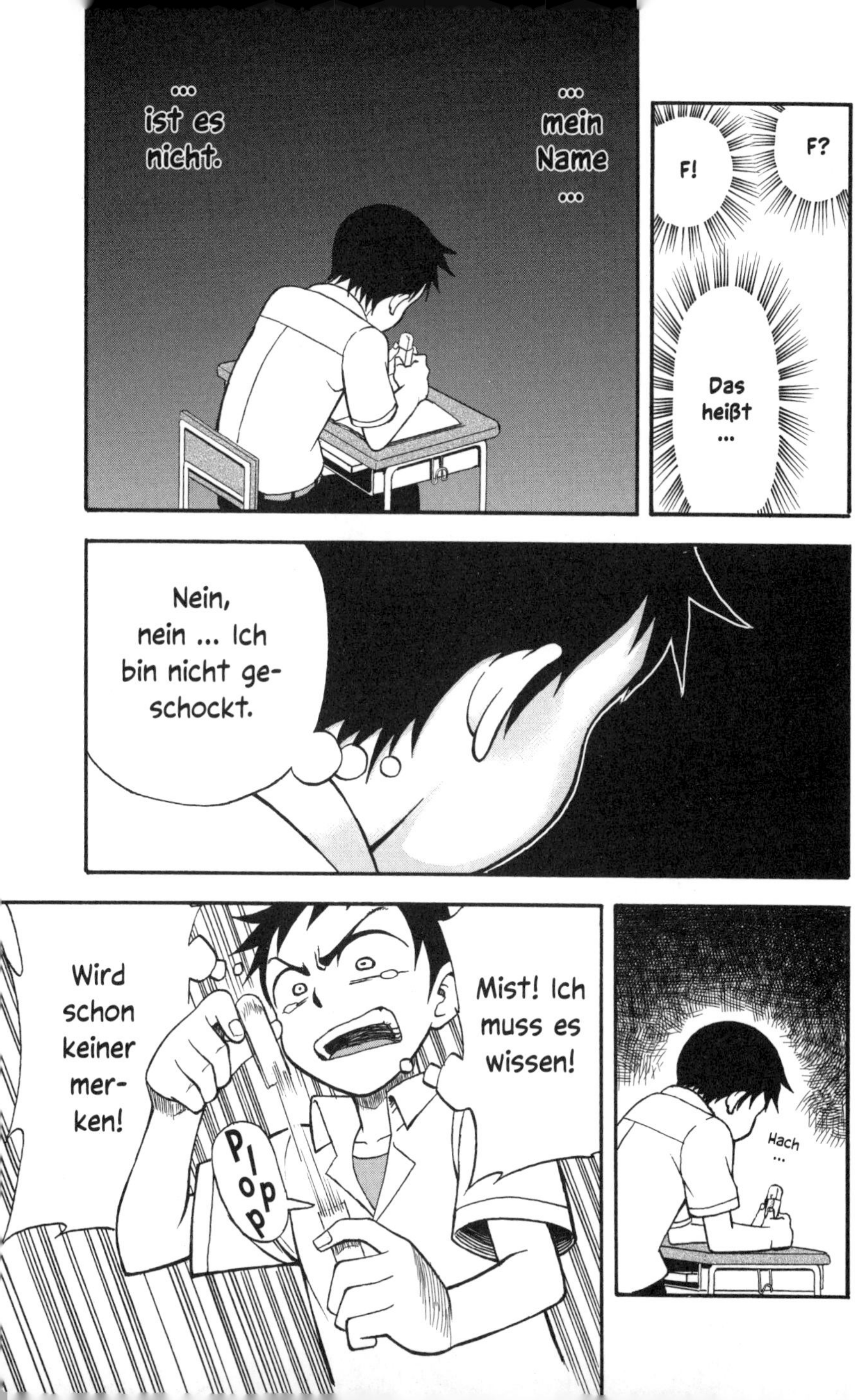

F?
F!
Das heißt ...
... mein Name ...
... ist es nicht.
Nein, nein ... Ich bin nicht geschockt.
Hach ...
Mist! Ich muss es wissen!
Wird schon keiner merken!
Plopp

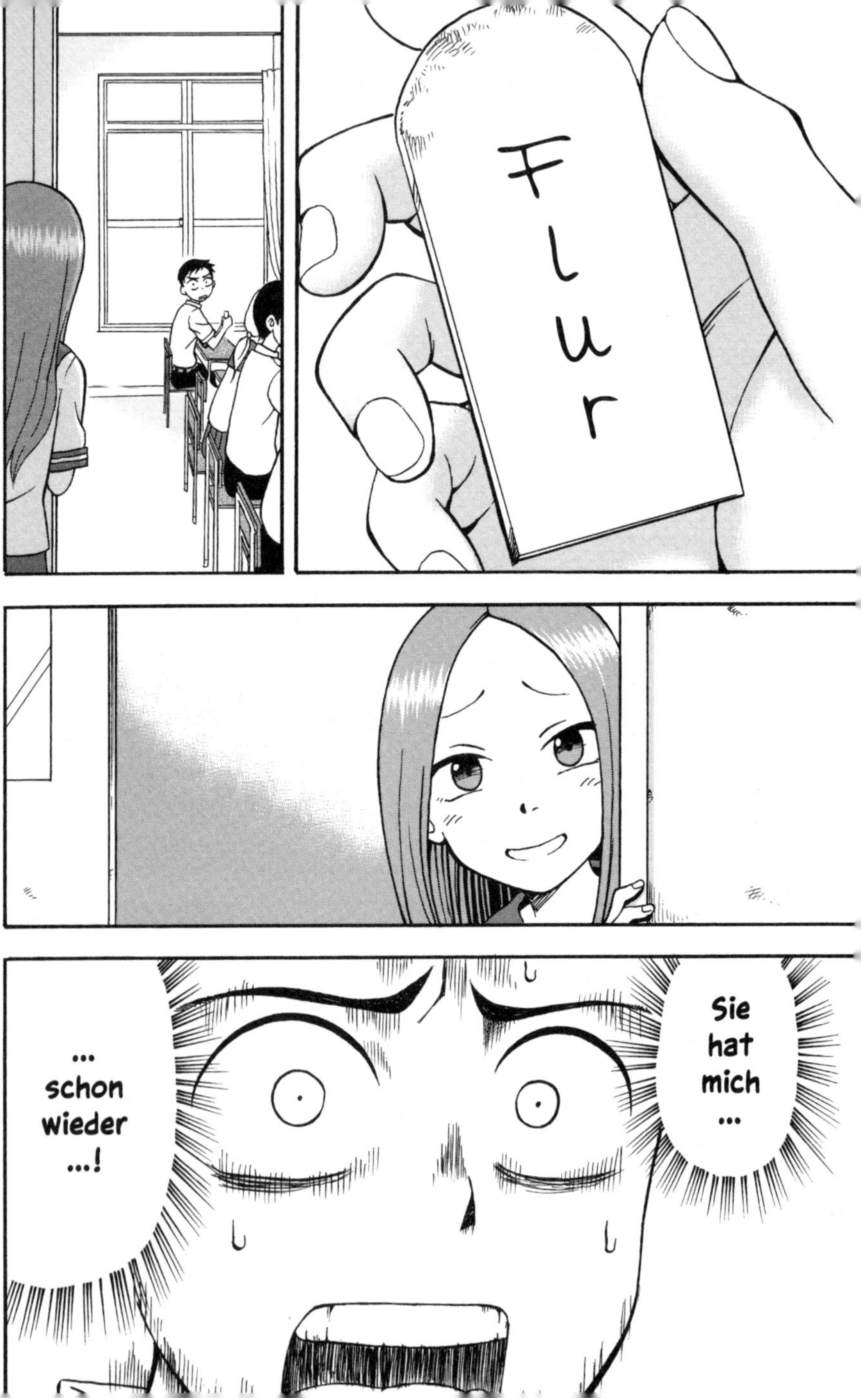
Flur
Sie hat mich ...
... schon wieder ...!

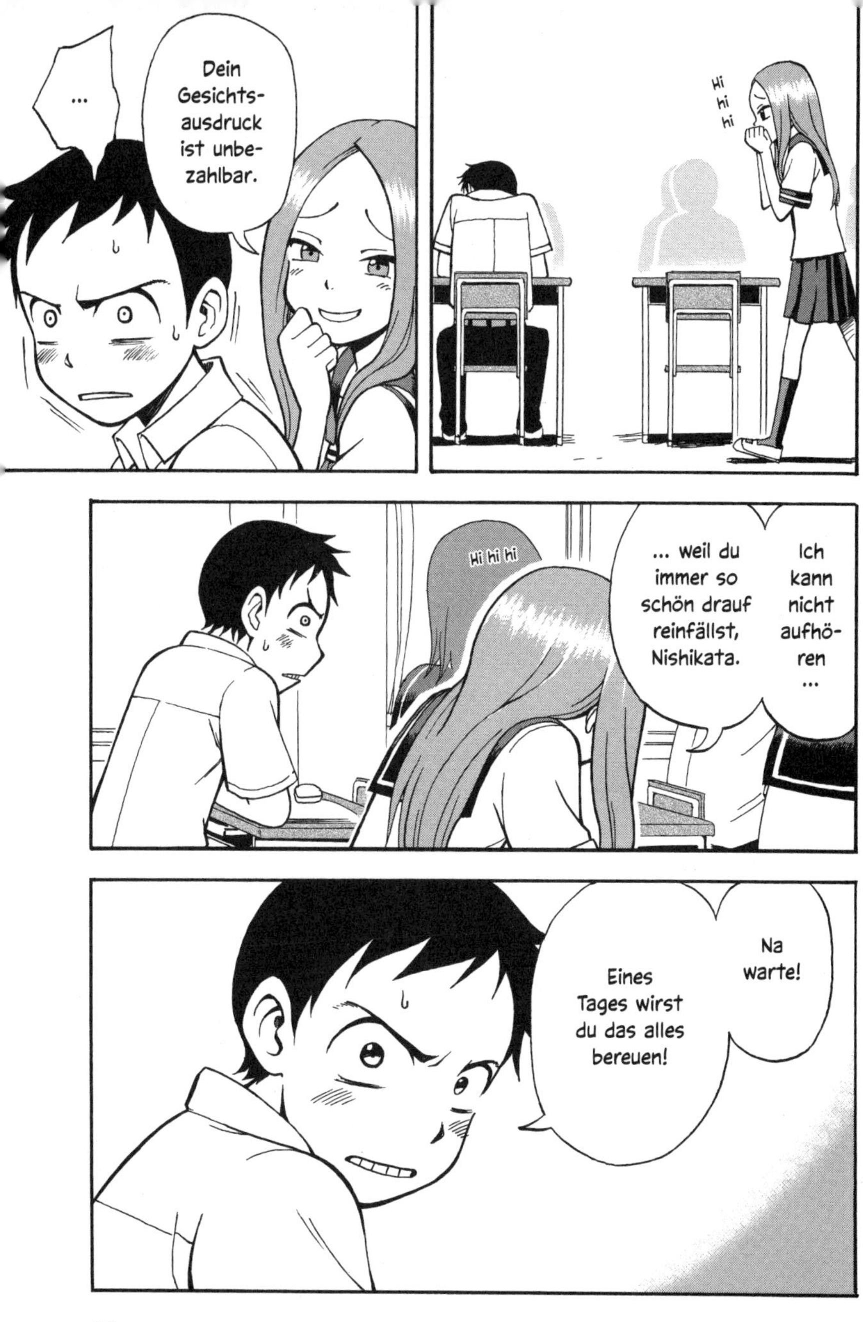
Hi
hi
hi
Dein Gesichts-ausdruck ist unbe-zahlbar.
...
Ich kann nicht aufhö-ren ...
... weil du immer so schön drauf reinfällst, Nishikata.
Hi hi hi
Na warte!
Eines Tages wirst du das alles bereuen!

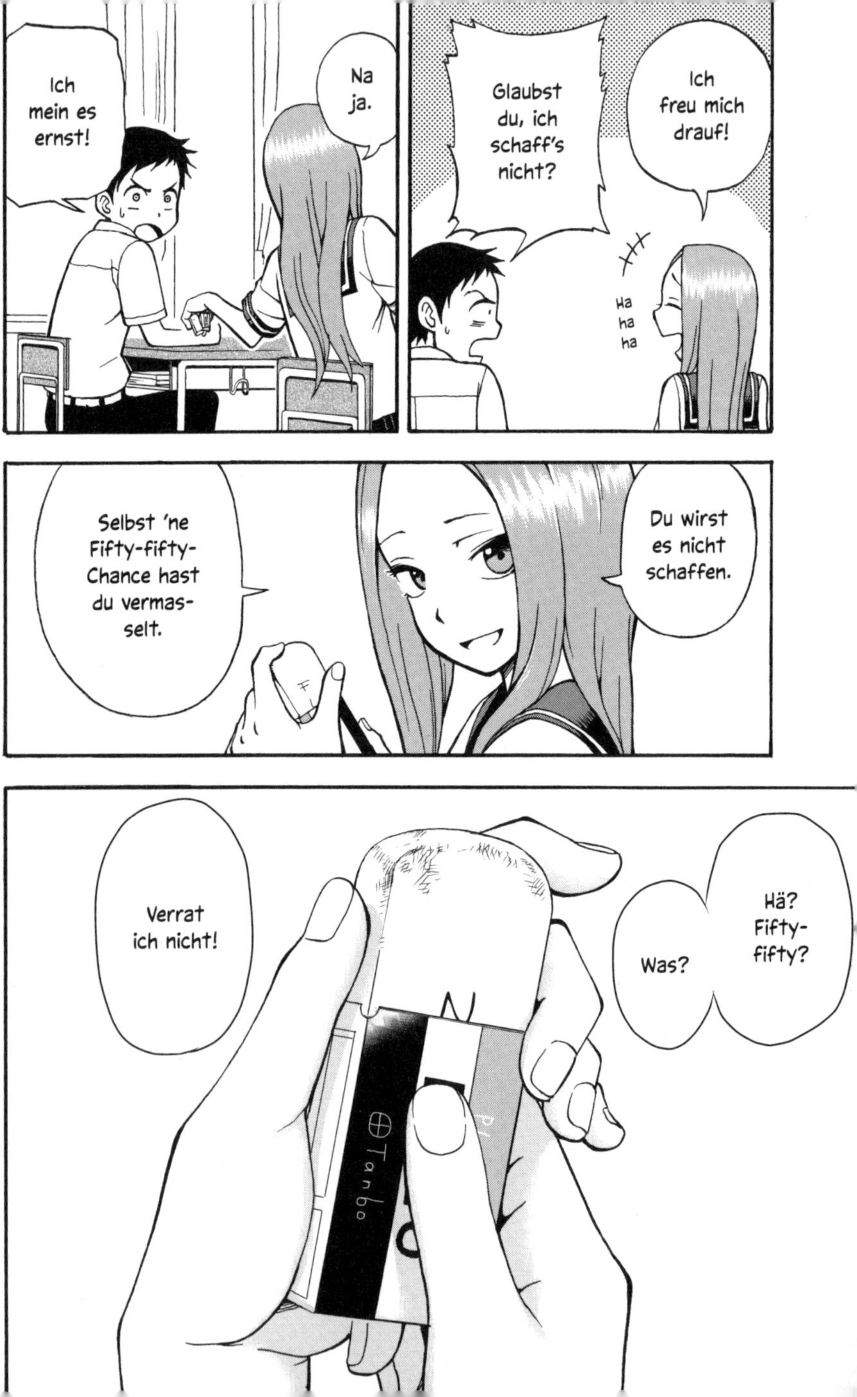
Ich freu mich drauf!
Glaubst du, ich schaff's nicht?
Ha ha ha
Na ja.
Ich mein es ernst!
Du wirst es nicht schaffen.
Selbst 'ne Fifty-fifty-Chance hast du vermas-selt.
Hä? Fifty-fifty?
Was?
Verrat ich nicht!
Tanbo

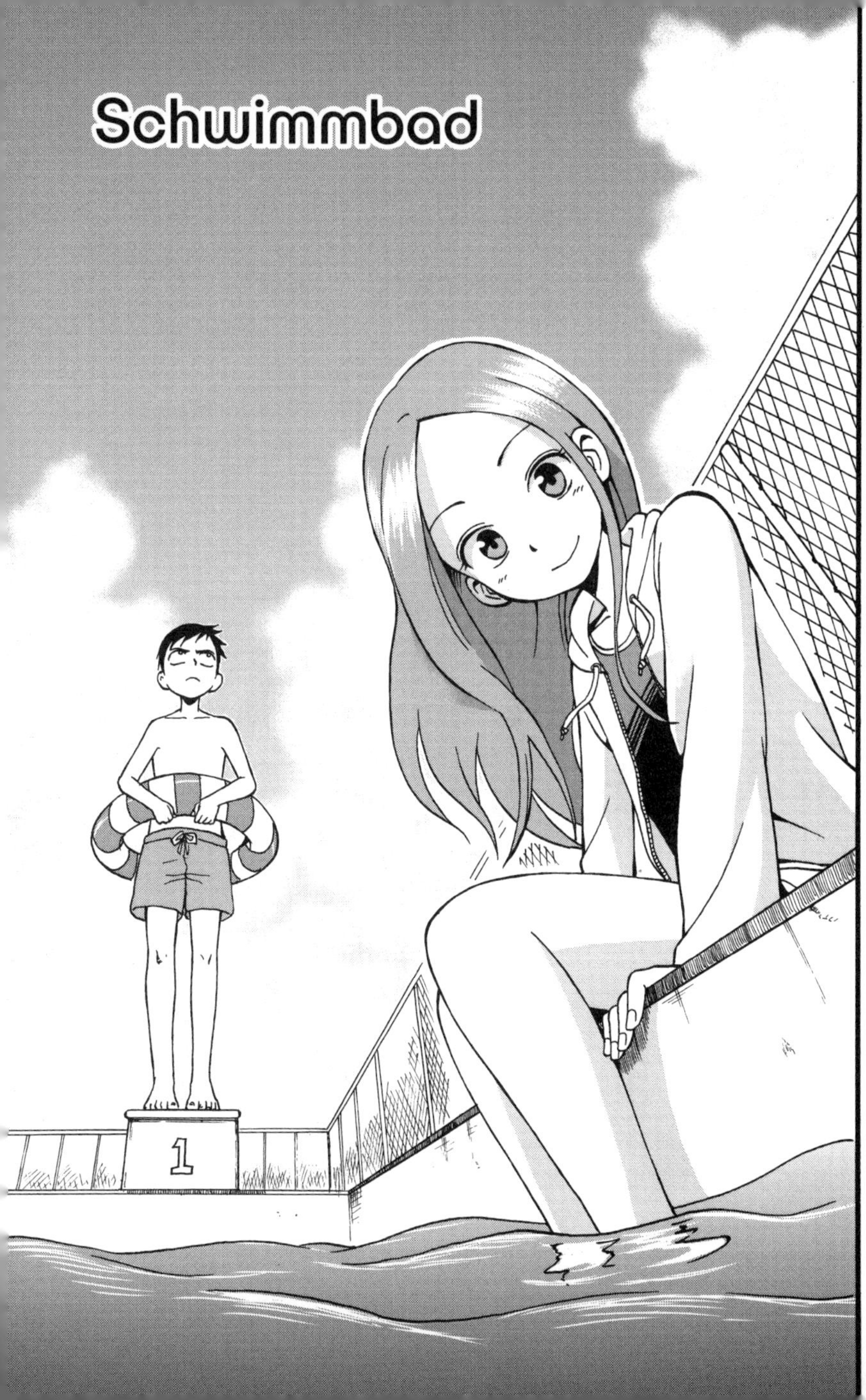
Schwimmbad

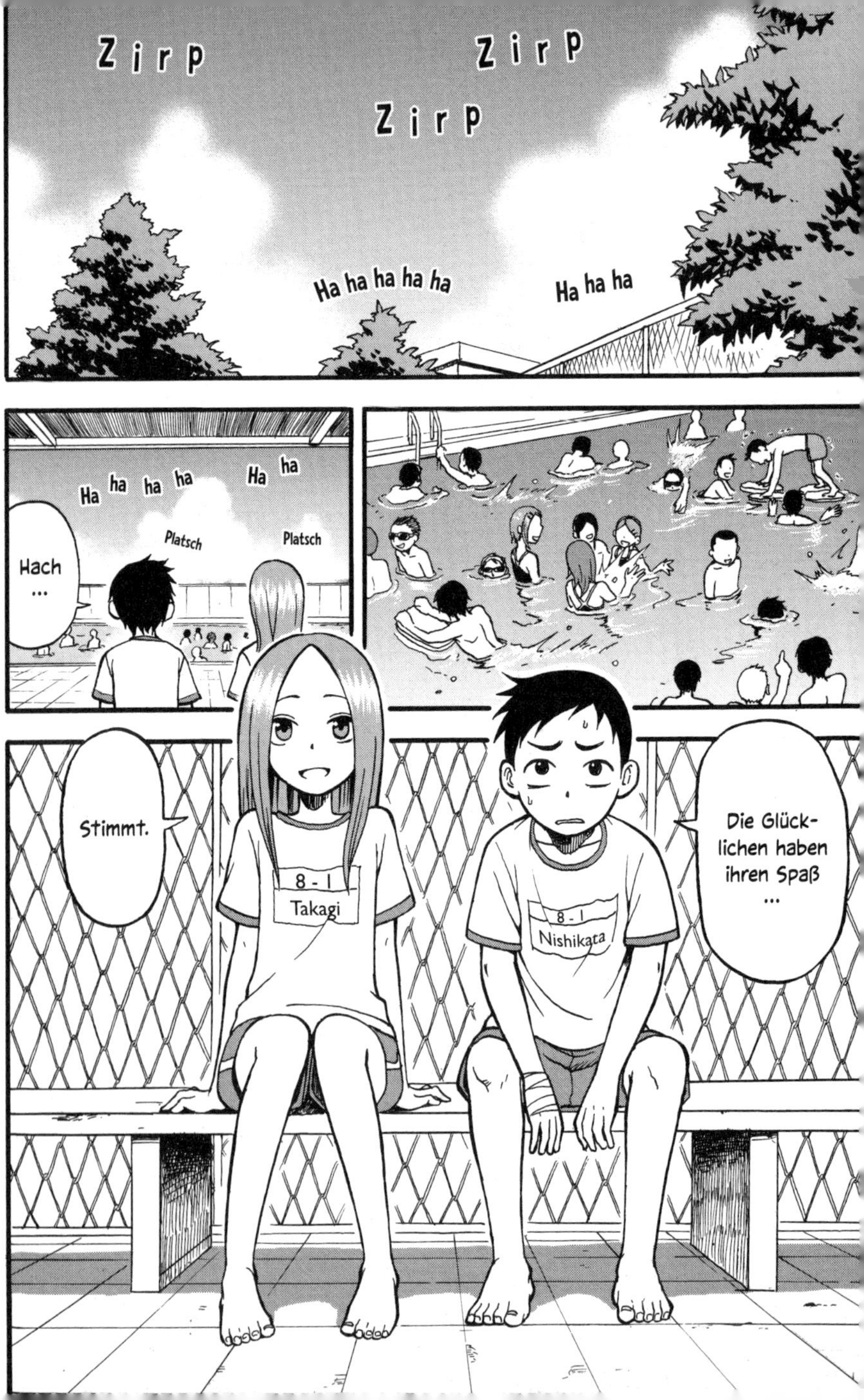
Zirp
Zirp
Zirp
Ha ha ha ha ha
Ha ha ha
Ha ha ha ha
Ha ha
Platsch
Platsch
Hach ...
Die Glücklichen haben ihren Spaß ...
Stimmt.
8 - 1
Nishikata
8 - 1
Takagi

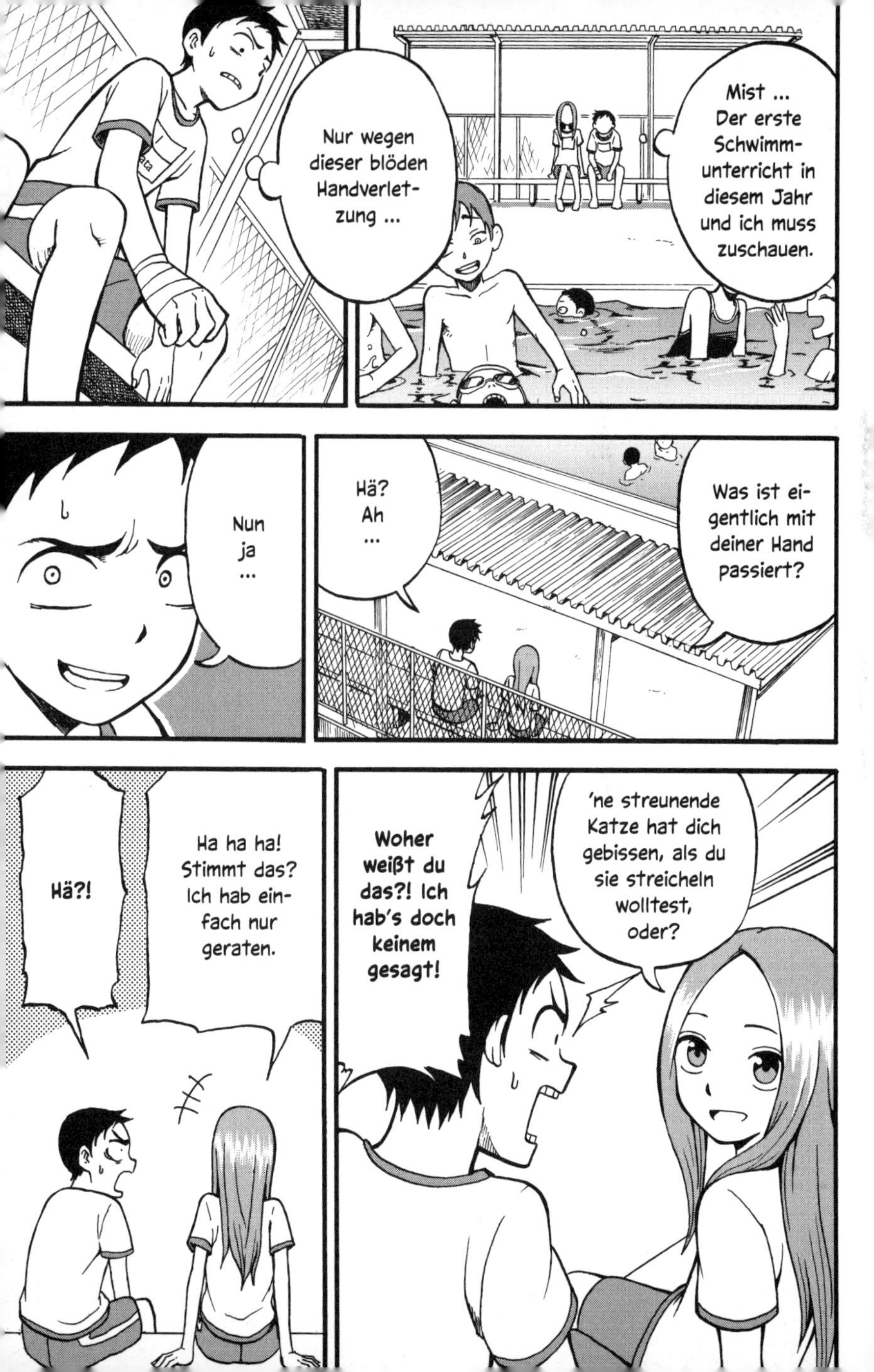
Mist ... Der erste Schwimmunterricht in diesem Jahr und ich muss zuschauen.
Nur wegen dieser blöden Handverletzung ...
Was ist eigentlich mit deiner Hand passiert?
Hä? Ah ...
Nun ja ...
'ne streunende Katze hat dich gebissen, als du sie streicheln wolltest, oder?
Woher weißt du das?! Ich hab's doch keinem gesagt!
Ha ha ha! Stimmt das? Ich hab einfach nur geraten.
Hä?!

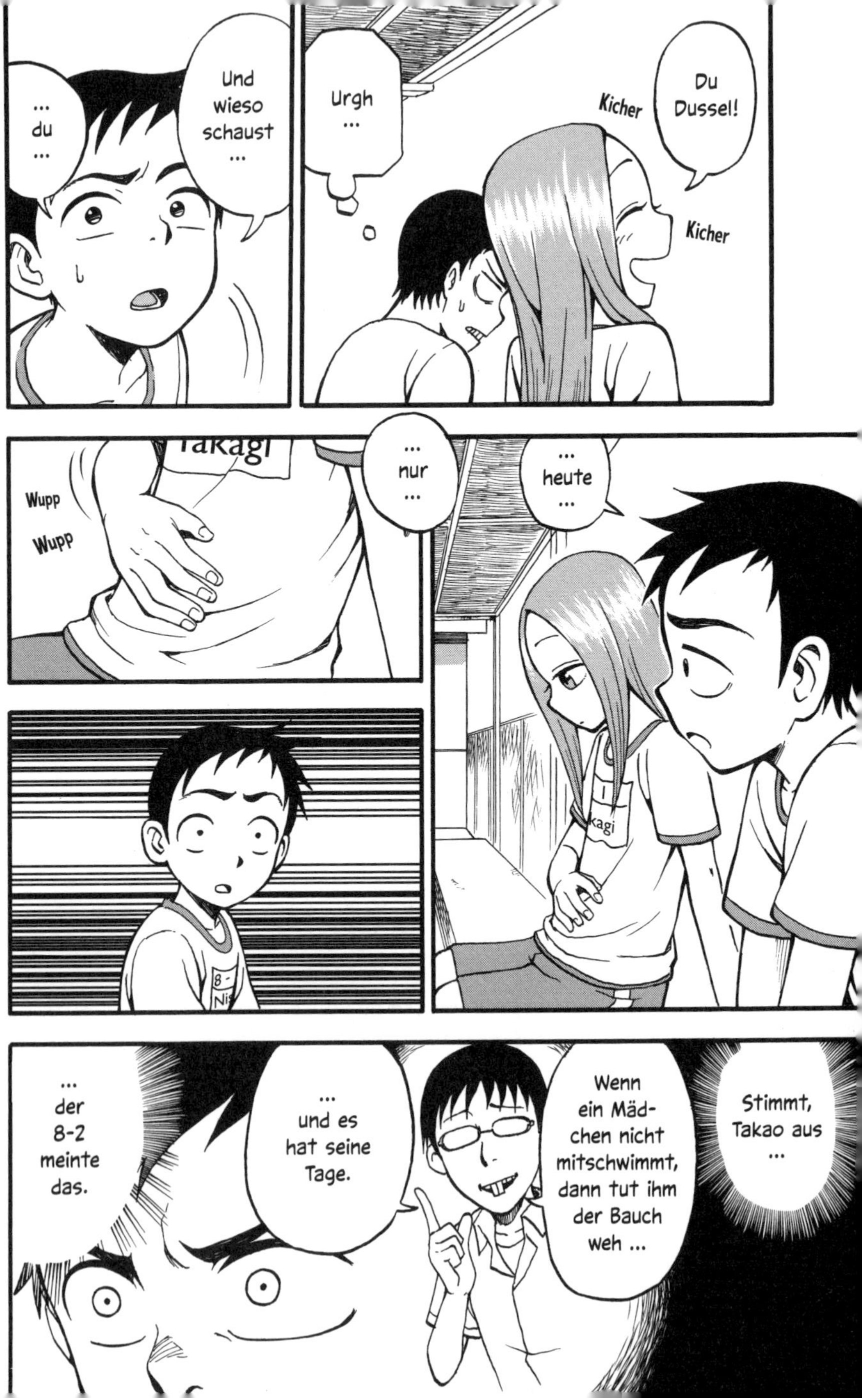
Du Dussel!
Kicher
Kicher
Urgh ...
Und wieso schaust ...
... du ...
... heute ...
... nur ...
Wupp
Wupp
Takagi
Stimmt, Takao aus ...
Wenn ein Mäd-chen nicht mitschwimmt, dann tut ihm der Bauch weh ...
... und es hat seine Tage.
... der 8-2 meinte das.

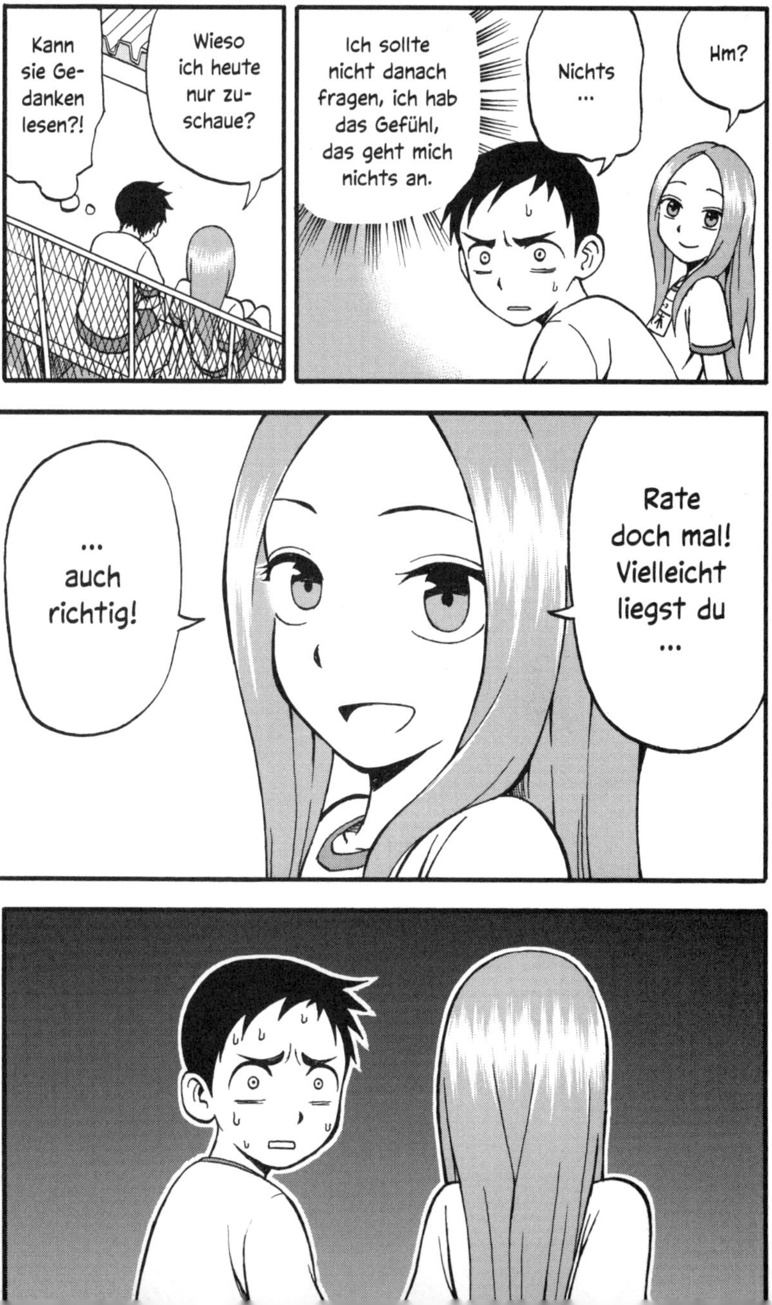
Hm?
Nichts ...
Ich sollte nicht danach fragen, ich hab das Gefühl, das geht mich nichts an.
Wieso ich heute nur zuschaue?
Kann sie Gedanken lesen?!
Rate doch mal! Vielleicht liegst du ...
... auch richtig!

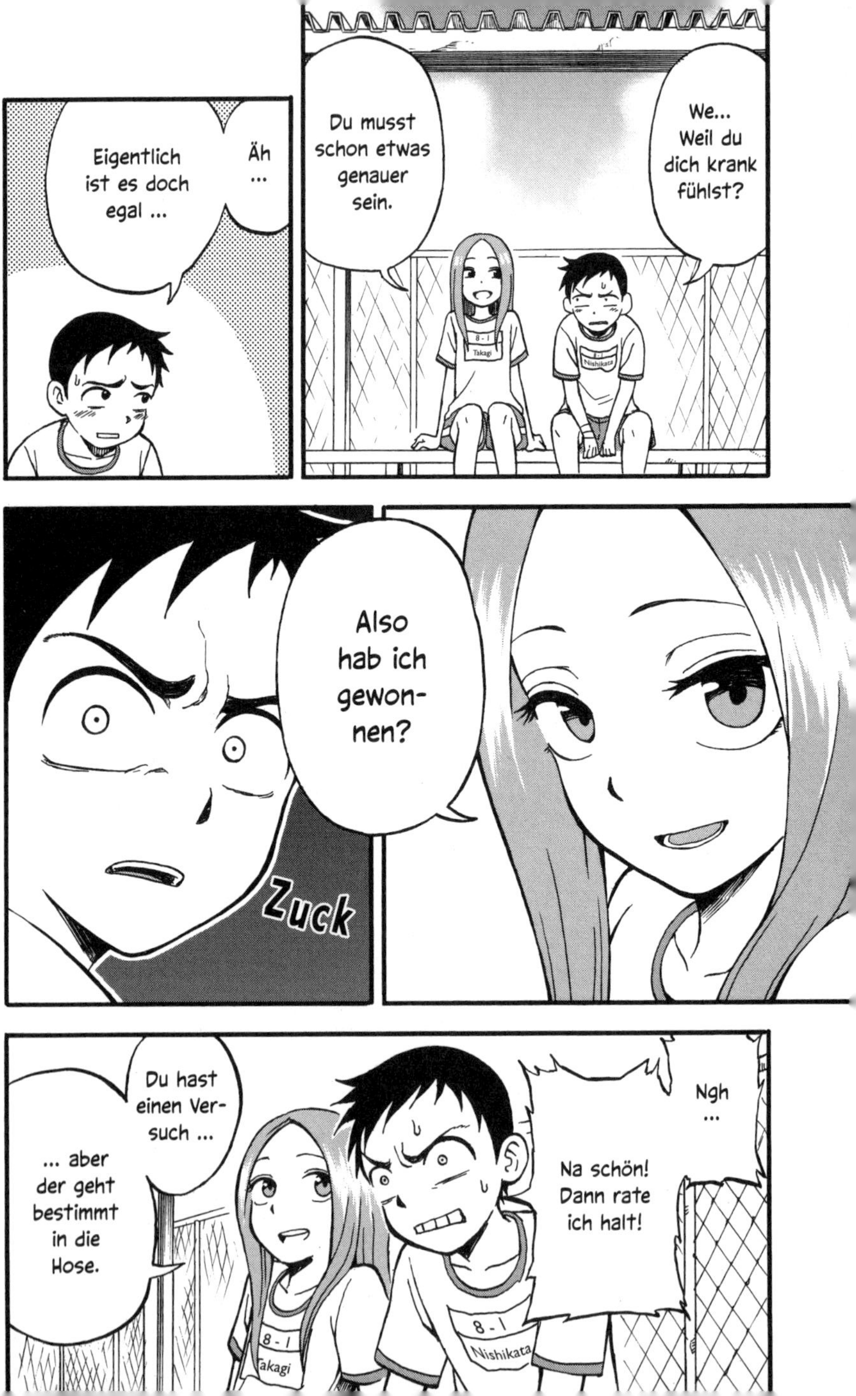

We... Weil du dich krank fühlst?
Du musst schon etwas genauer sein.
Äh ...
Eigentlich ist es doch egal ...
Also hab ich gewon-nen?
Zuck
Ngh ...
Na schön! Dann rate ich halt!
Du hast einen Ver-such ...
... aber der geht bestimmt in die Hose.

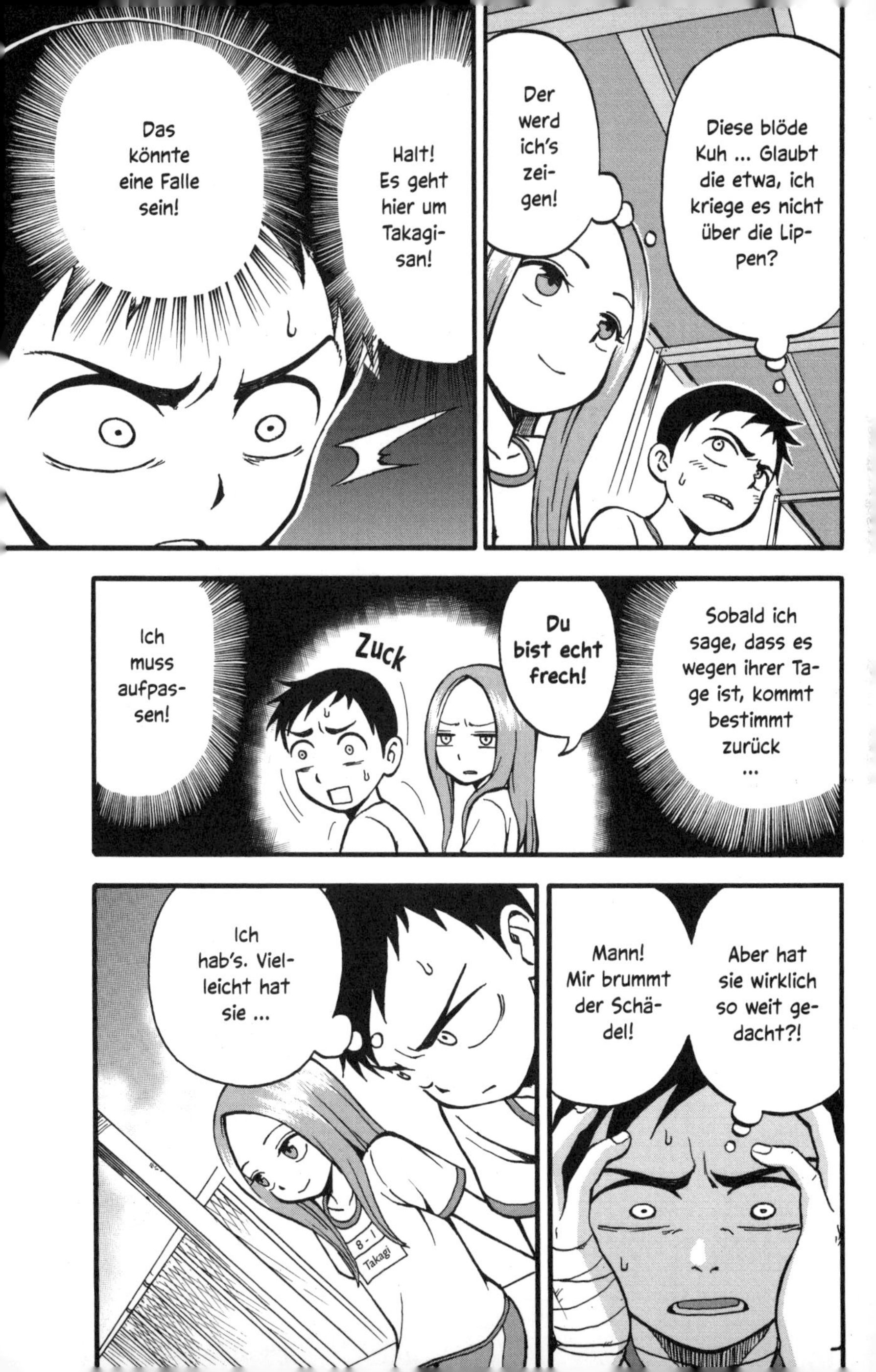
Diese blöde Kuh ... Glaubt die etwa, ich kriege es nicht über die Lippen?
Der werd ich's zeigen!
Halt! Es geht hier um Takagi-san!
Das könnte eine Falle sein!
Sobald ich sage, dass es wegen ihrer Tage ist, kommt bestimmt zurück ...
Du bist echt frech!
Zuck
Ich muss aufpassen!
Aber hat sie wirklich so weit gedacht?!
Mann! Mir brummt der Schädel!
Ich hab's. Vielleicht hat sie ...
8-1
Takagi

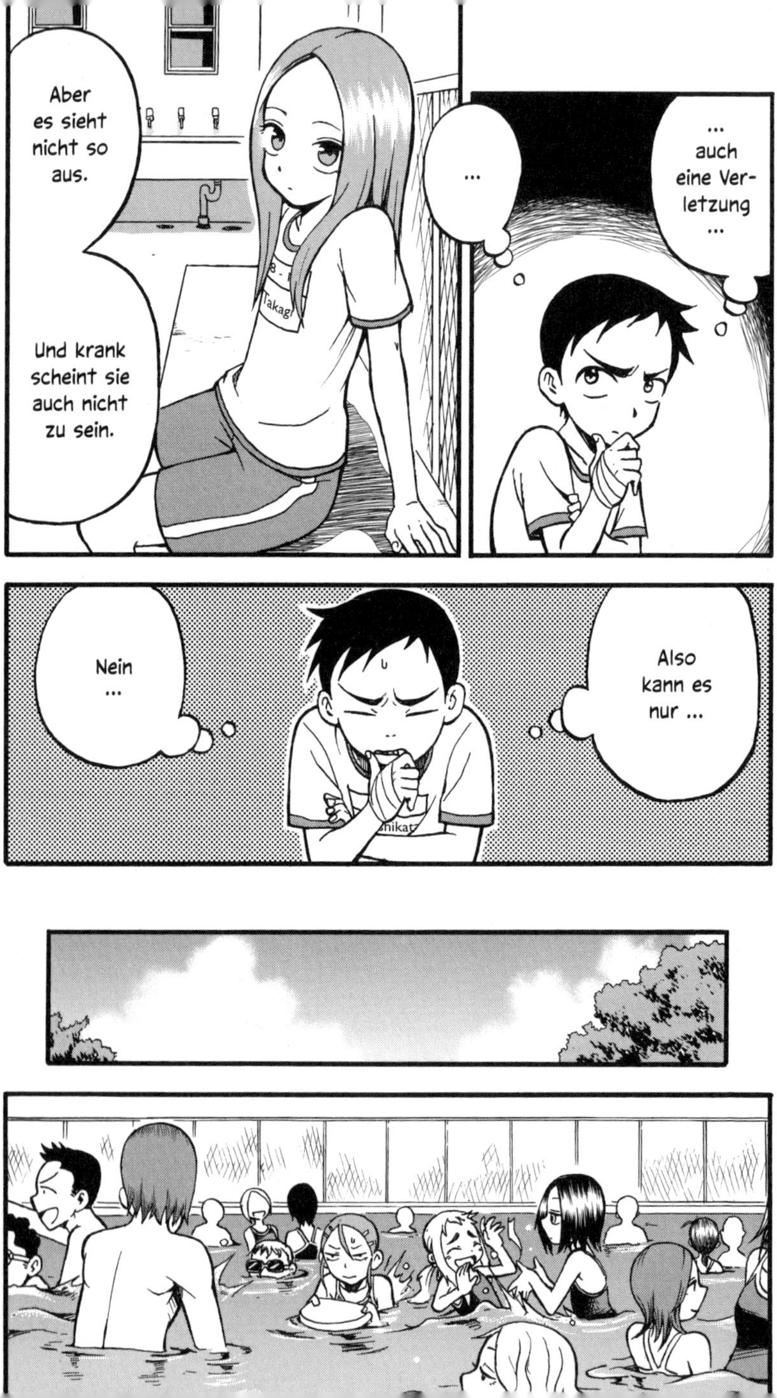
... auch eine Verletzung ...
...
Aber es sieht nicht so aus.
Und krank scheint sie auch nicht zu sein.
Takagi
Also kann es nur ...
Nein ...

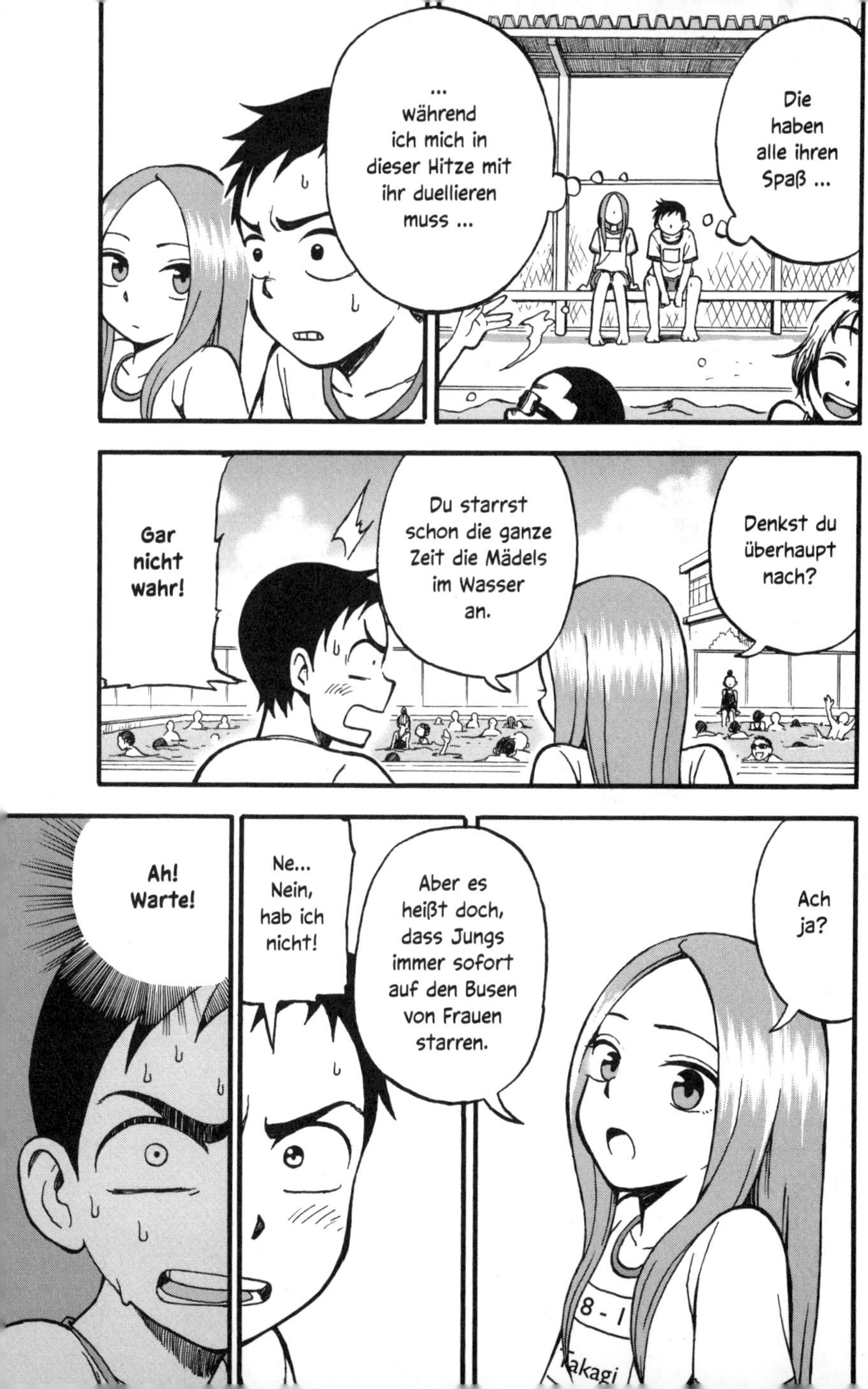
Die haben alle ihren Spaß ...
...
während ich mich in dieser Hitze mit ihr duellieren muss ...
Denkst du überhaupt nach?
Du starrst schon die ganze Zeit die Mädels im Wasser an.
Gar nicht wahr!
Ach ja?
Aber es heißt doch, dass Jungs immer sofort auf den Busen von Frauen starren.
Ne... Nein, hab ich nicht!
Ah! Warte!
8 - 1
Takagi

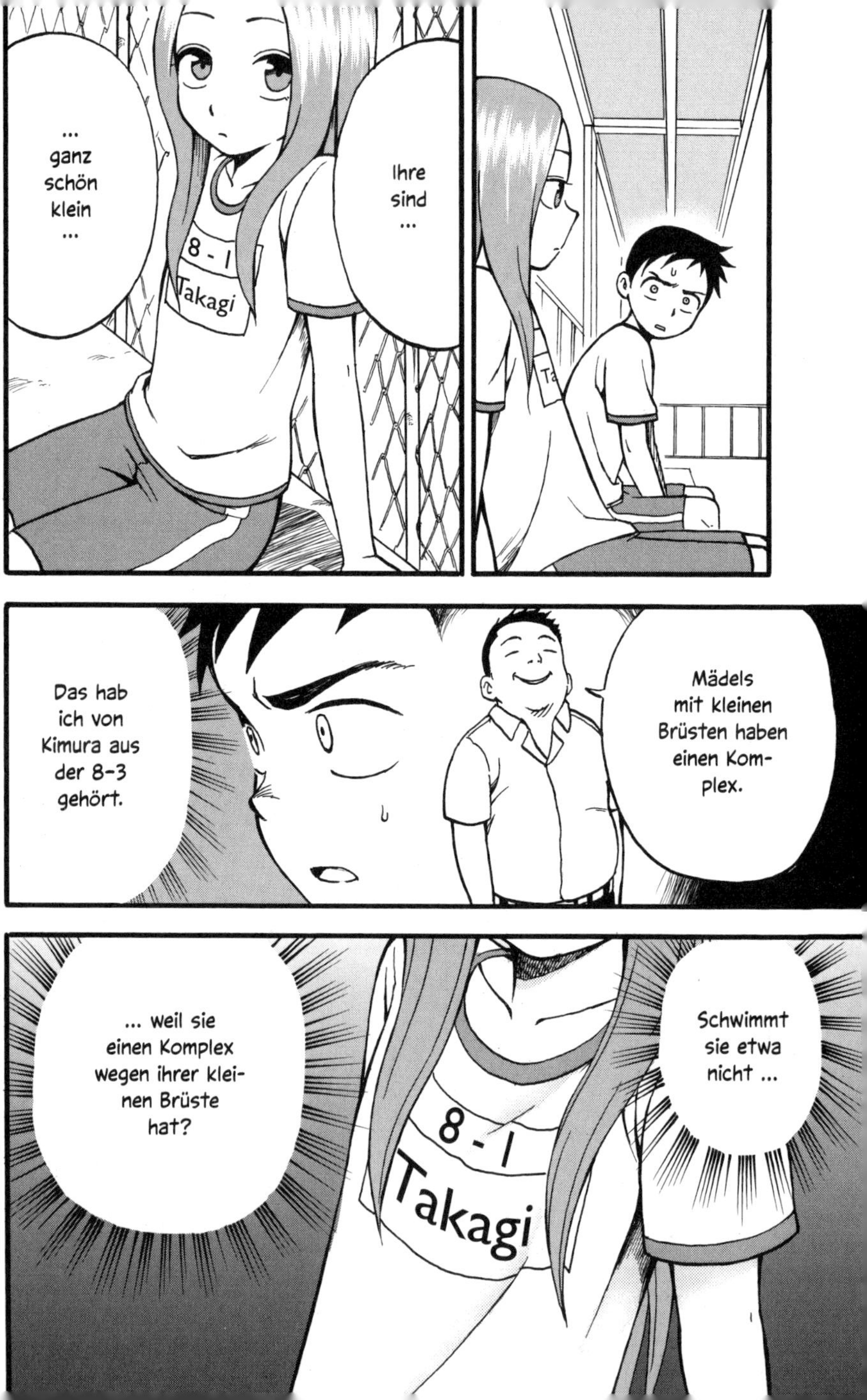
Ihre sind ...
... ganz schön klein ...
Mädels mit kleinen Brüsten haben einen Komplex.
Das hab ich von Kimura aus der 8-3 gehört.
Schwimmt sie etwa nicht ...
... weil sie einen Komplex wegen ihrer kleinen Brüste hat?
8 - 1
Takagi

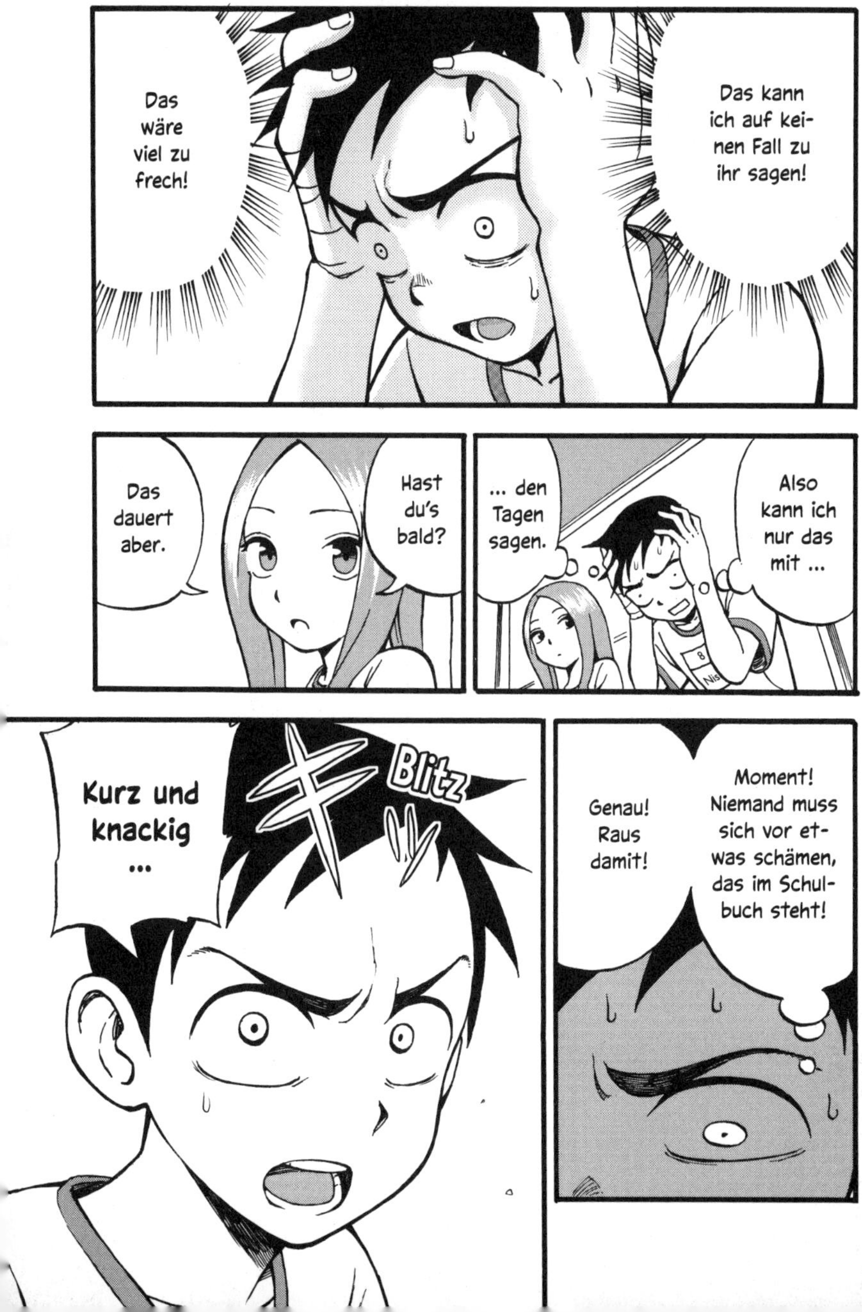
Das kann ich auf keinen Fall zu ihr sagen!
Das wäre viel zu frech!
Also kann ich nur das mit ...
... den Tagen sagen.
Hast du's bald?
Das dauert aber.
Moment! Niemand muss sich vor etwas schämen, das im Schulbuch steht!
Genau! Raus damit!
Blitz
Kurz und knackig ...

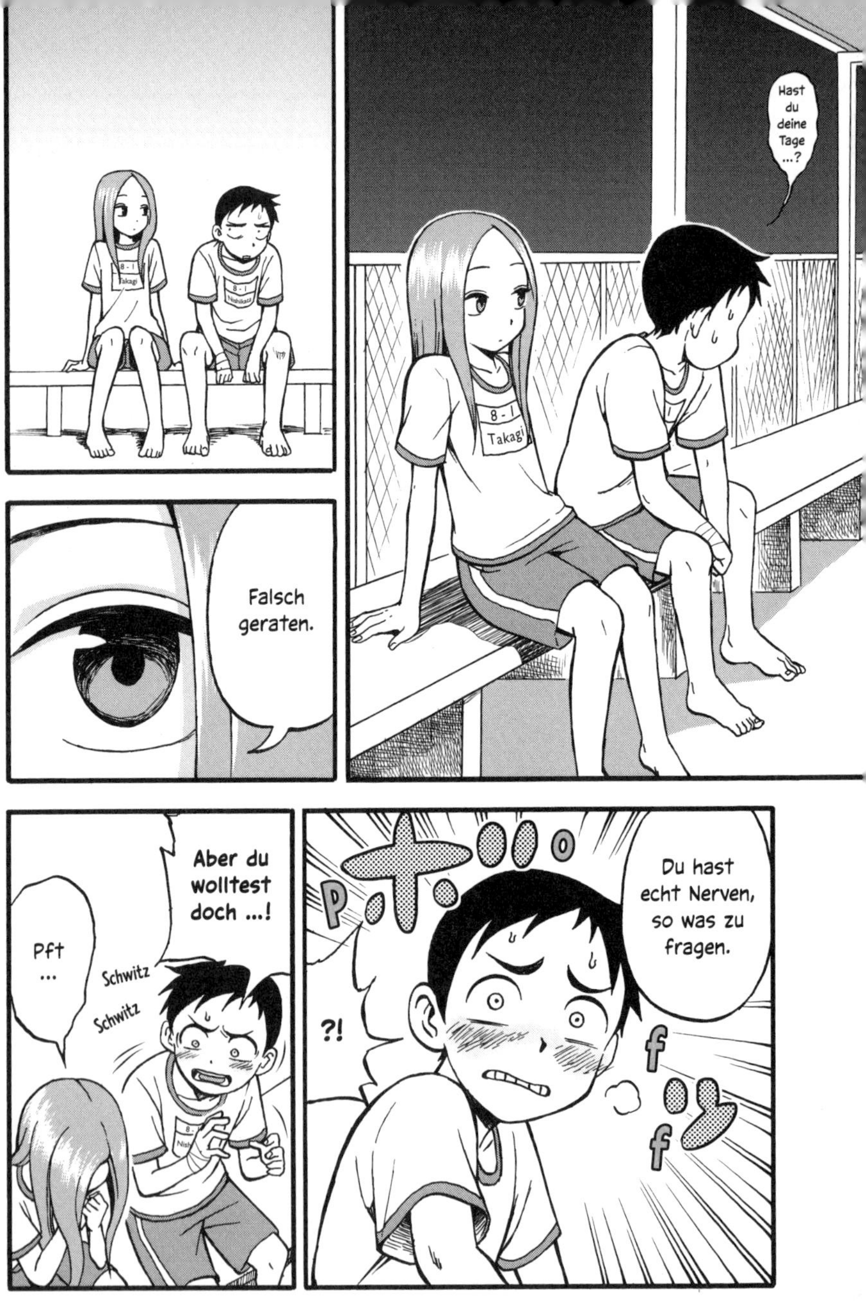
Hast du deine Tage ...?
8 - I
Takagi
Falsch geraten.
Du hast echt Nerven, so was zu fragen.
P
f f
?!
Aber du wolltest doch ...!
Pft ...
Schwitz
Schwitz

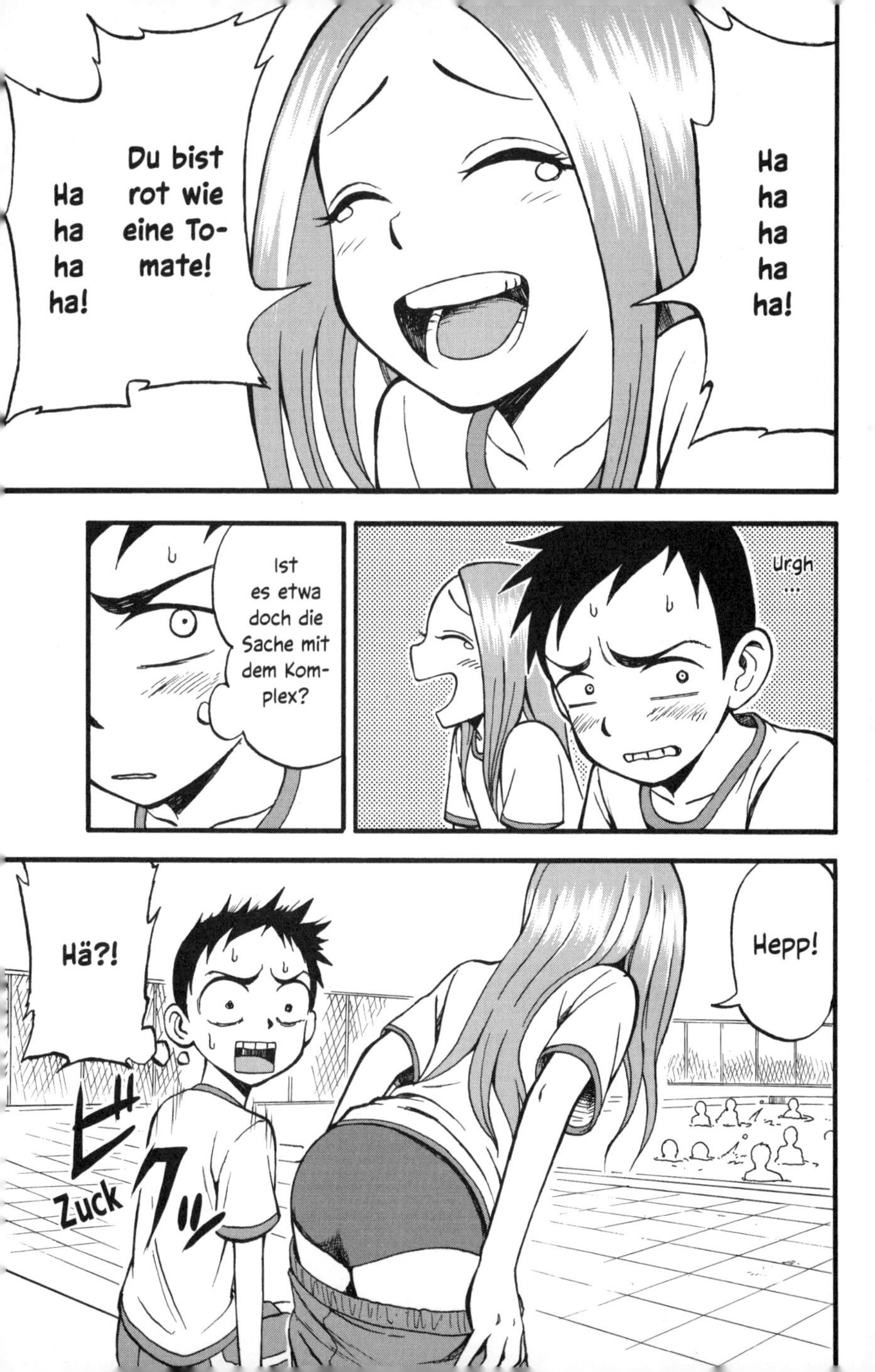
Ha ha ha ha ha!
Du bist rot wie eine Tomate!
Ha ha ha ha!
Urgh …
Ist es etwa doch die Sache mit dem Komplex?
Hepp!
Hä?!
Zuck

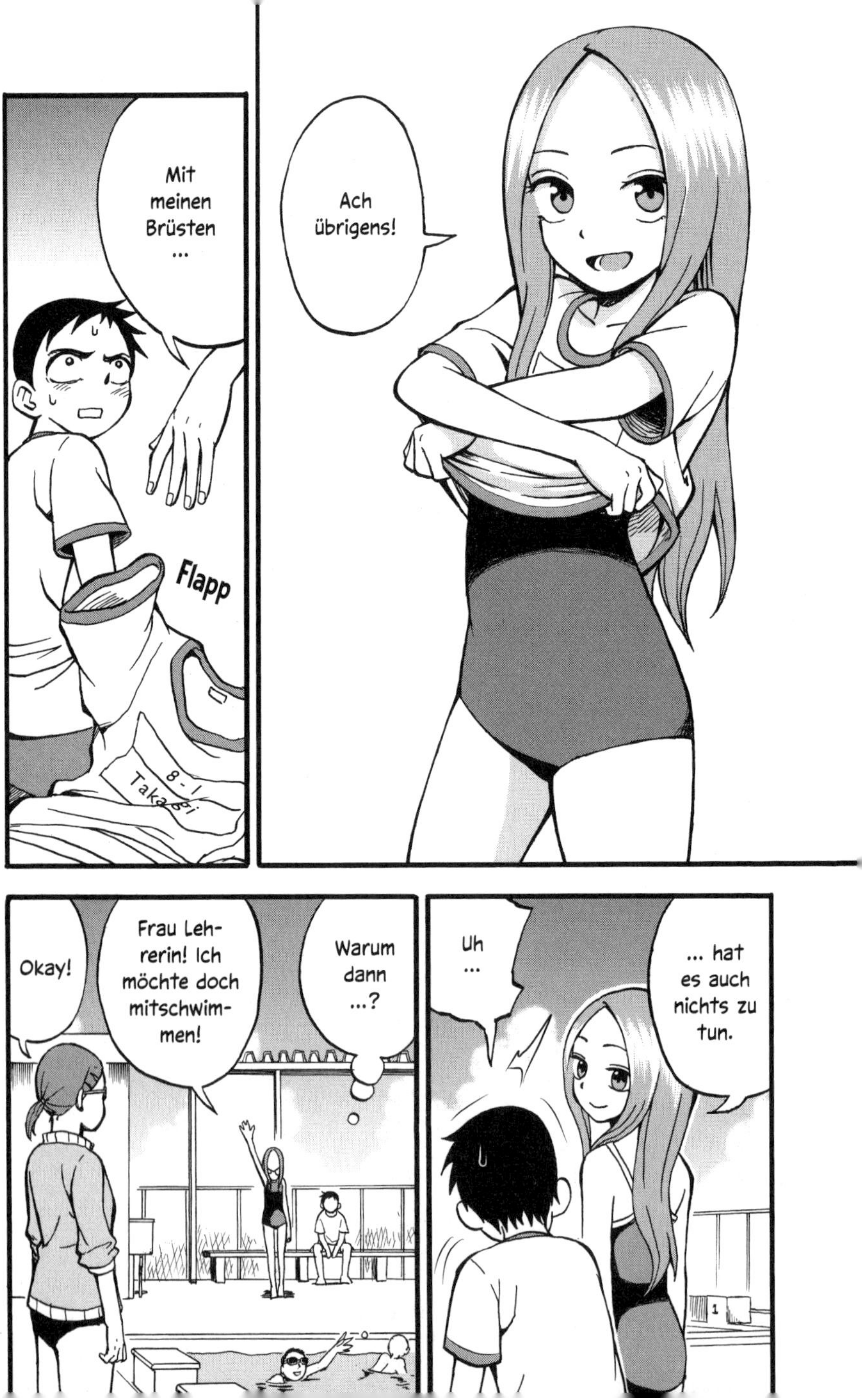

Ach übrigens!
Mit meinen Brüsten ...
Flapp
8-1 Takagi
... hat es auch nichts zu tun.
Uh ...
Warum dann ...?
Frau Lehrerin! Ich möchte doch mitschwimmen!
Okay!

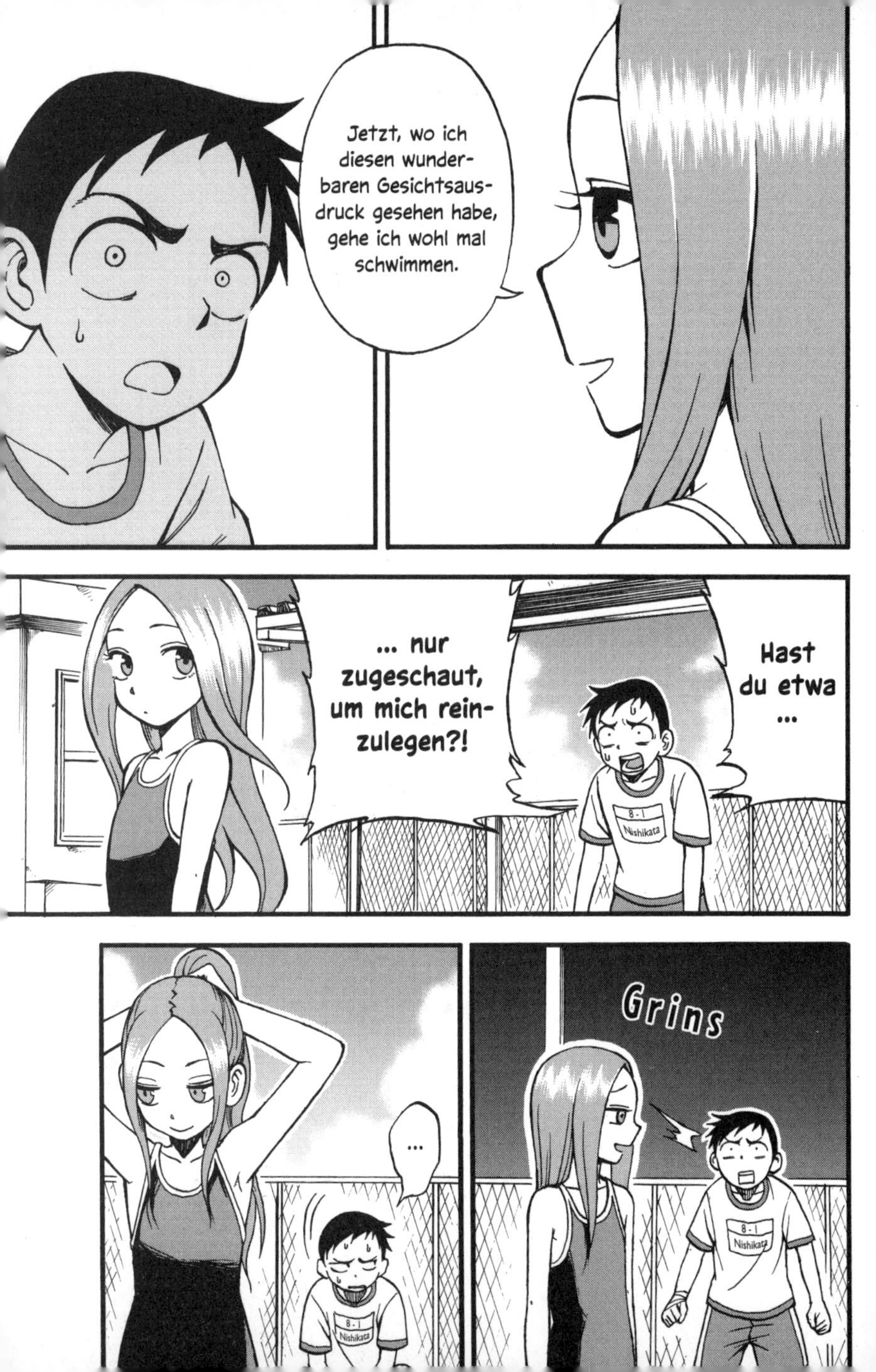
Jetzt, wo ich diesen wunderbaren Gesichtsausdruck gesehen habe, gehe ich wohl mal schwimmen.
Hast du etwa ...
... nur zugeschaut, um mich reinzulegen?!
8-1 Nishikata
Grins
8-1 Nishikata
...
8-1 Nishikata

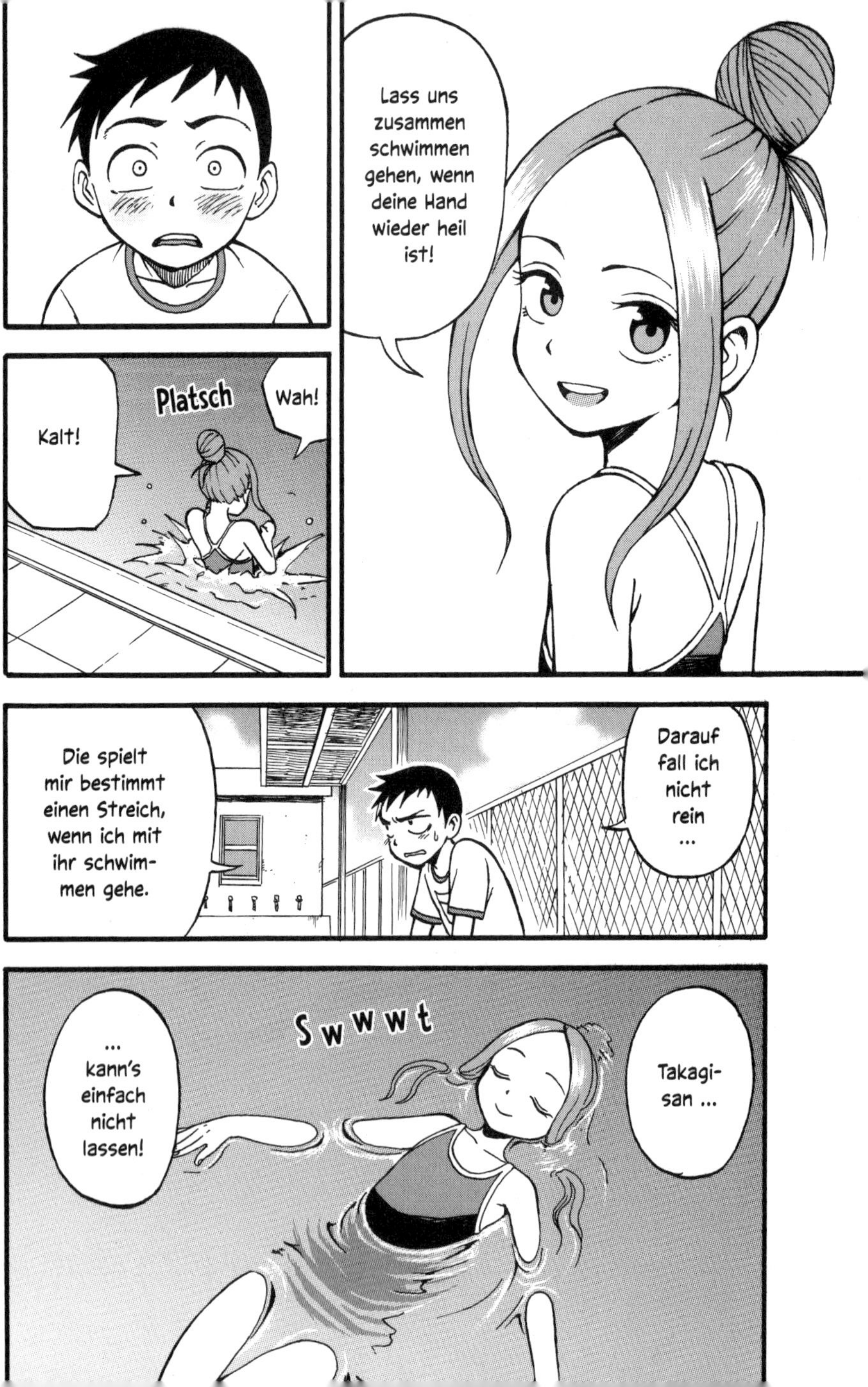
Lass uns zusammen schwimmen gehen, wenn deine Hand wieder heil ist!
Wah!
Platsch
Kalt!
Darauf fall ich nicht rein ...
Die spielt mir bestimmt einen Streich, wenn ich mit ihr schwim-men gehe.
Takagi-san ...
Swwwt
... kann's einfach nicht lassen!

Grimasse

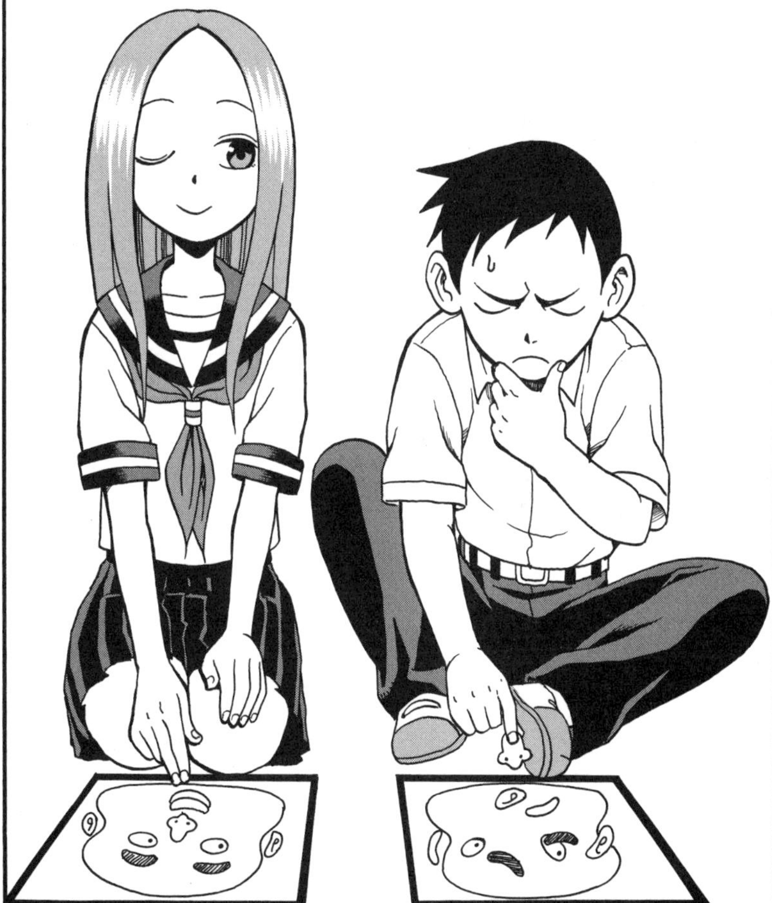

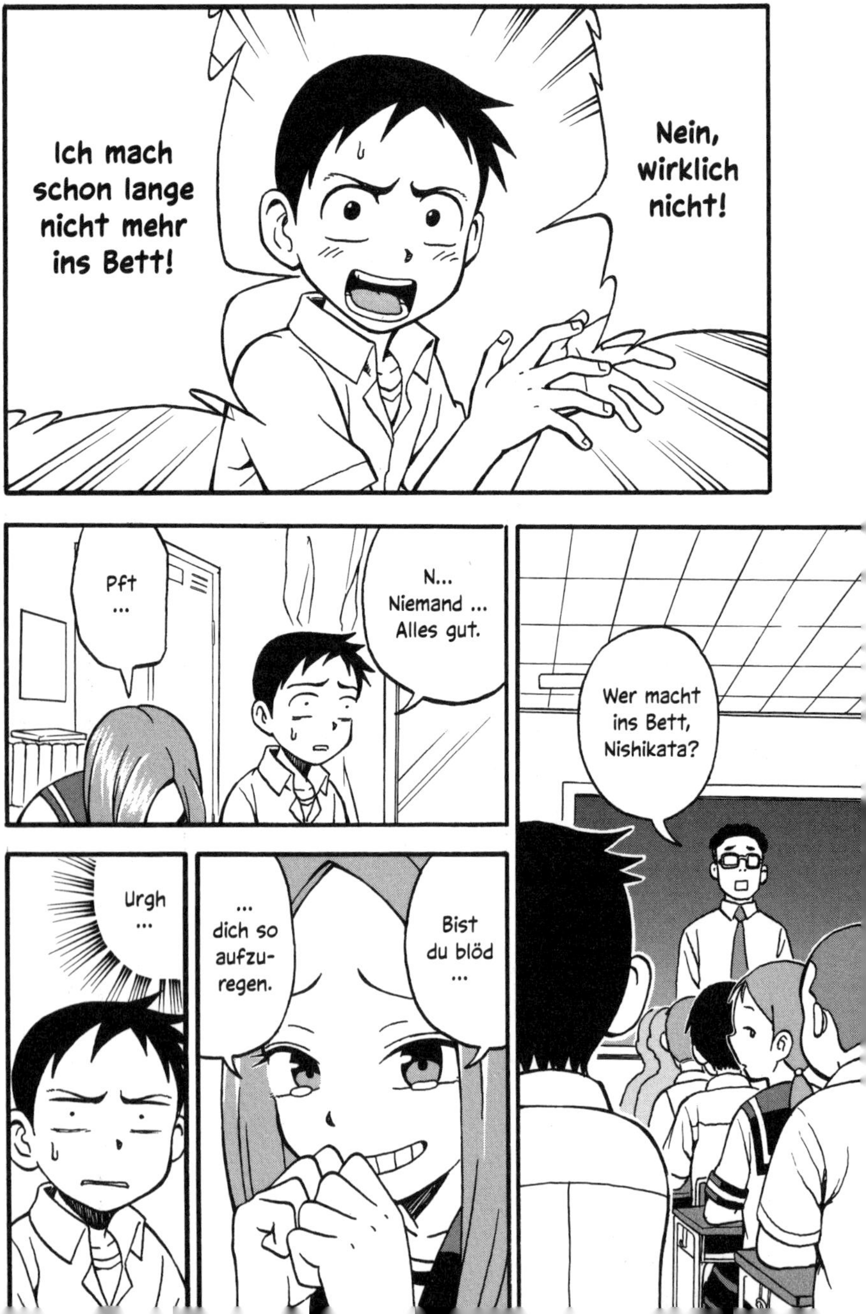
Nein, wirklich nicht!
Ich mach schon lange nicht mehr ins Bett!
Wer macht ins Bett, Nishikata?
N... Niemand ... Alles gut.
Pft ...
Bist du blöd ...
... dich so aufzuregen.
Urgh ...

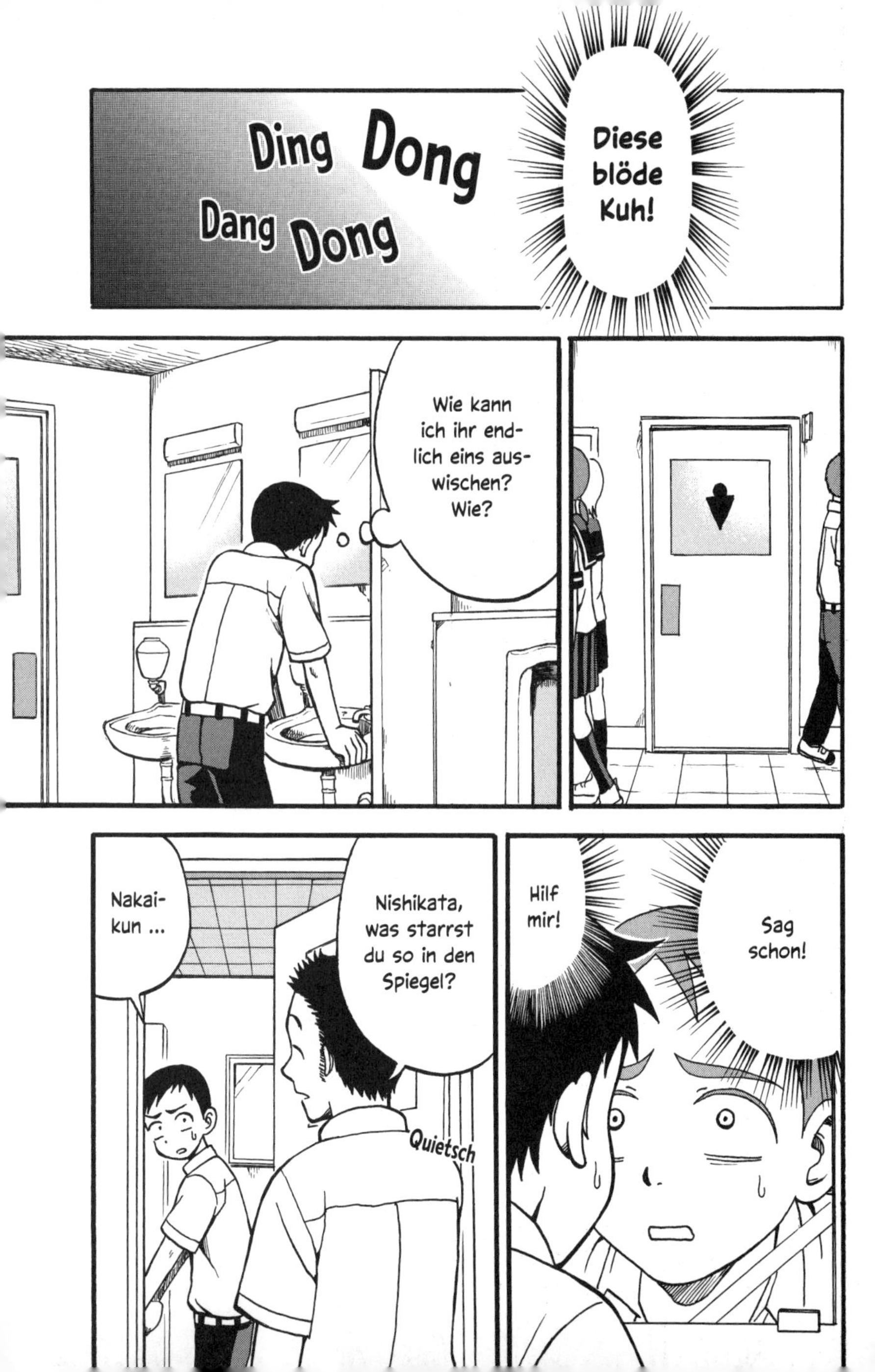
Diese blöde Kuh!
Ding Dong
Dang Dong
Wie kann ich ihr endlich eins auswischen? Wie?
Nishikata, was starrst du so in den Spiegel?
Quietsch
Nakai-kun ...
Sag schon!
Hilf mir!

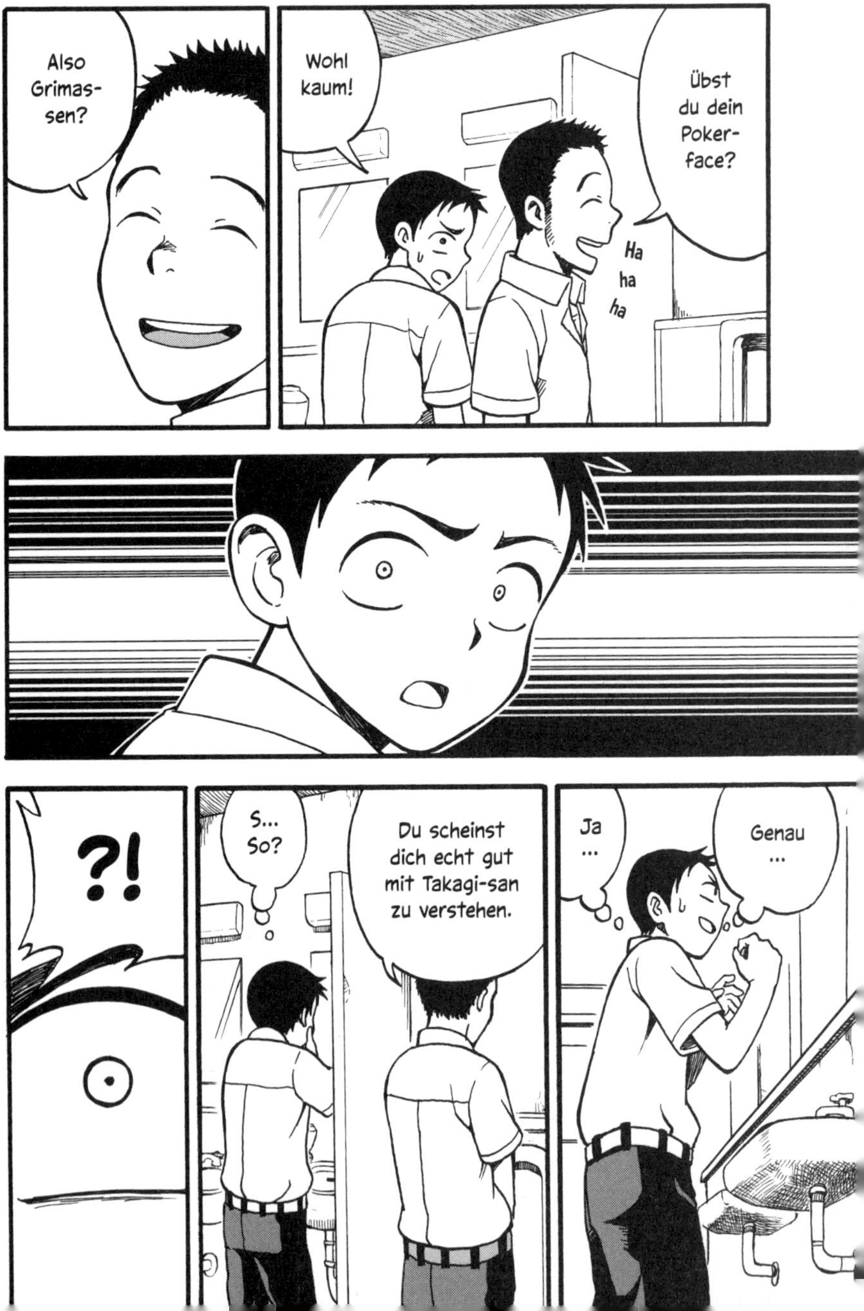
Übst du dein Poker-face?
Ha ha ha
Wohl kaum!
Also Grimas-sen?
?!
Genau ...
Ja ...
Du scheinst dich echt gut mit Takagi-san zu verstehen.
S... So?

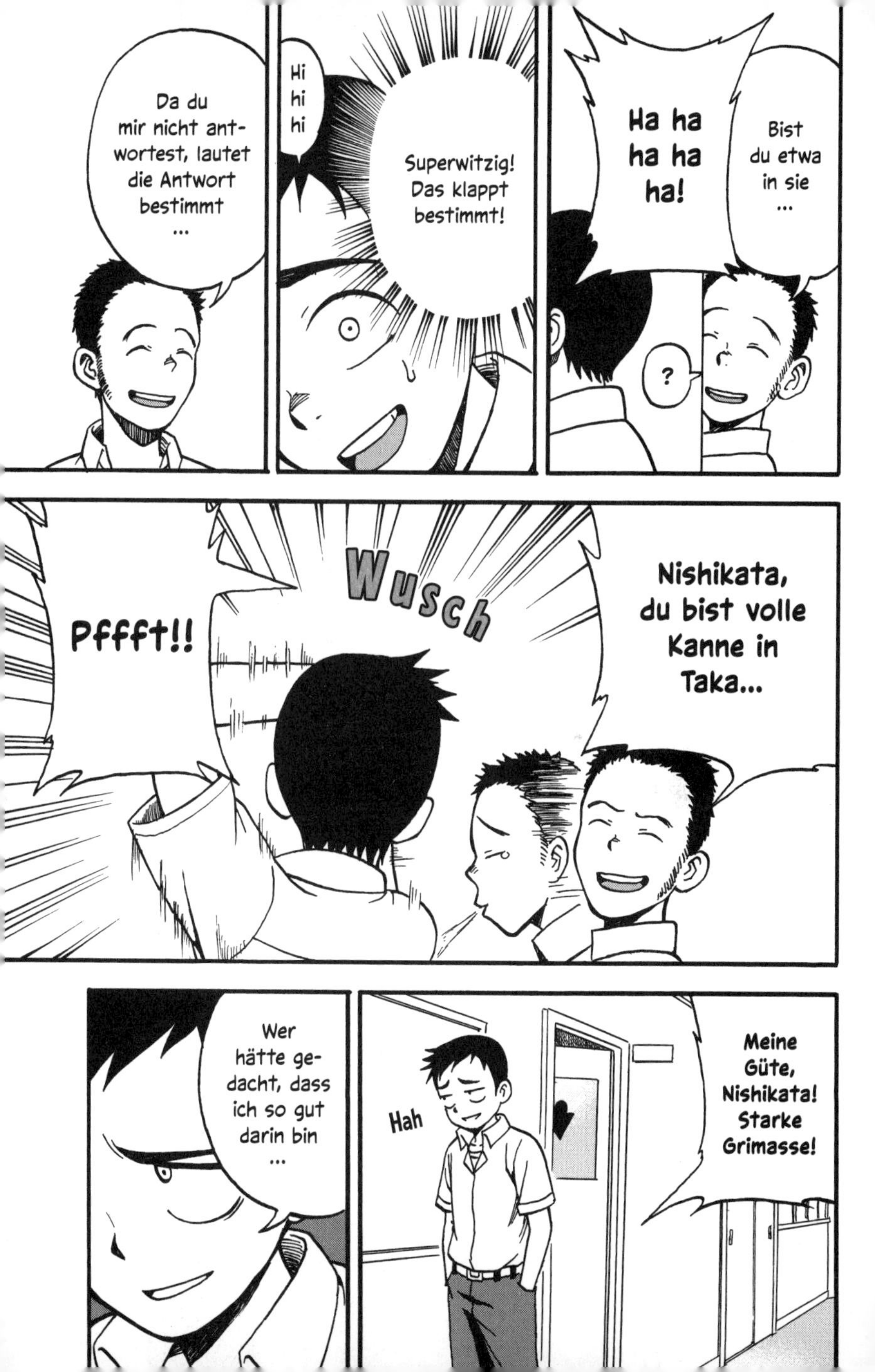

Bist du etwa in sie ...
Ha ha ha ha ha!
?
Superwitzig! Das klappt bestimmt!
Hi hi hi
Da du mir nicht antwortest, lautet die Antwort bestimmt ...
Nishikata, du bist volle Kanne in Taka...
Wusch
Pffft!!
Meine Güte, Nishikata! Starke Grimasse!
Hah
Wer hätte gedacht, dass ich so gut darin bin ...

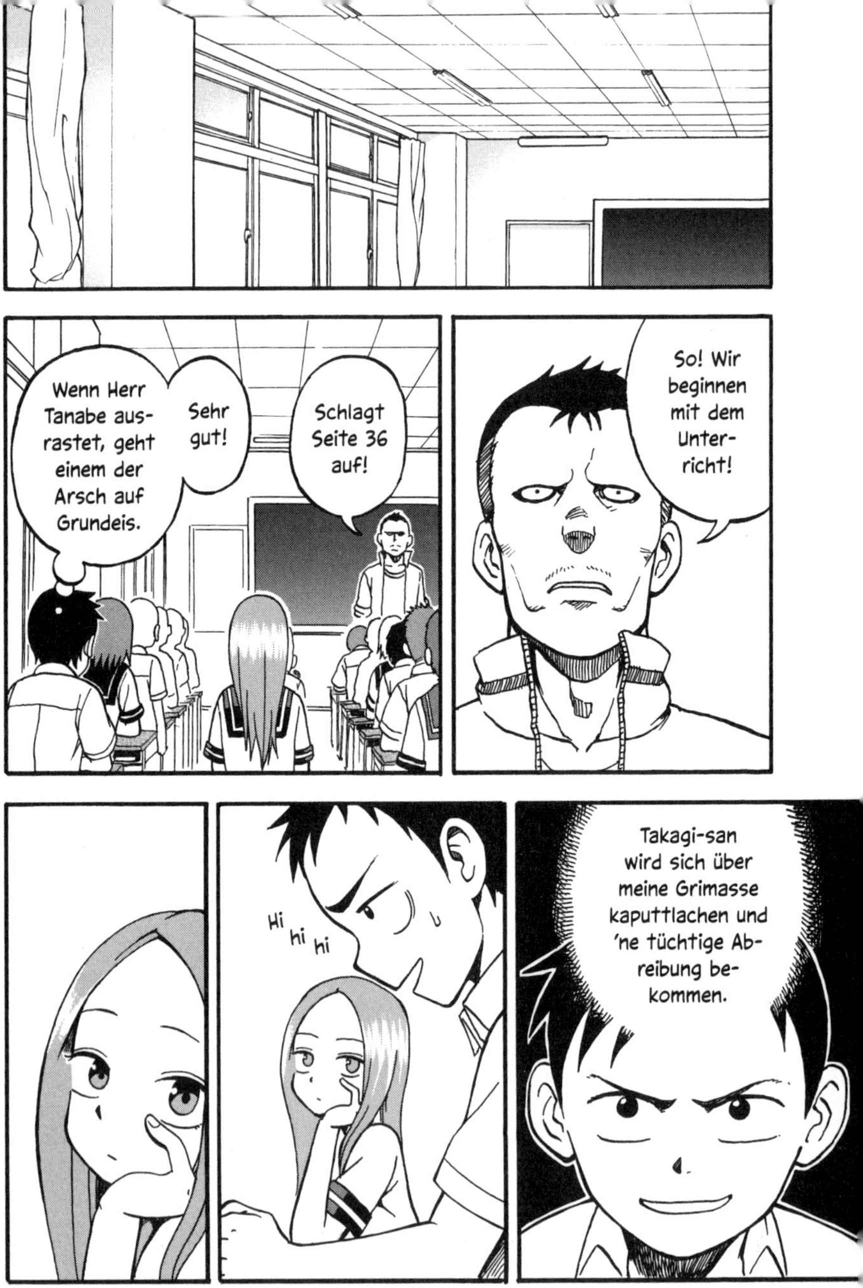
So! Wir beginnen mit dem Unterricht!
Schlagt Seite 36 auf!
Sehr gut!
Wenn Herr Tanabe ausrastet, geht einem der Arsch auf Grundeis.
Takagi-san wird sich über meine Grimasse kaputtlachen und 'ne tüchtige Abreibung bekommen.
Hi hi hi

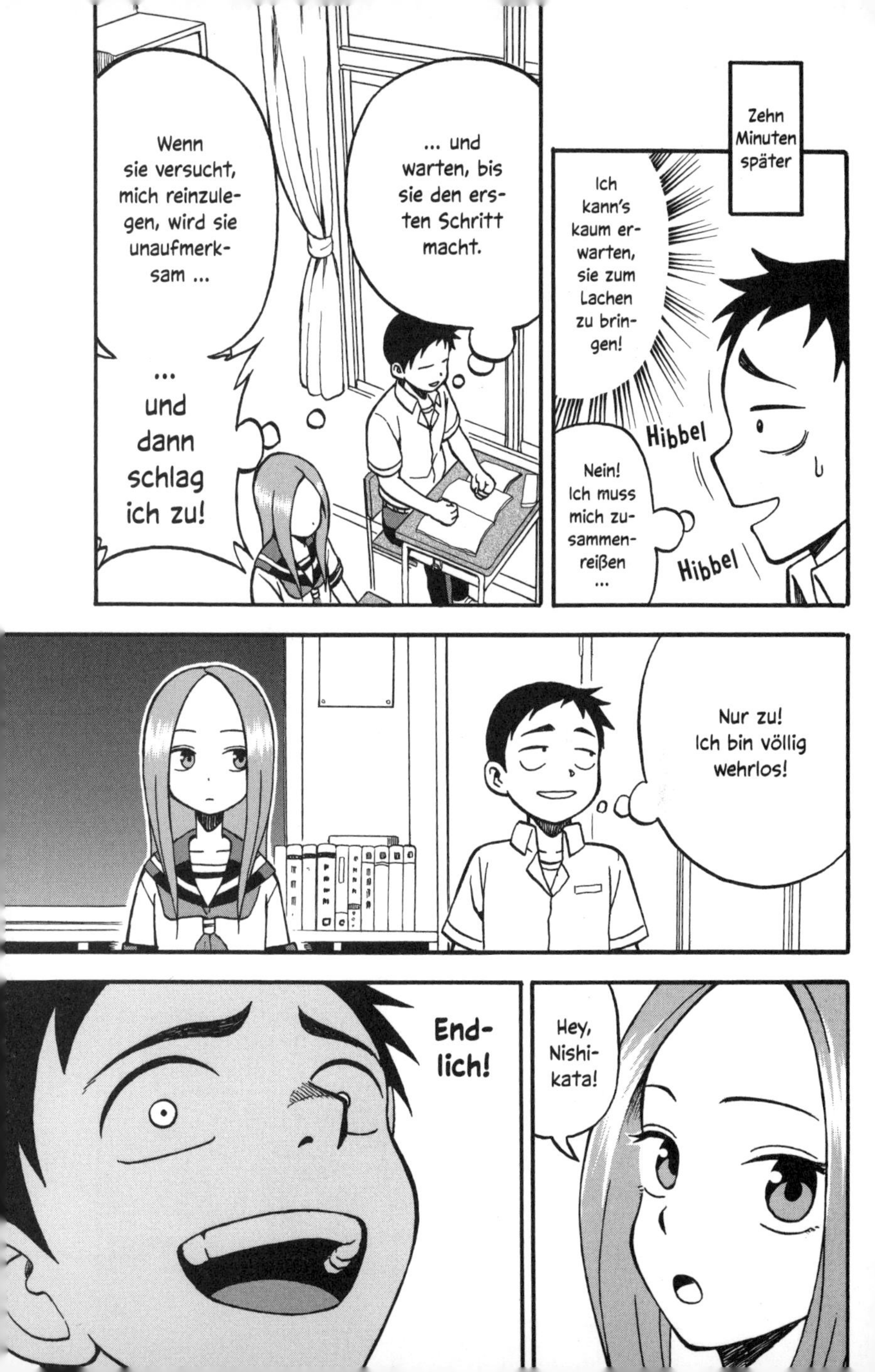

... und warten, bis sie den ersten Schritt macht.
Wenn sie versucht, mich reinzulegen, wird sie unaufmerksam ...
... und dann schlag ich zu!
Zehn Minuten später
Ich kann's kaum erwarten, sie zum Lachen zu bringen!
Hibbel
Nein! Ich muss mich zusammenreißen ...
Hibbel
Nur zu! Ich bin völlig wehrlos!
Hey, Nishikata!
Endlich!

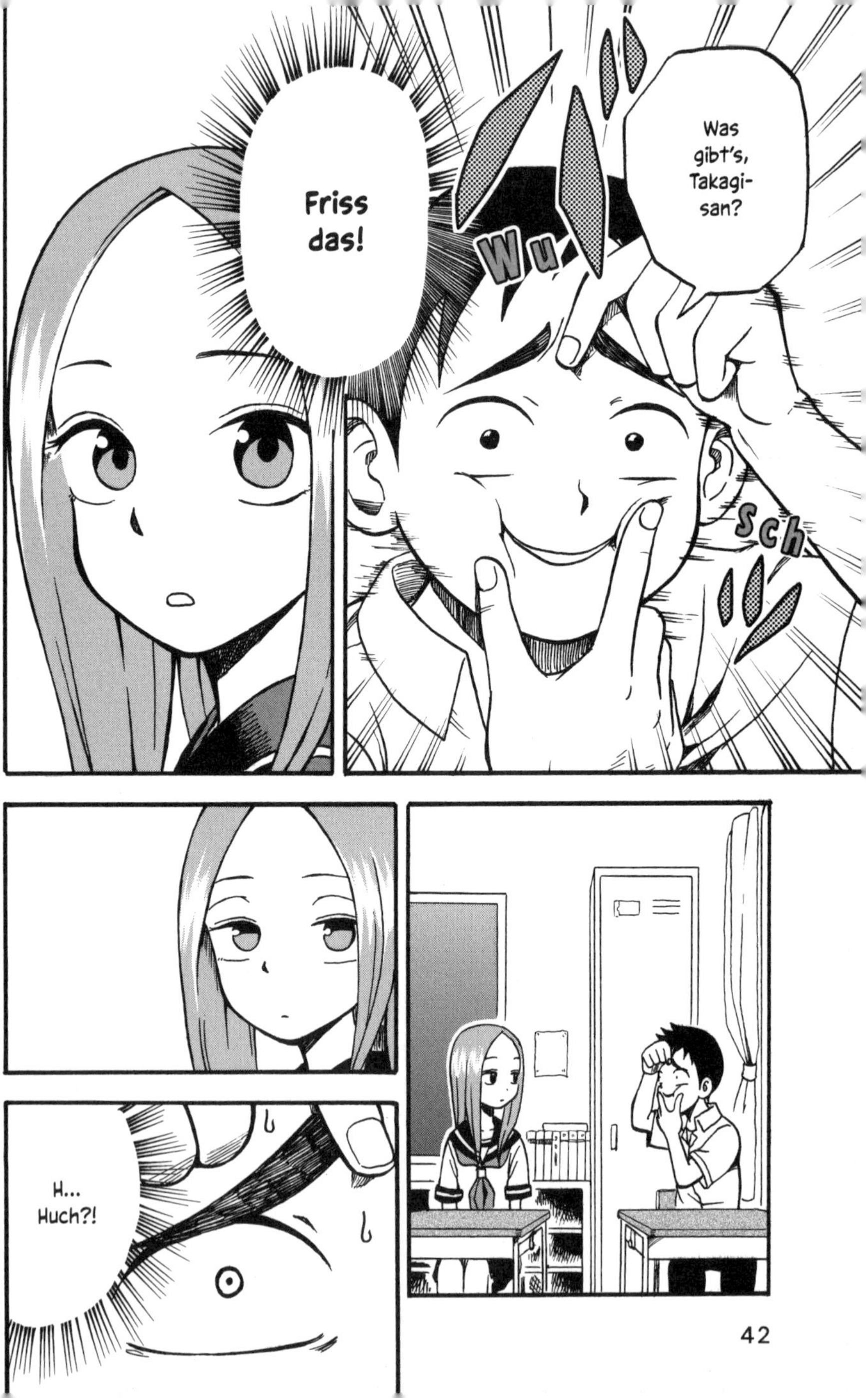
Was gibt's, Takagi-san?
Wu
Friss das!
Sch
H... Huch?!

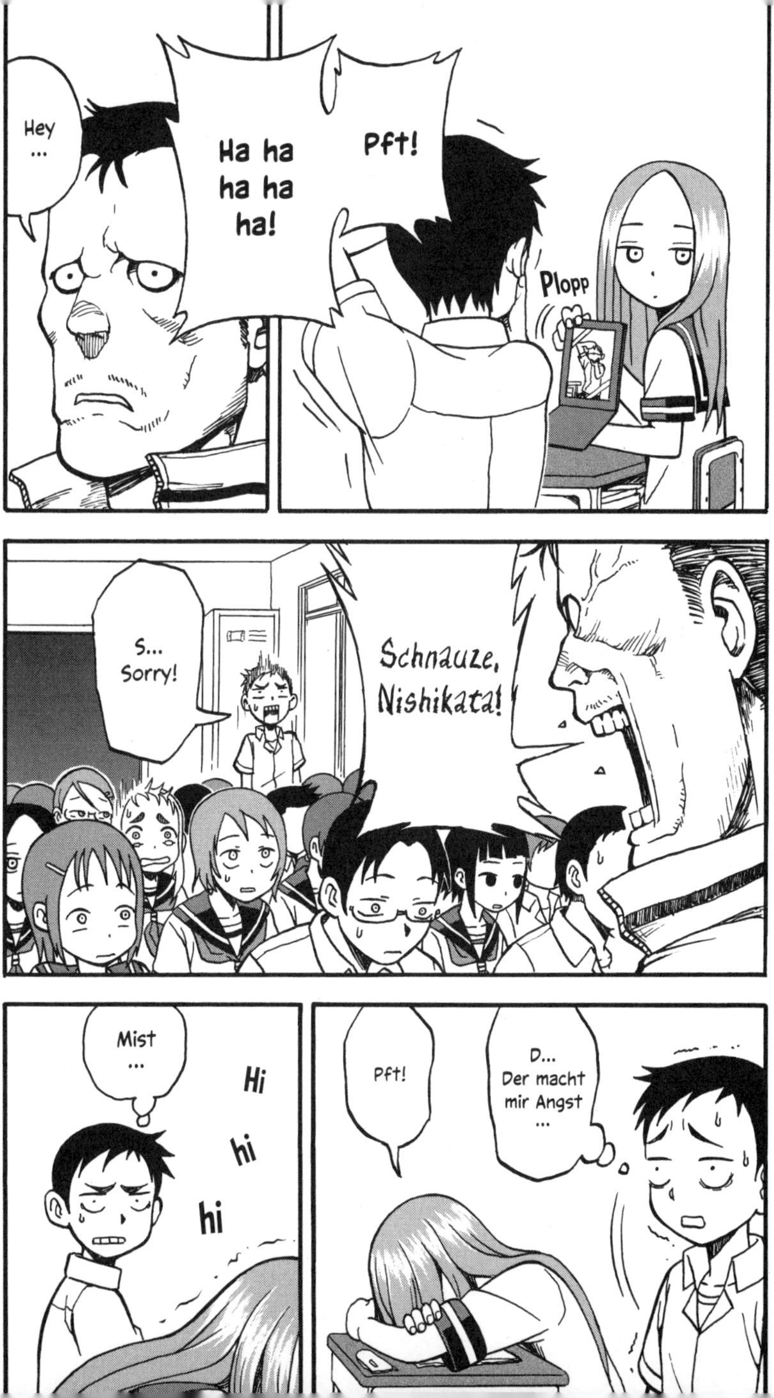
Pft!
Ha ha
ha ha
ha!
Hey
...
Plopp
Schnauze,
Nishikata!
S...
Sorry!
D...
Der macht
mir Angst
...
Pft!
Hi
hi
hi
Mist
...

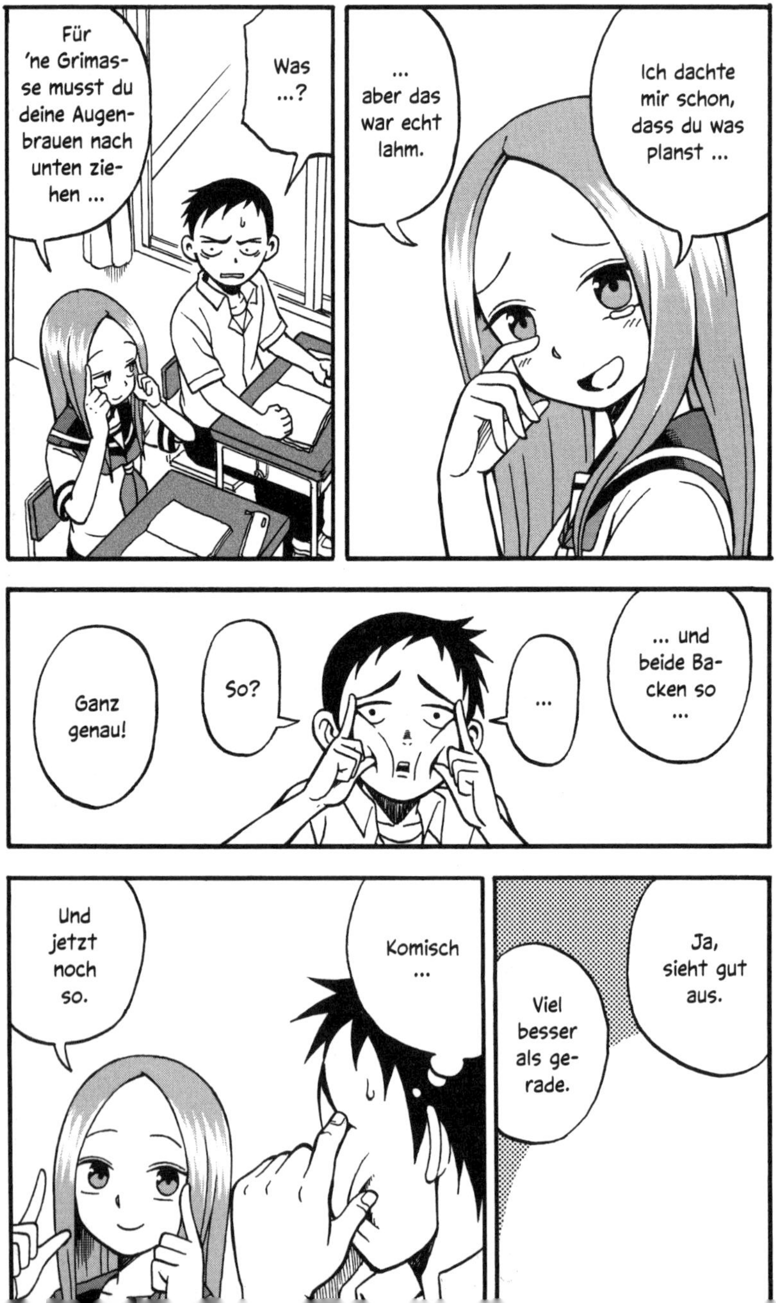
Ich dachte mir schon, dass du was planst ...
... aber das war echt lahm.
Was ...?
Für 'ne Grimasse musst du deine Augenbrauen nach unten ziehen ...
... und beide Backen so ...
...
So?
Ganz genau!
Ja, sieht gut aus.
Viel besser als gerade.
Komisch ...
Und jetzt noch so.

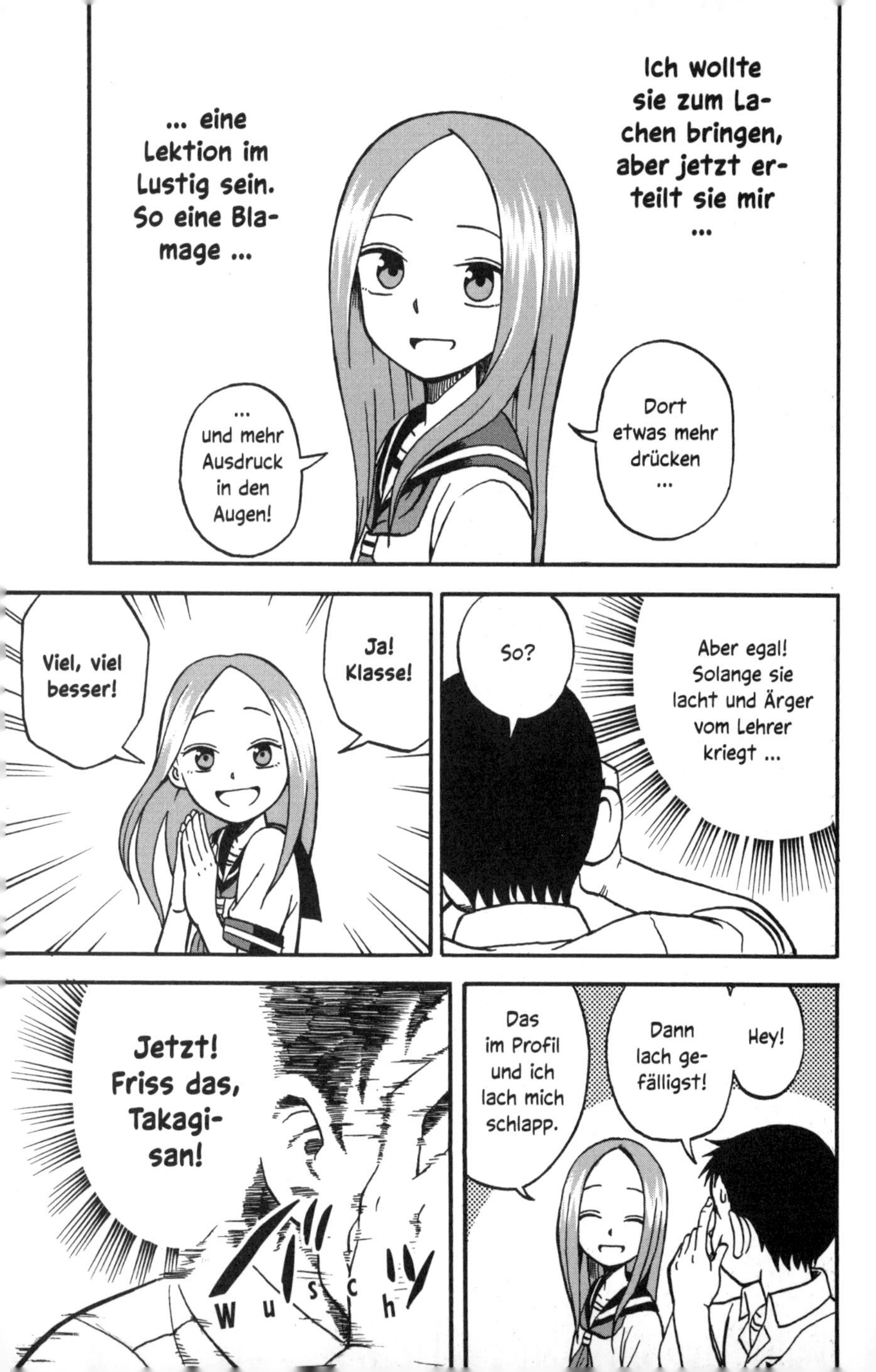
Ich wollte sie zum Lachen bringen, aber jetzt erteilt sie mir ...
... eine Lektion im Lustig sein. So eine Blamage ...
Dort etwas mehr drücken ...
... und mehr Ausdruck in den Augen!
Aber egal! Solange sie lacht und Ärger vom Lehrer kriegt ...
So?
Ja! Klasse!
Viel, viel besser!
Hey!
Dann lach gefälligst!
Das im Profil und ich lach mich schlapp.
Jetzt! Friss das, Takagi-san!
Wusch

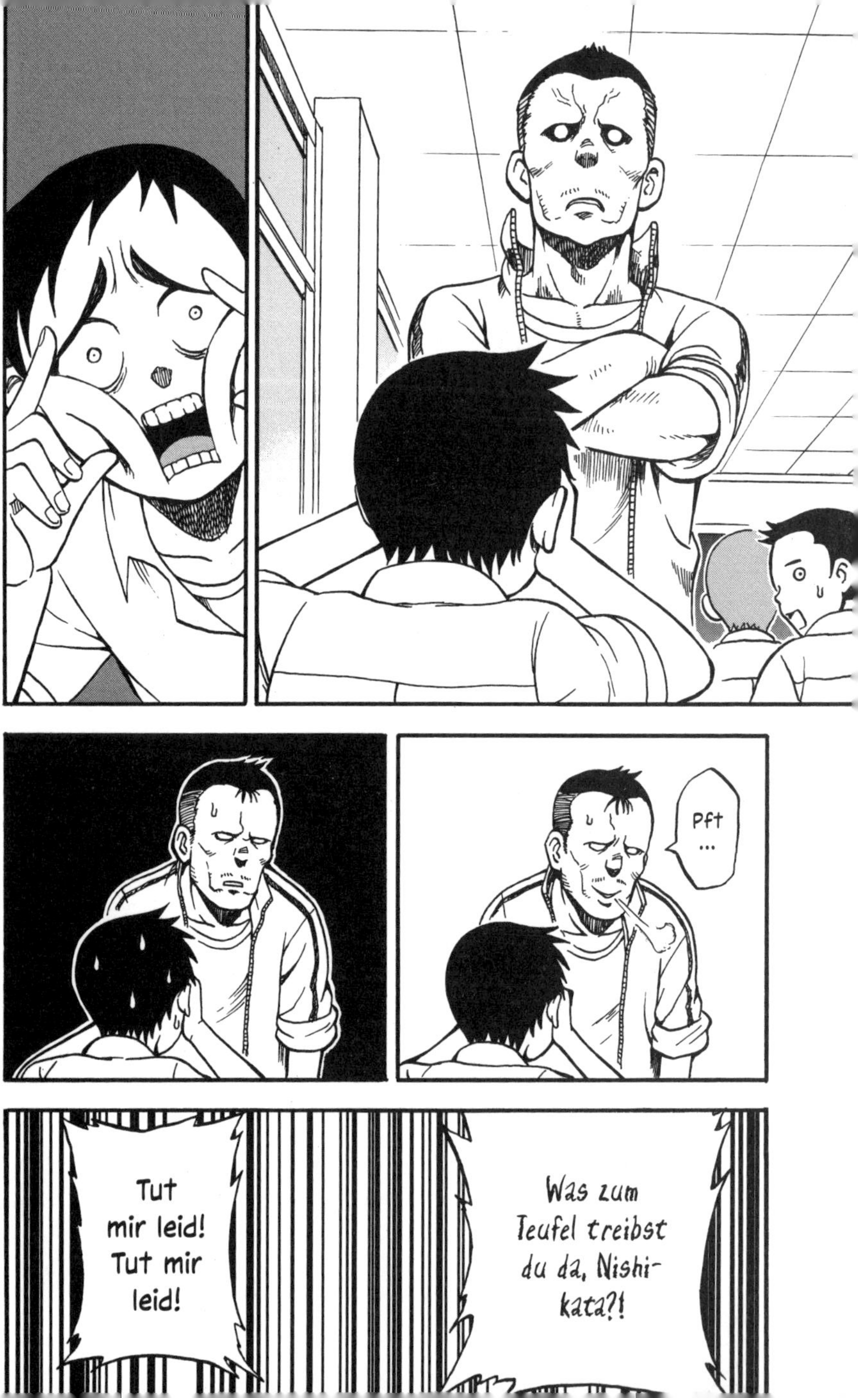
Pft ...
Was zum Teufel treibst du da, Nishikata?!
Tut mir leid! Tut mir leid!

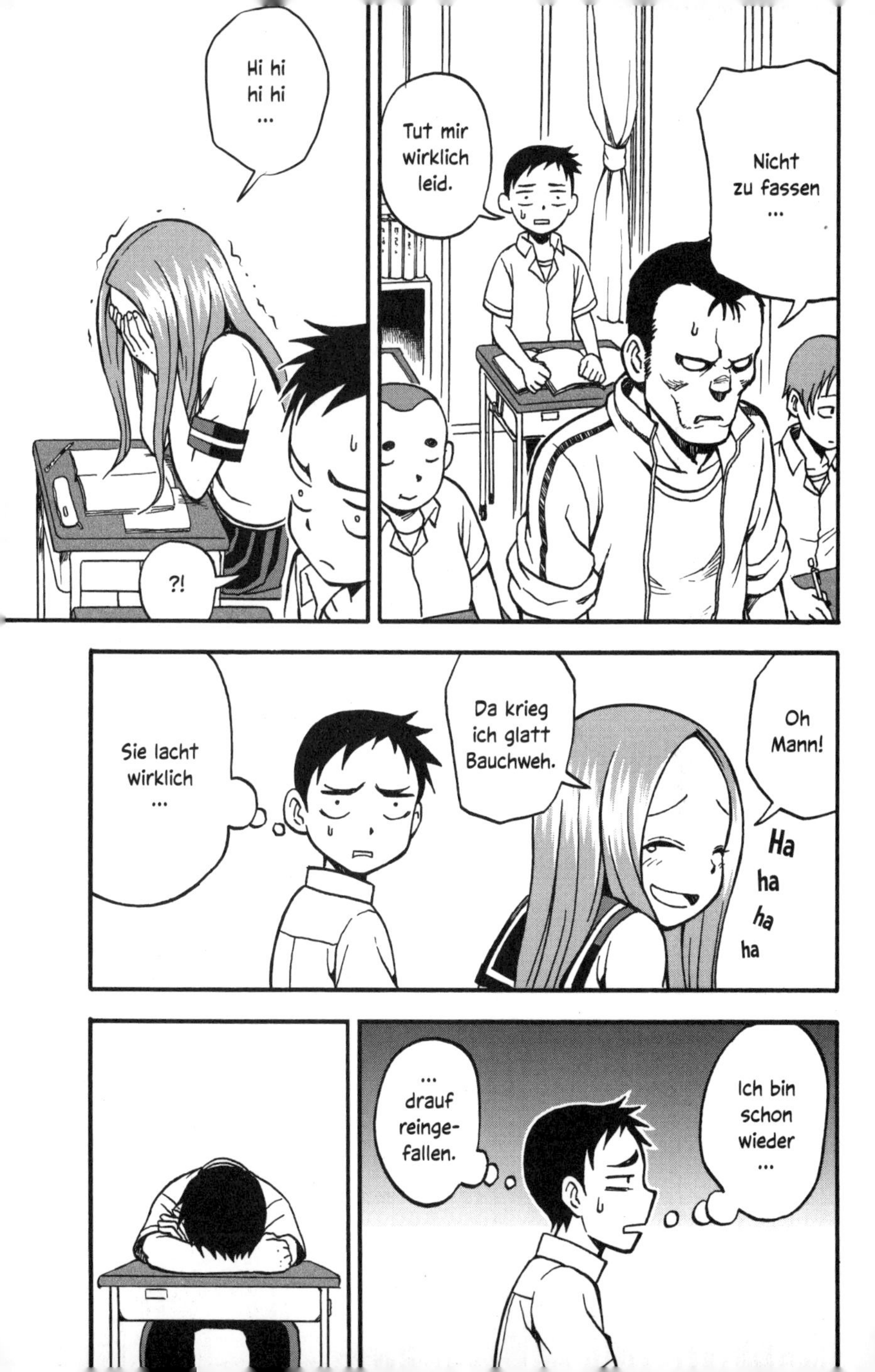
Nicht zu fassen ...
Tut mir wirklich leid.
Hi hi hi hi ...
?!
Oh Mann!
Ha ha ha ha
Da krieg ich glatt Bauchweh.
Sie lacht wirklich ...
Ich bin schon wieder ...
... drauf reingefallen.

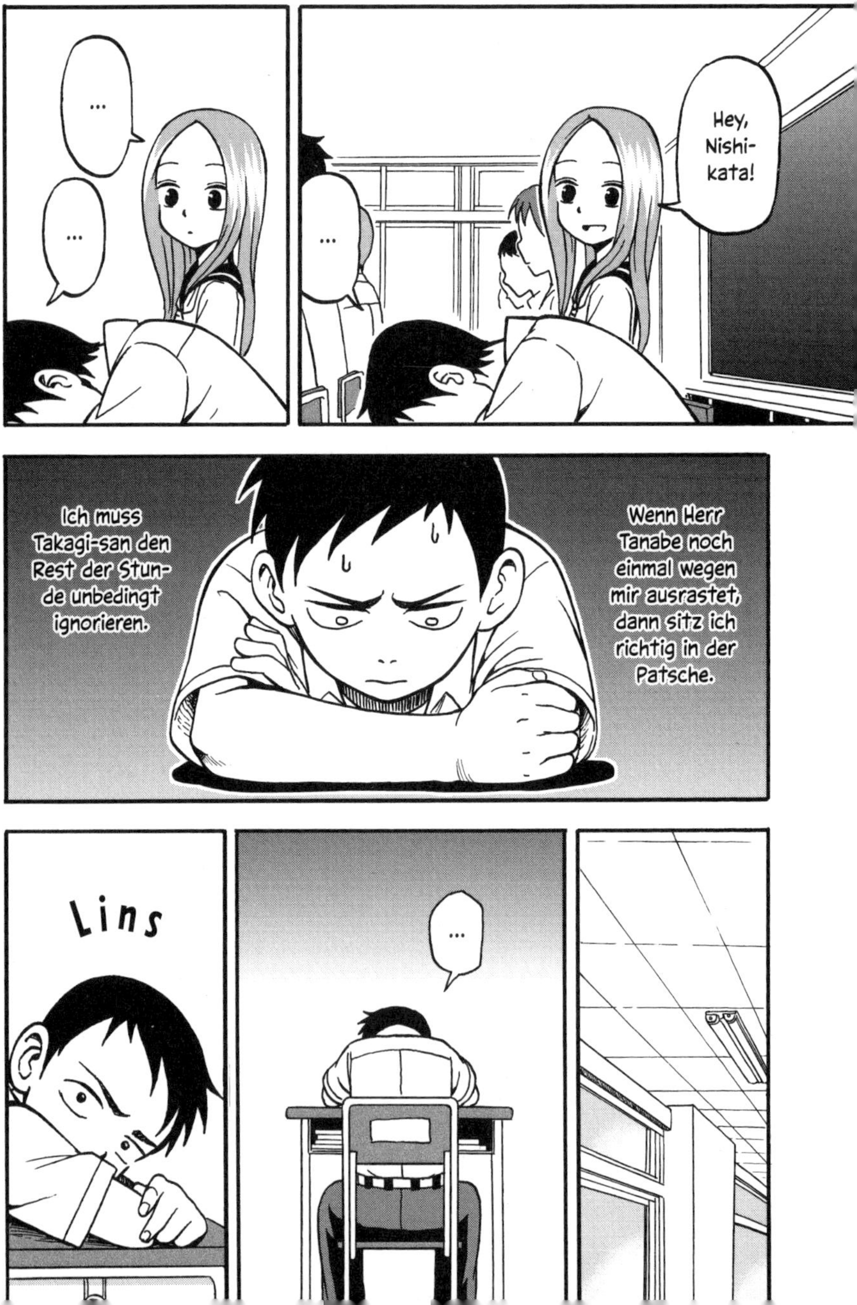
Hey, Nishi-kata!
...
...
...
Wenn Herr Tanabe noch einmal wegen mir ausrastet, dann sitz ich richtig in der Patsche.
Ich muss Takagi-san den Rest der Stunde unbedingt ignorieren.
...
Lins

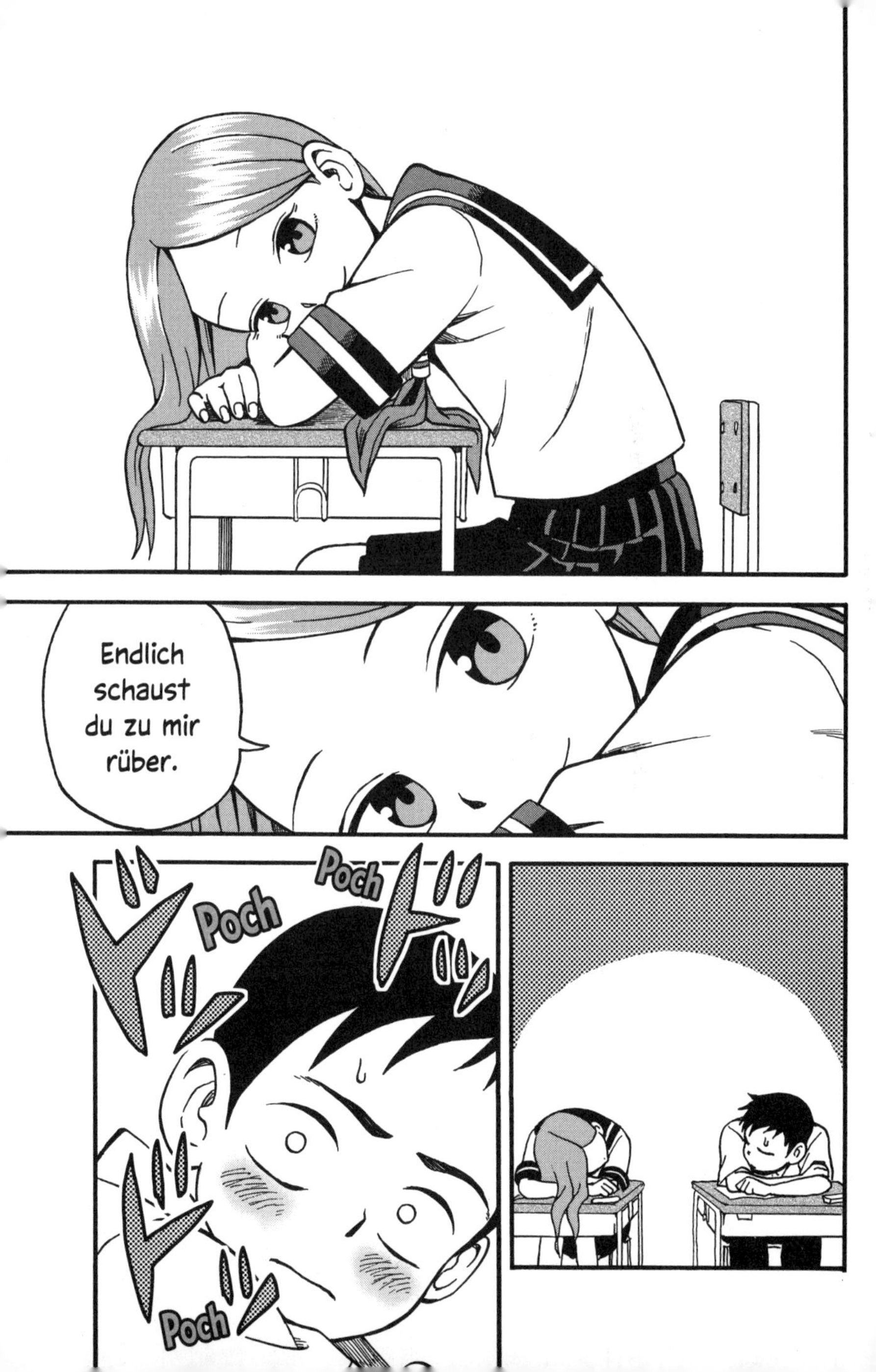
Endlich schaust du zu mir rüber.
Poch
Poch
Poch

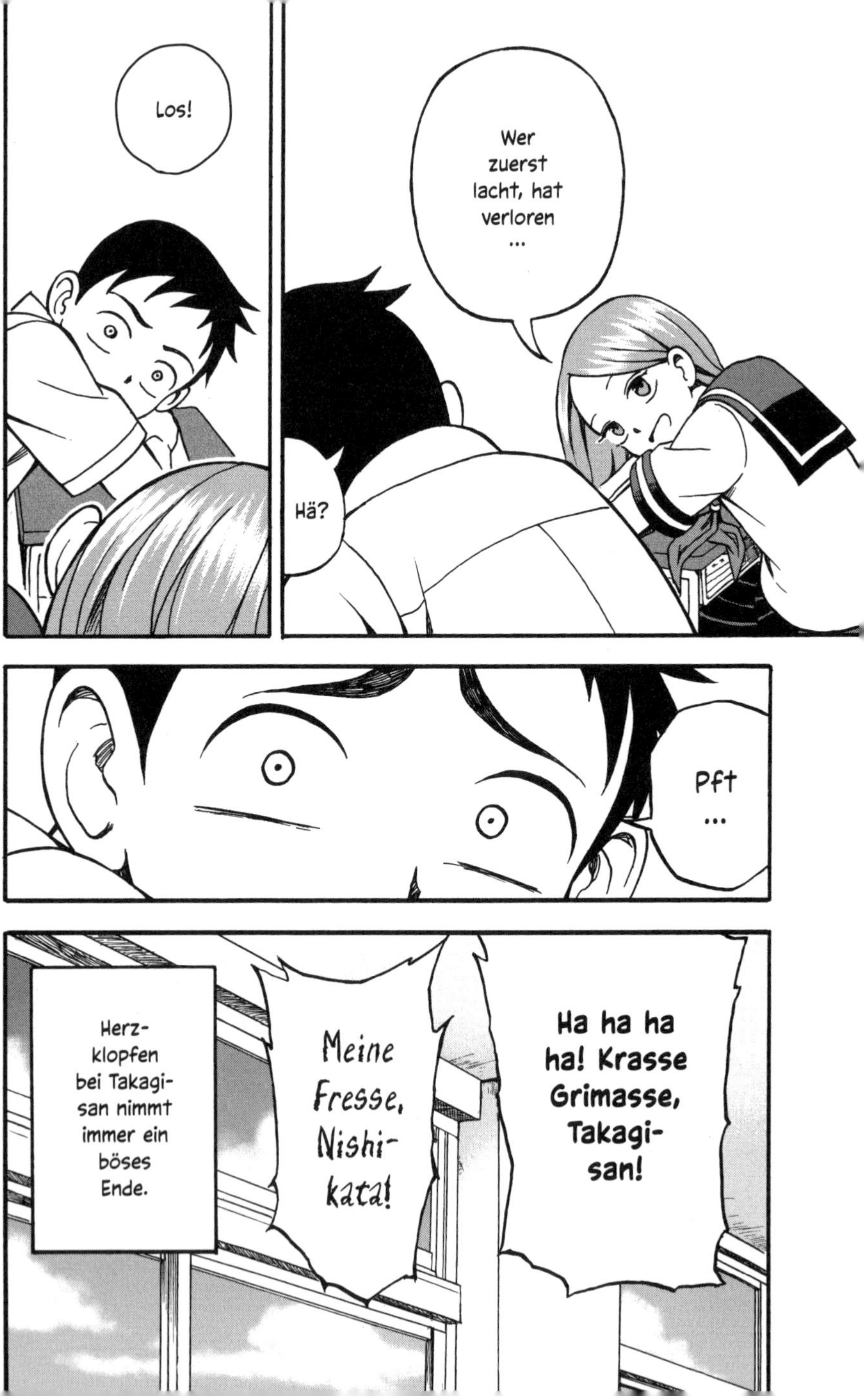
Wer zuerst lacht, hat verloren …
Los!
Hä?
Pft …
Ha ha ha ha! Krasse Grimasse, Takagi-san!
Meine Fresse, Nishikata!
Herzklopfen bei Takagi-san nimmt immer ein böses Ende.

Krafttraining

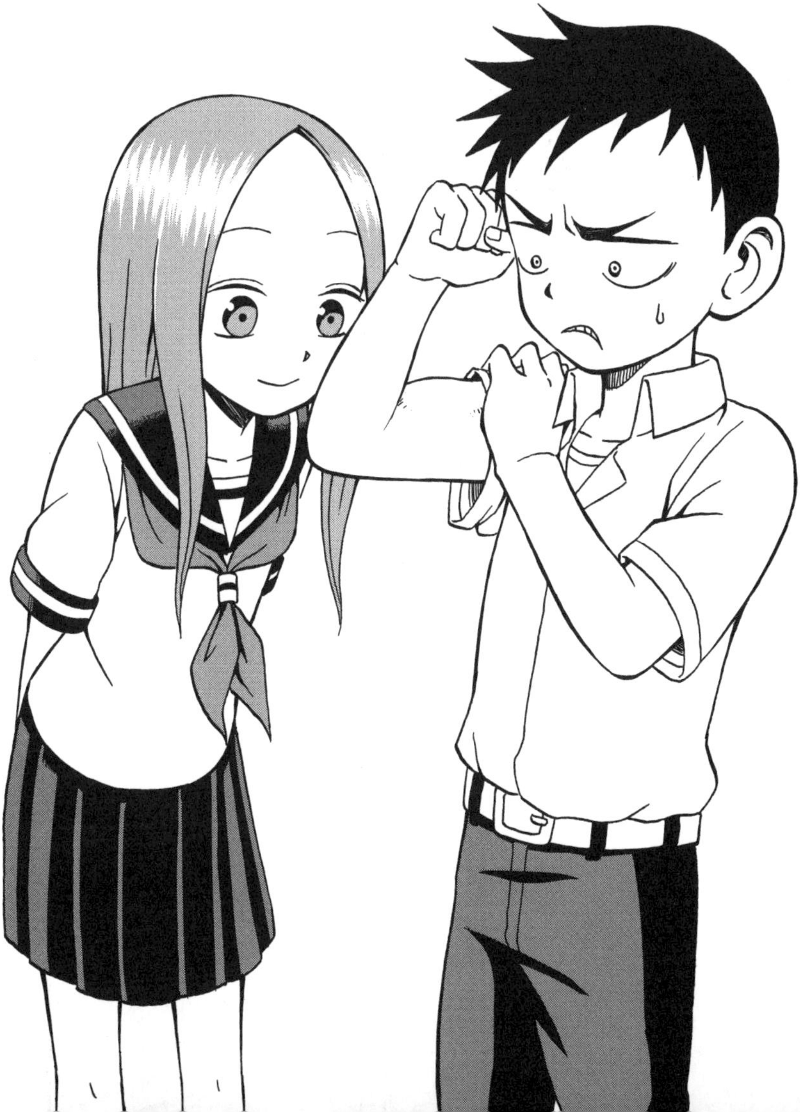

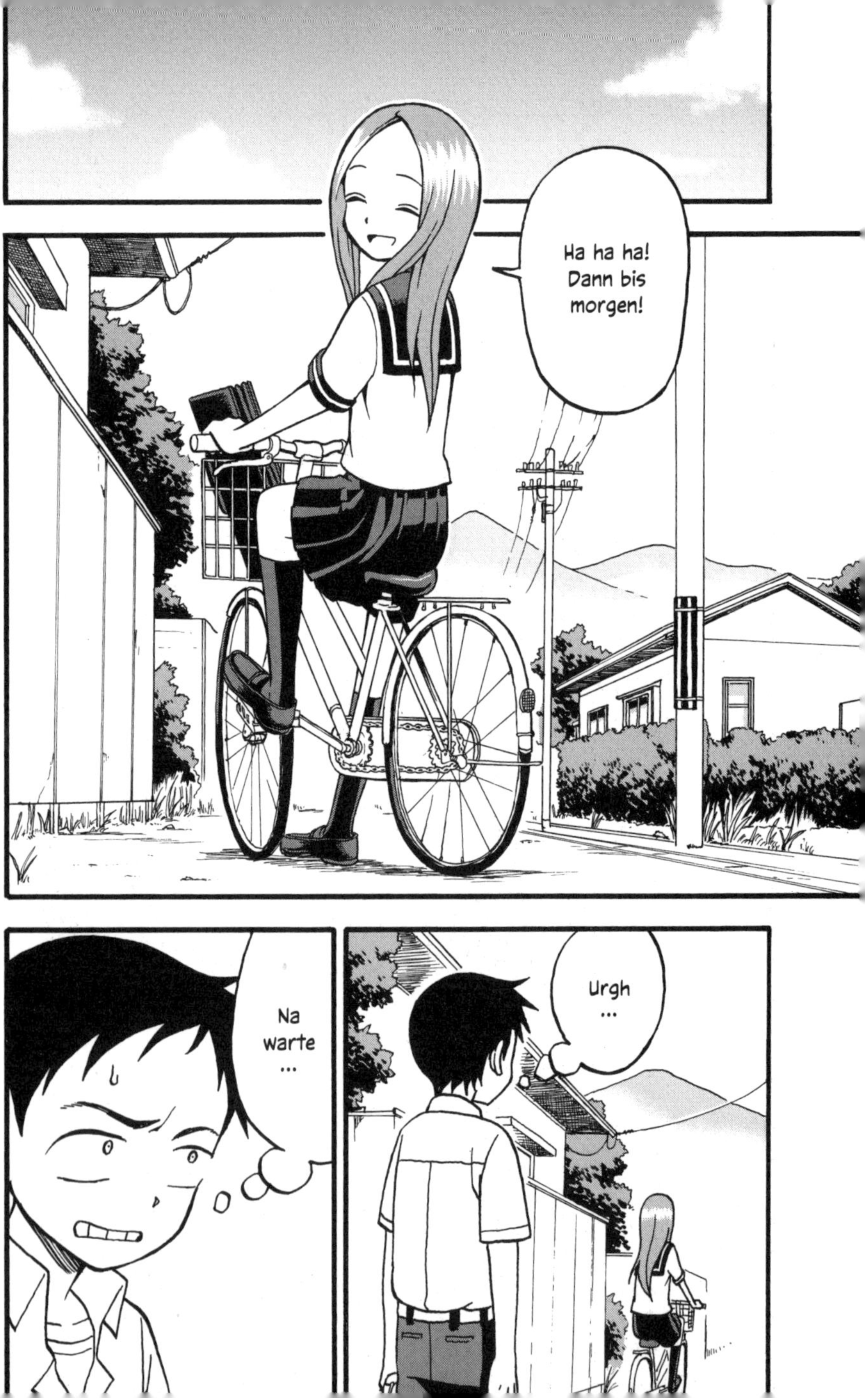
Ha ha ha! Dann bis morgen!
Urgh ...
Na warte ...

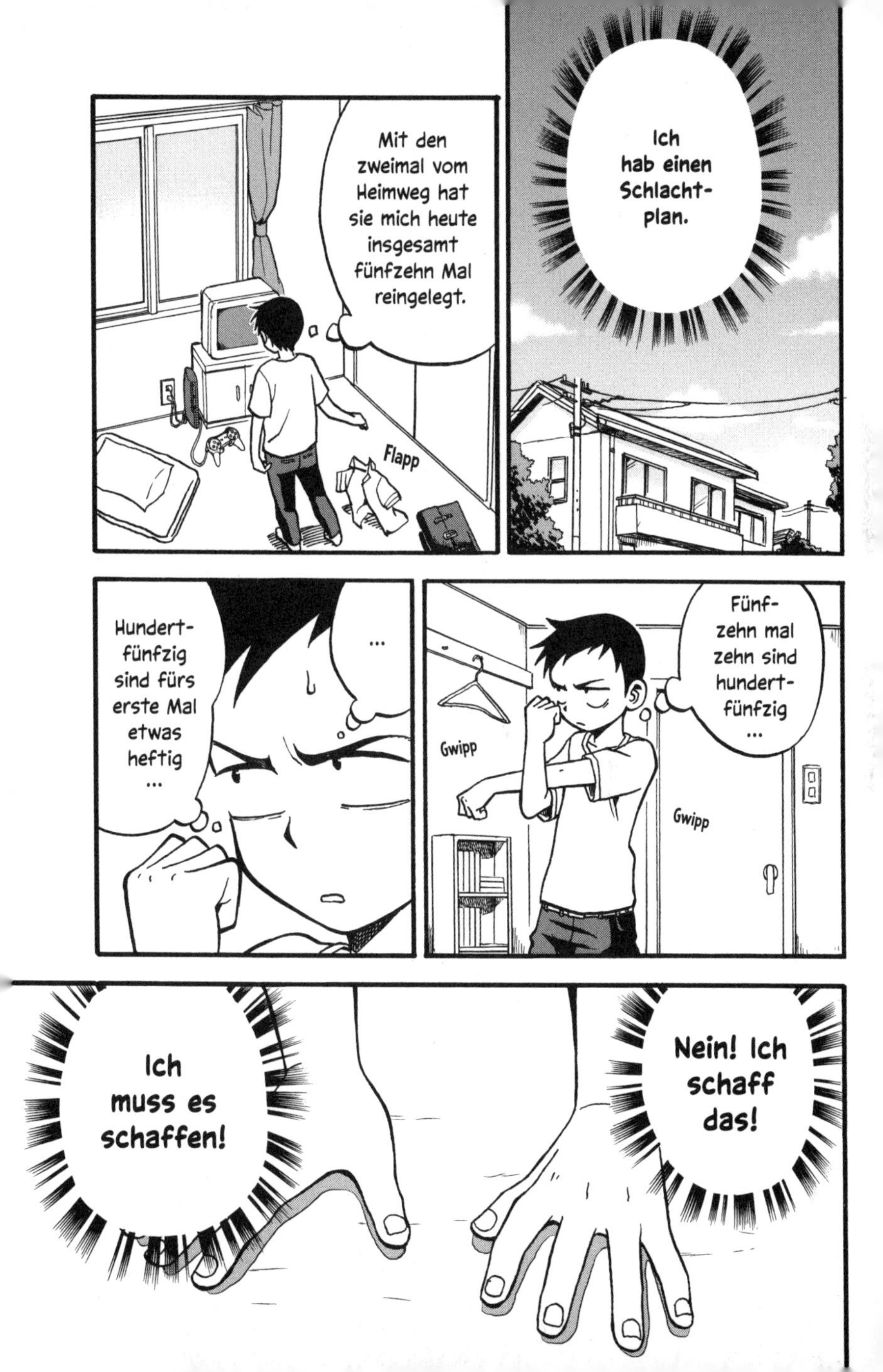
Ich hab einen Schlacht-plan.
Mit den zweimal vom Heimweg hat sie mich heute insgesamt fünfzehn Mal reingelegt.
Flapp
Fünf-zehn mal zehn sind hundert-fünfzig ...
Gwipp
Gwipp
...
Hundert-fünfzig sind fürs erste Mal etwas heftig ...
Nein! Ich schaff das!
Ich muss es schaffen!

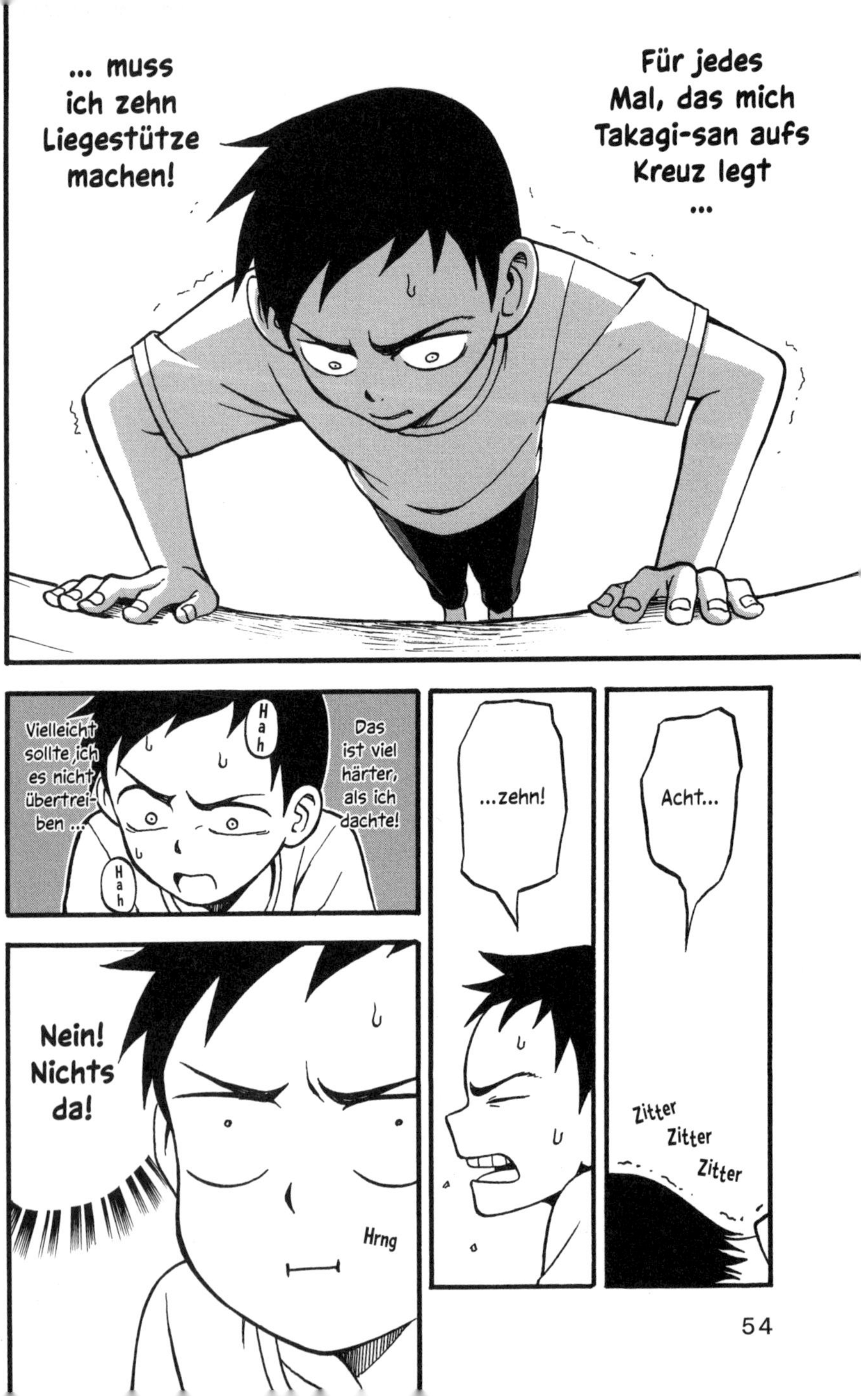

Für jedes Mal, das mich Takagi-san aufs Kreuz legt ...
... muss ich zehn Liegestütze machen!
Acht...
...zehn!
Hah
Das ist viel härter, als ich dachte!
Vielleicht sollte ich es nicht übertreiben ...
Hah
Zitter Zitter Zitter
Nein! Nichts da!
Hrng

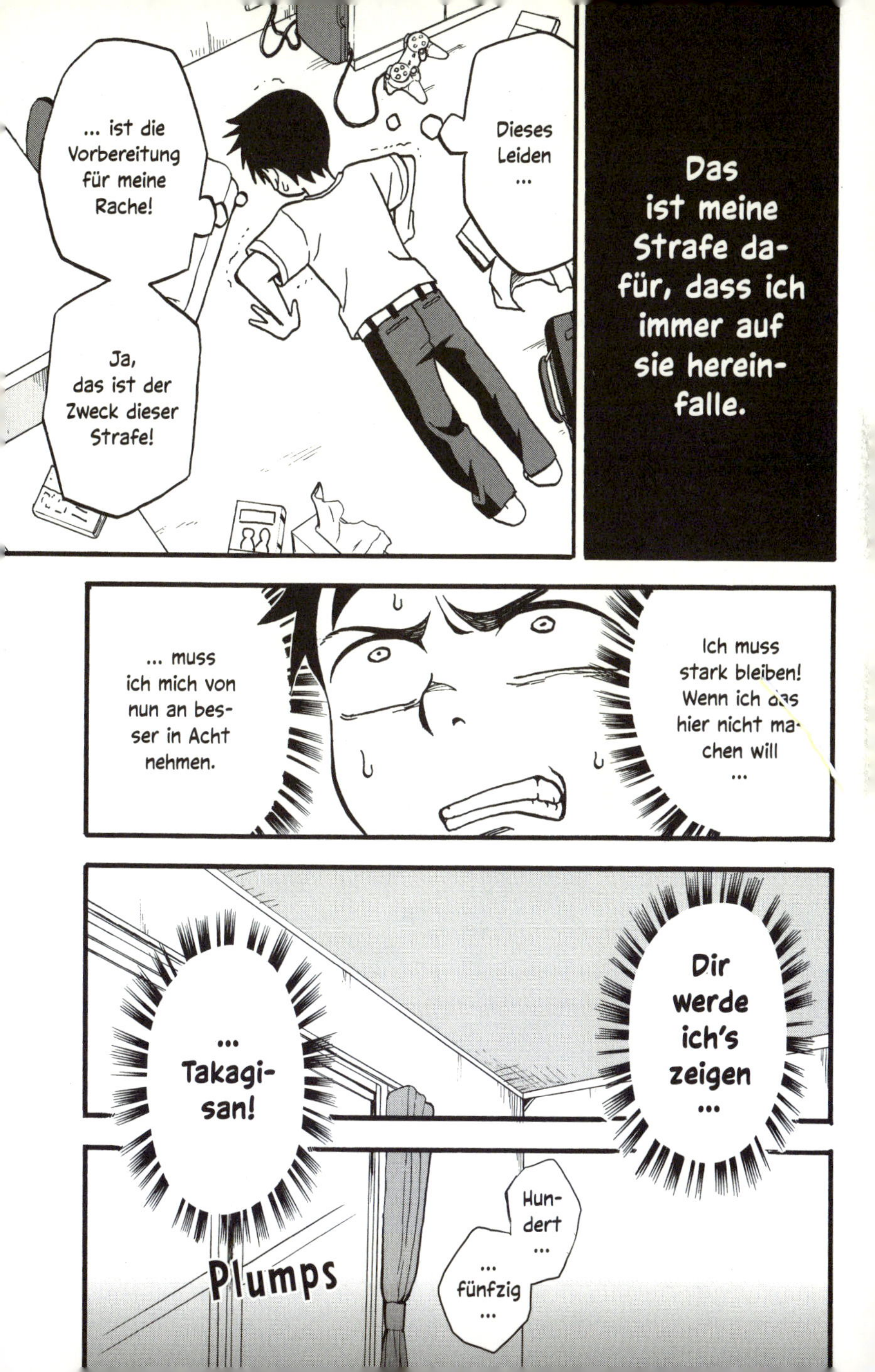
Das ist meine Strafe dafür, dass ich immer auf sie hereinfalle.
Dieses Leiden …
… ist die Vorbereitung für meine Rache!
Ja, das ist der Zweck dieser Strafe!
Ich muss stark bleiben! Wenn ich das hier nicht machen will …
… muss ich mich von nun an besser in Acht nehmen.
Dir werde ich's zeigen …
… Takagi-san!
Hundert …
… fünfzig …
Plumps

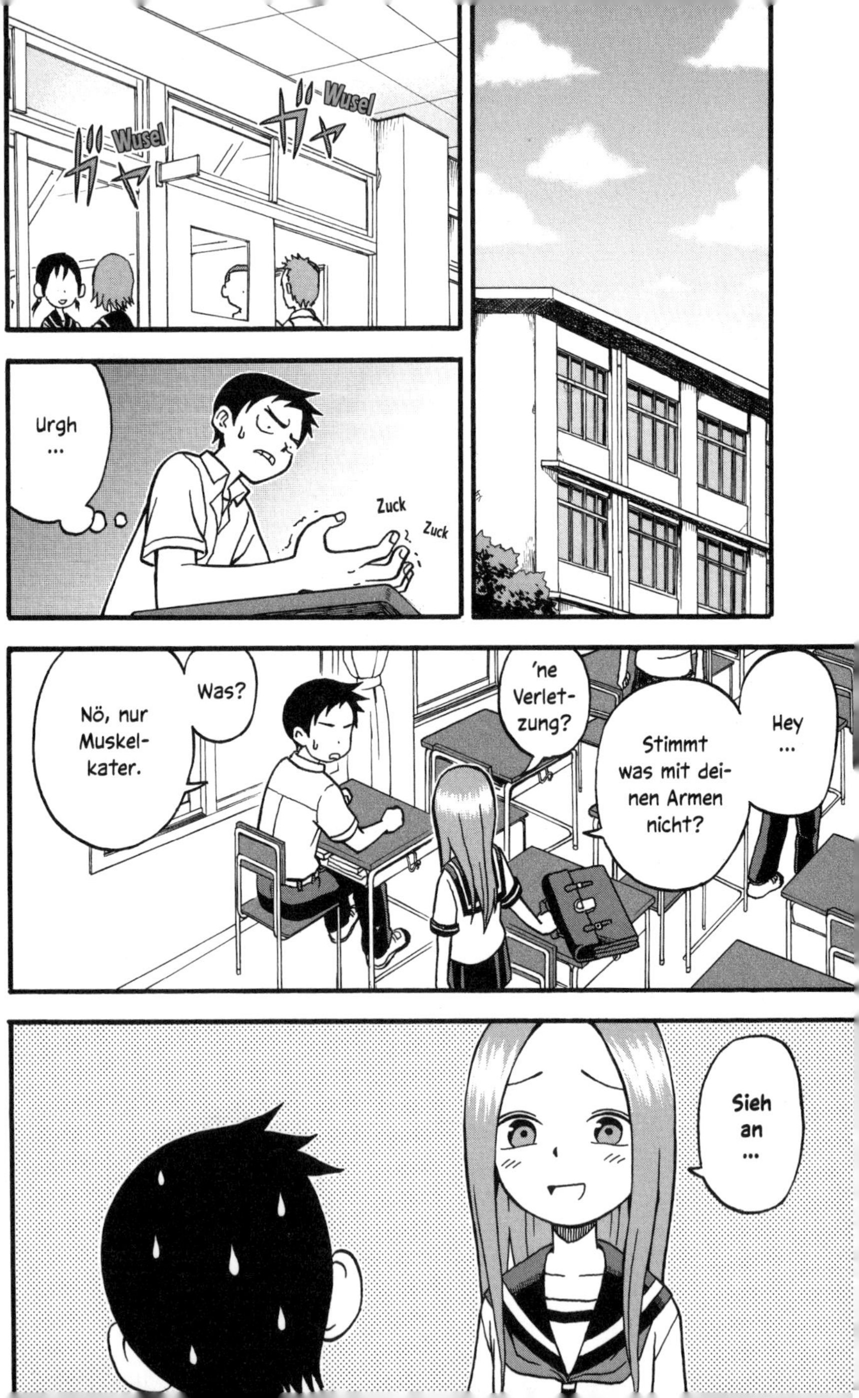
ガヤ Wusel
ガヤ Wusel
Urgh ...
Zuck
Zuck
Hey ...
Stimmt was mit deinen Armen nicht?
'ne Verletzung?
Was?
Nö, nur Muskelkater.
Sieh an ...

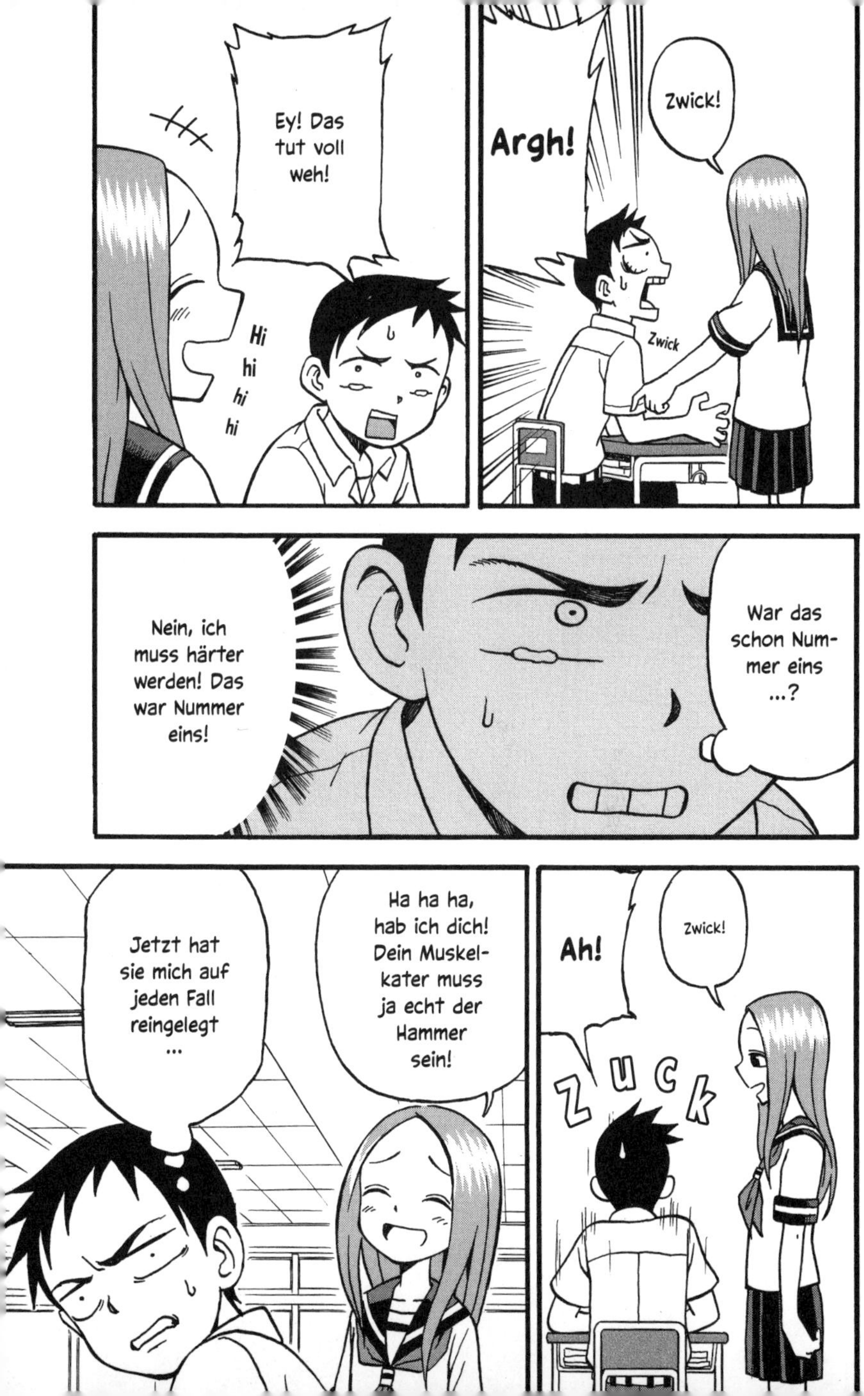
Zwick!
Argh!
Zwick
Ey! Das tut voll weh!
Hi hi hi hi
War das schon Nummer eins ...?
Nein, ich muss härter werden! Das war Nummer eins!
Zwick!
Ah!
ZUCK
Ha ha ha, hab ich dich! Dein Muskelkater muss ja echt der Hammer sein!
Jetzt hat sie mich auf jeden Fall reingelegt ...

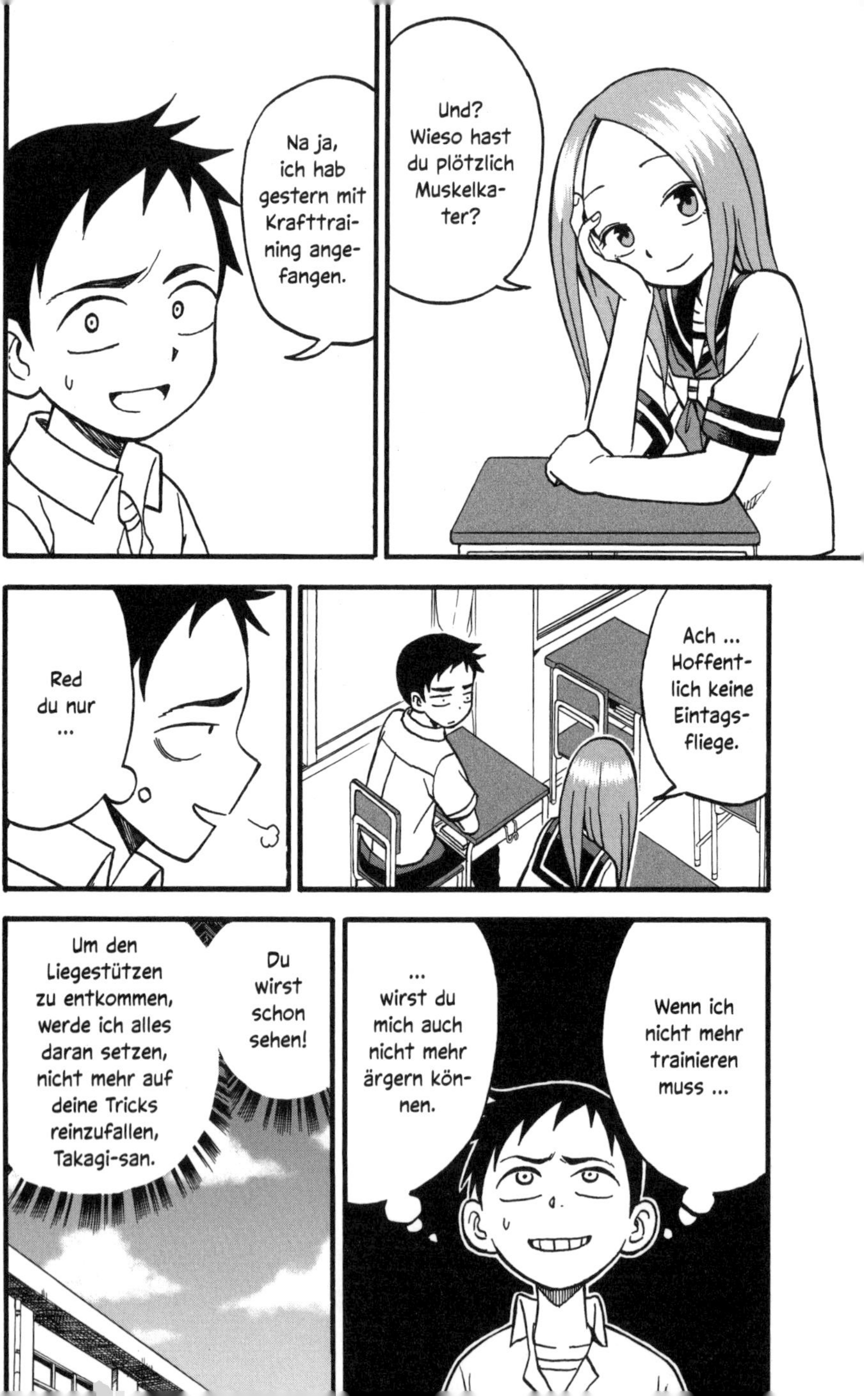
Und? Wieso hast du plötzlich Muskelkater?
Na ja, ich hab gestern mit Krafttraining angefangen.
Ach ... Hoffentlich keine Eintagsfliege.
Red du nur ...
Wenn ich nicht mehr trainieren muss ...
... wirst du mich auch nicht mehr ärgern können.
Du wirst schon sehen!
Um den Liegestützen zu entkommen, werde ich alles daran setzen, nicht mehr auf deine Tricks reinzufallen, Takagi-san.

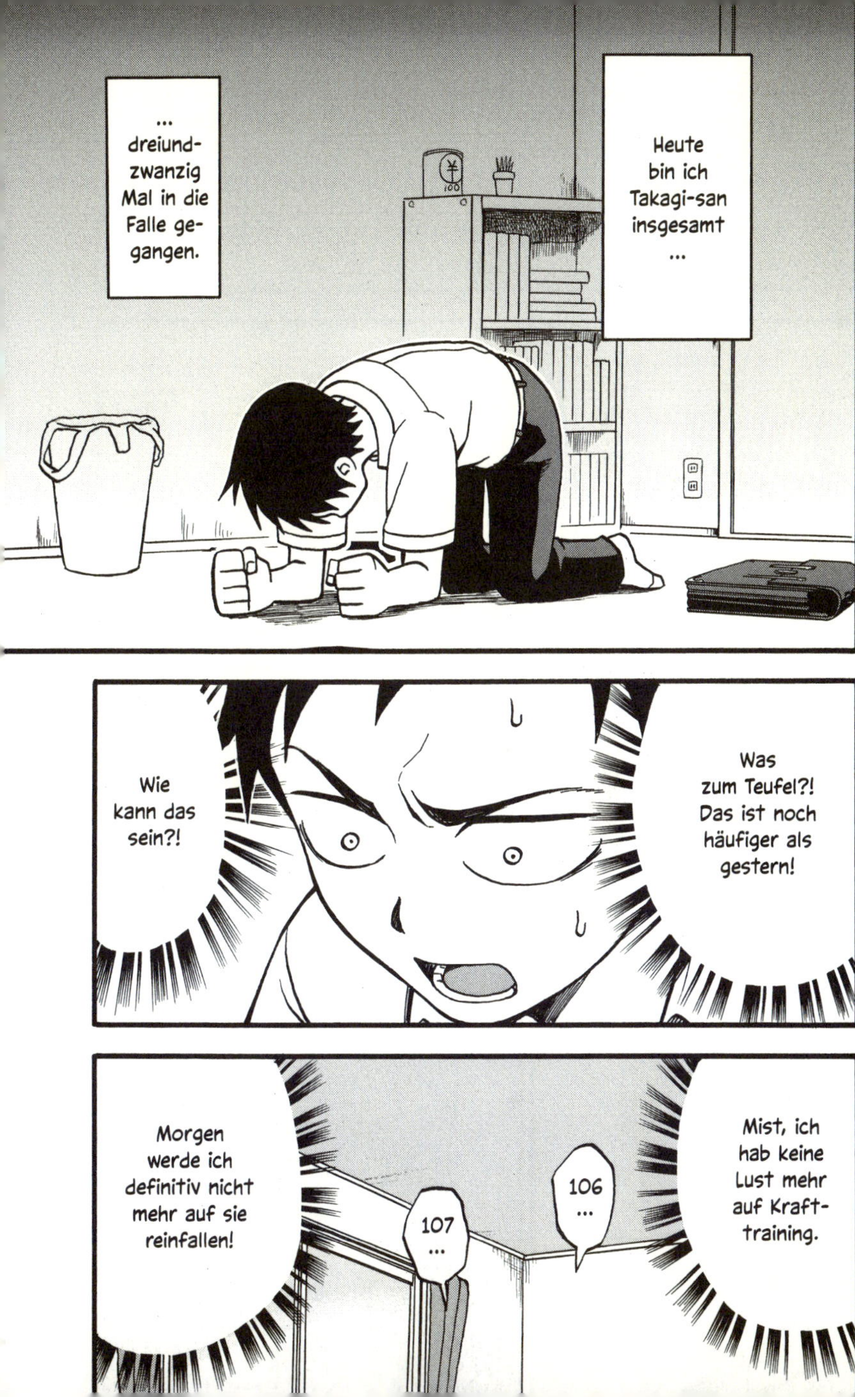
Heute bin ich Takagi-san insgesamt ...
... dreiund-zwanzig Mal in die Falle ge-gangen.
Was zum Teufel?! Das ist noch häufiger als gestern!
Wie kann das sein?!
Mist, ich hab keine Lust mehr auf Kraft-training.
106 ...
107 ...
Morgen werde ich definitiv nicht mehr auf sie reinfallen!

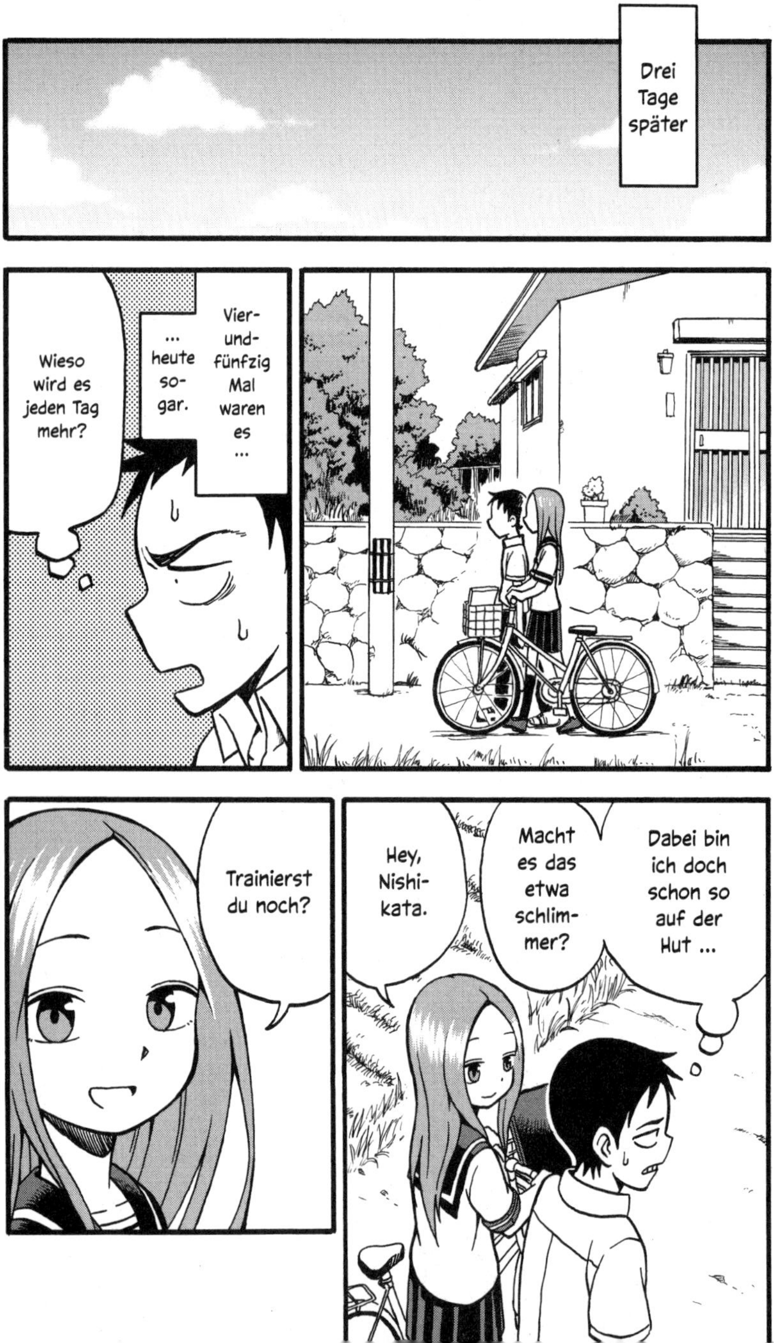
Drei Tage später
Vierundfünfzig Mal waren es …
… heute sogar.
Wieso wird es jeden Tag mehr?
Dabei bin ich doch schon so auf der Hut …
Macht es das etwa schlimmer?
Hey, Nishikata.
Trainierst du noch?

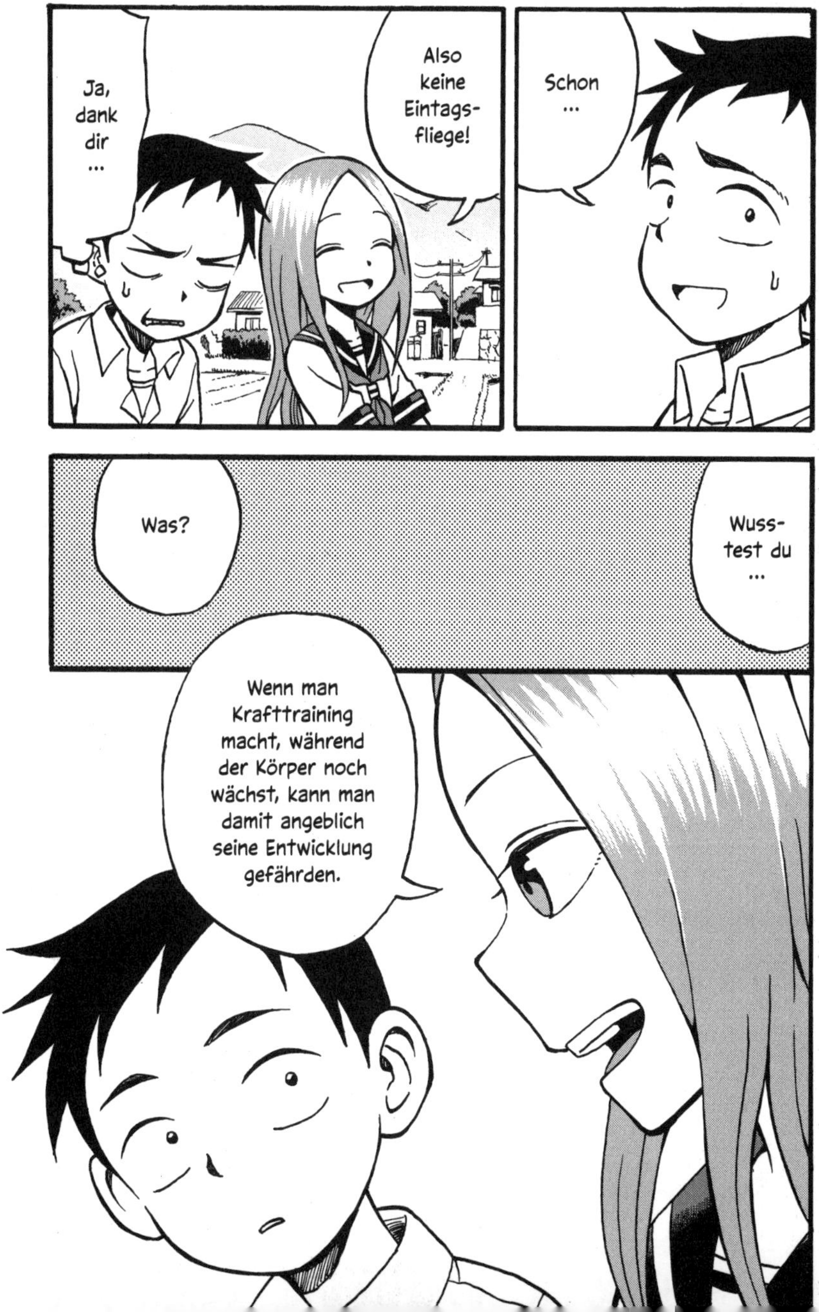
Schon ...
Also keine Eintags-fliege!
Ja, dank dir ...
Wuss-test du ...
Was?
Wenn man Krafttraining macht, während der Körper noch wächst, kann man damit angeblich seine Entwicklung gefährden.

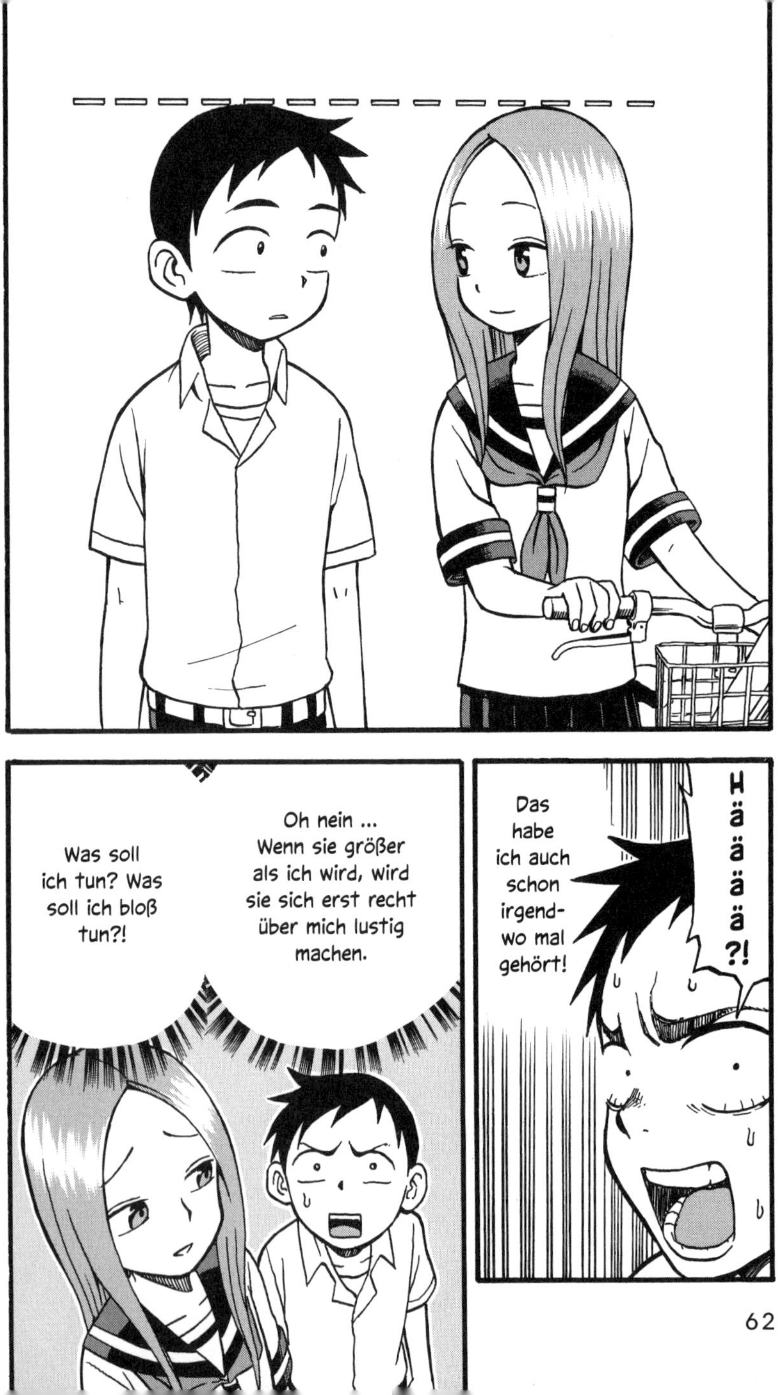

Hääää?!
Das habe ich auch schon irgendwo mal gehört!
Oh nein ... Wenn sie größer als ich wird, wird sie sich erst recht über mich lustig machen.
Was soll ich tun? Was soll ich bloß tun?!

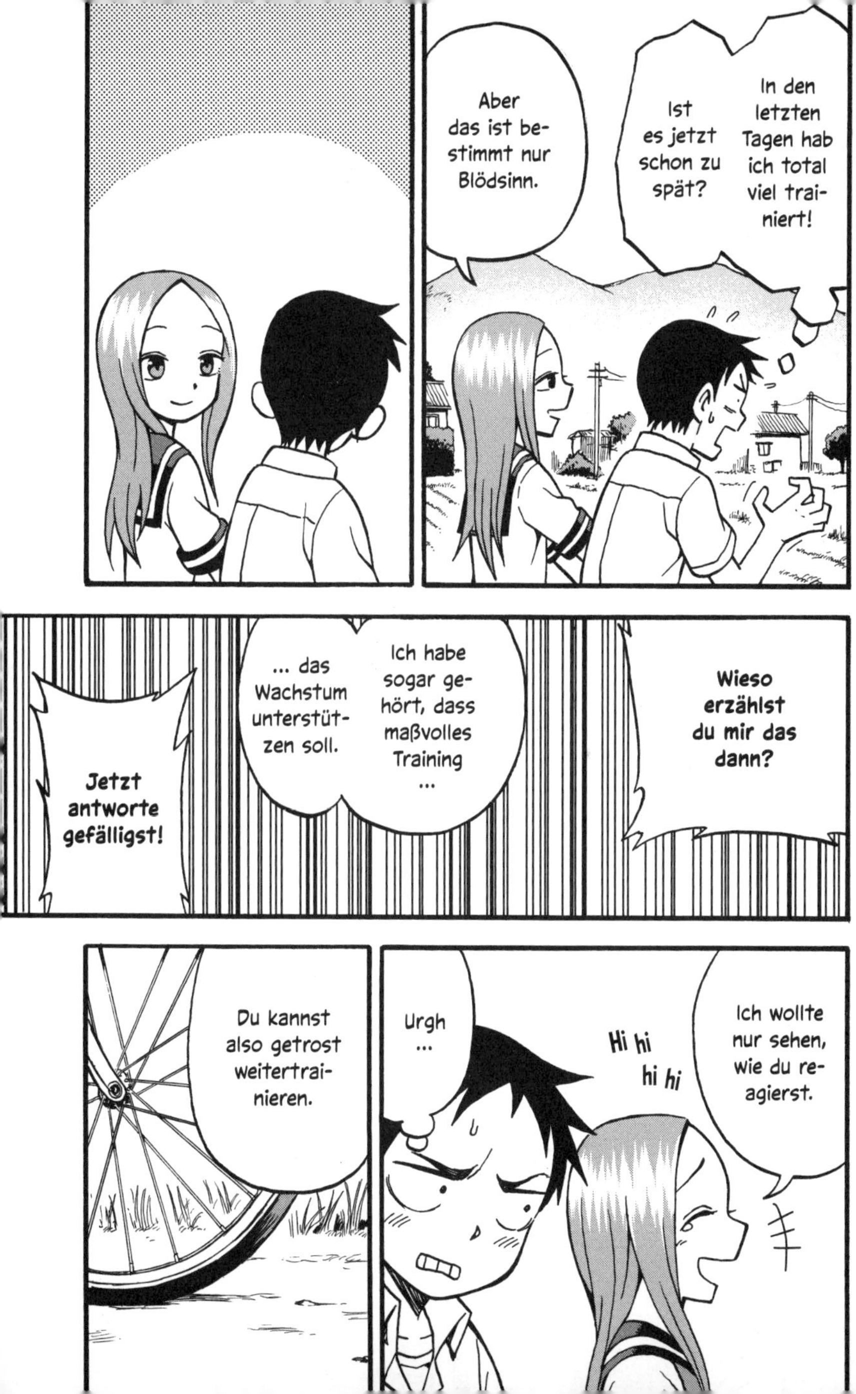
In den letzten Tagen hab ich total viel trainiert!
Ist es jetzt schon zu spät?
Aber das ist bestimmt nur Blödsinn.
Wieso erzählst du mir das dann?
Ich habe sogar gehört, dass maßvolles Training ...
... das Wachstum unterstützen soll.
Jetzt antworte gefälligst!
Ich wollte nur sehen, wie du reagierst.
Hi hi hi hi
Urgh ...
Du kannst also getrost weitertrainieren.

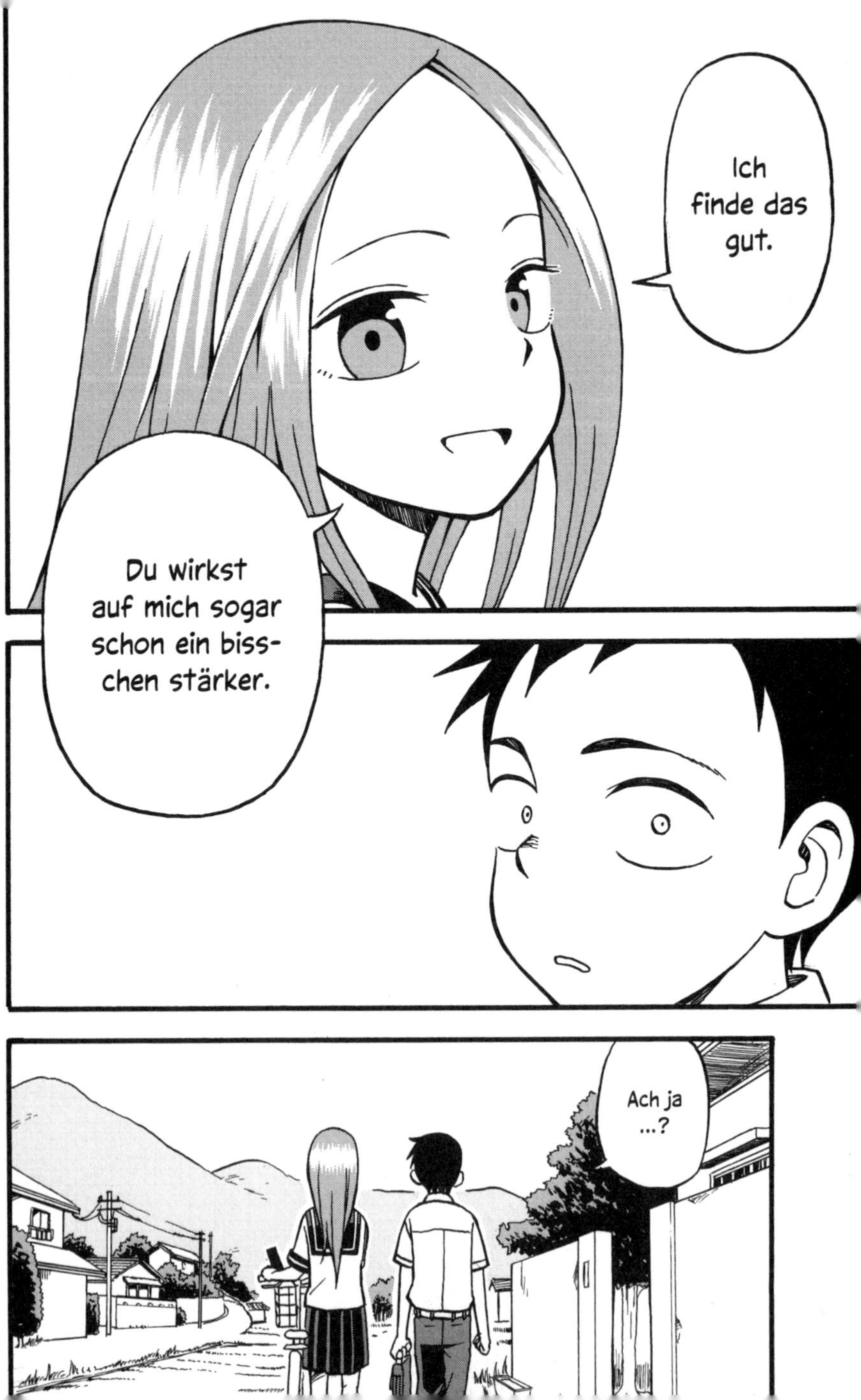
Ich finde das gut.
Du wirkst auf mich sogar schon ein bisschen stärker.
Ach ja ...?

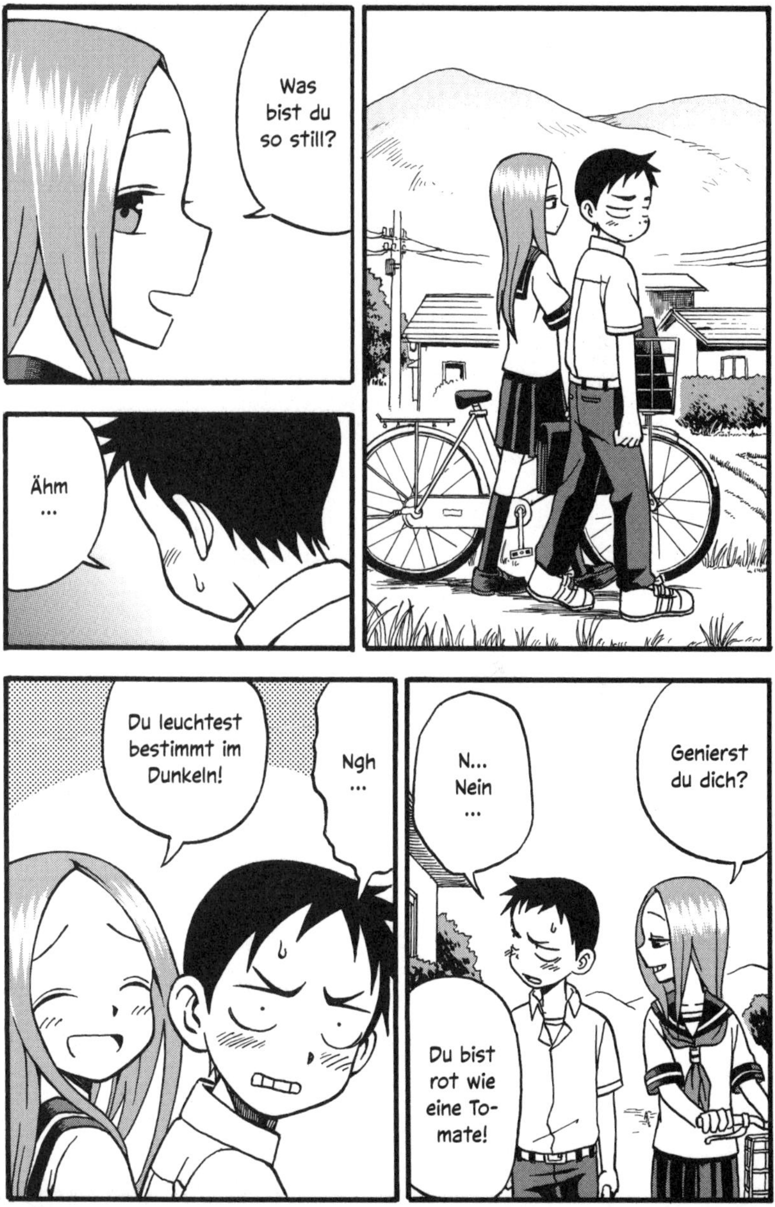
Was bist du so still?
Ähm ...
Genierst du dich?
N... Nein ...
Du bist rot wie eine Tomate!
Ngh ...
Du leuchtest bestimmt im Dunkeln!

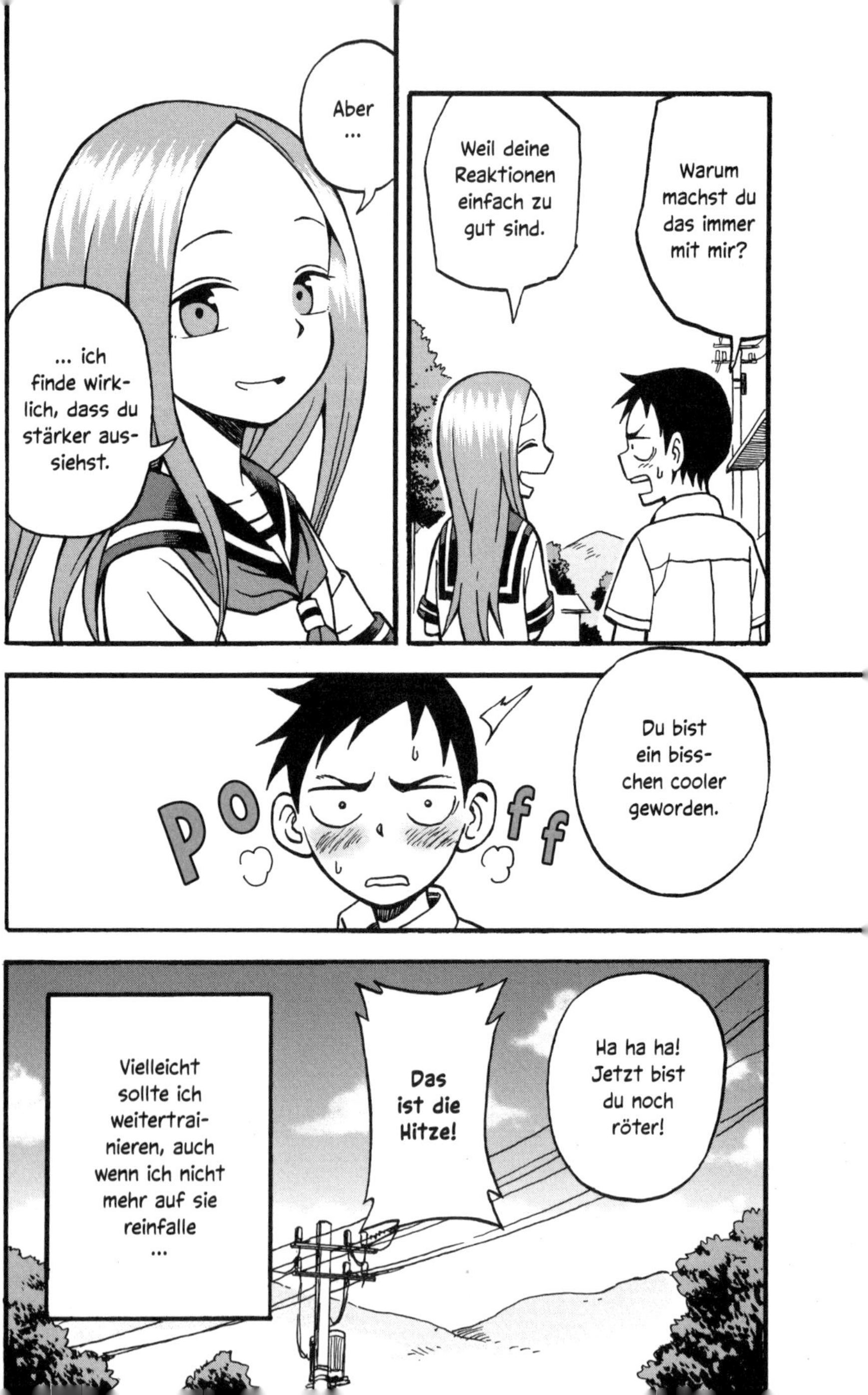
Warum machst du das immer mit mir?
Weil deine Reaktionen einfach zu gut sind.
Aber ...
... ich finde wirklich, dass du stärker aussiehst.
Du bist ein bisschen cooler geworden.
Poff
Ha ha ha! Jetzt bist du noch röter!
Das ist die Hitze!
Vielleicht sollte ich weitertrainieren, auch wenn ich nicht mehr auf sie reinfalle ...

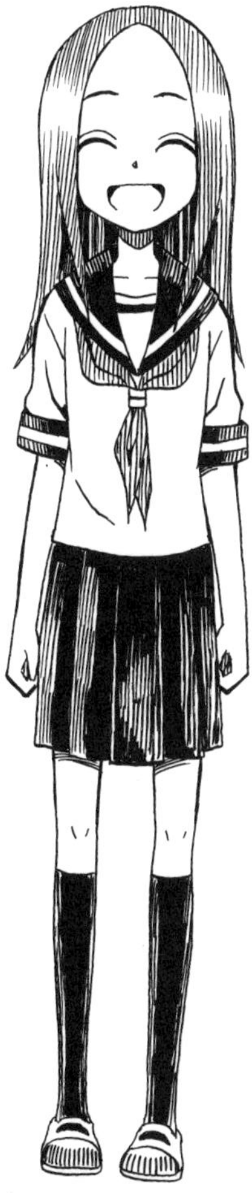

Nicht schon wieder, Takagi-san!

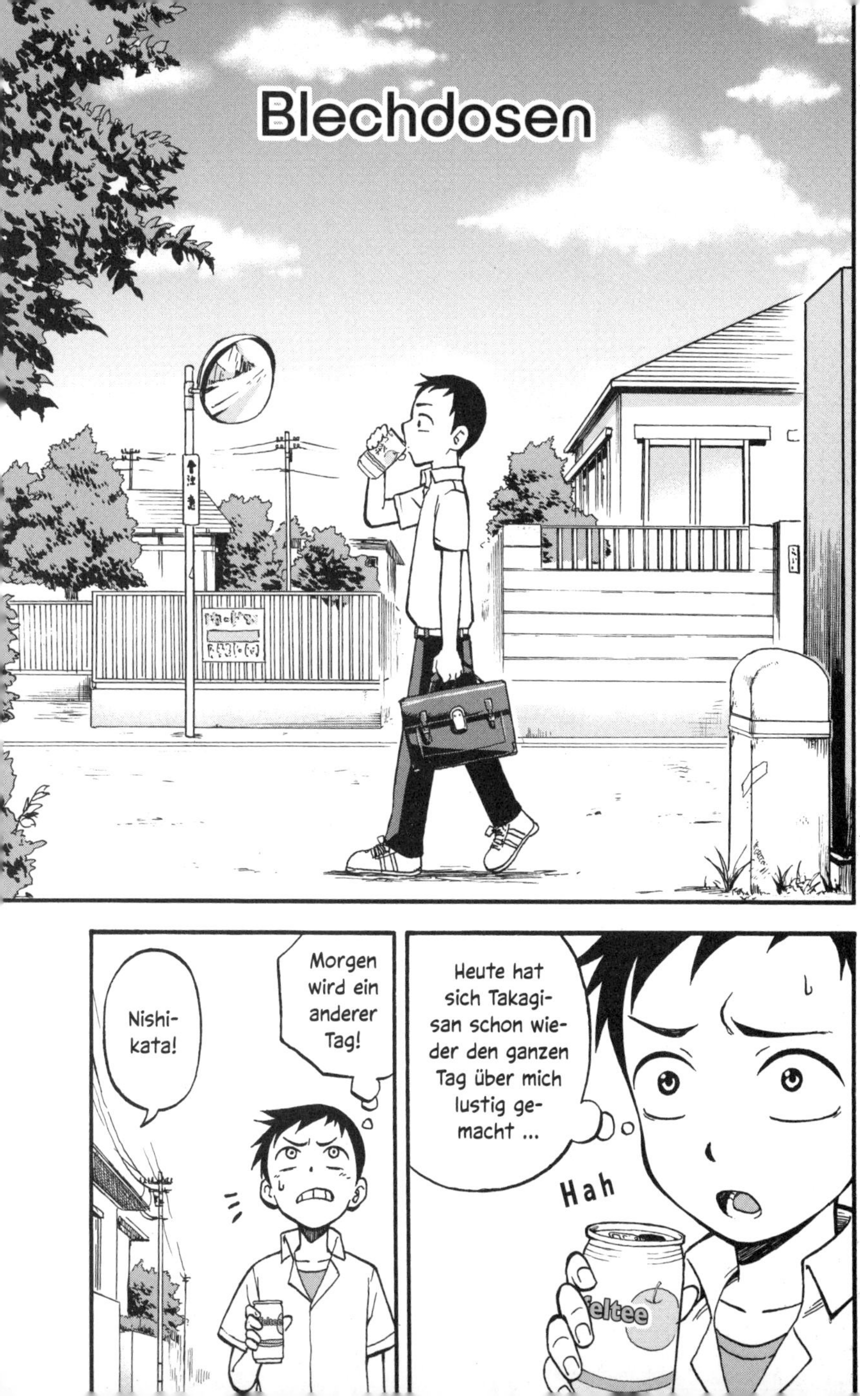
Blechdosen
Heute hat sich Takagi-san schon wieder den ganzen Tag über mich lustig gemacht ...
Hah
Morgen wird ein anderer Tag!
Nishi-kata!

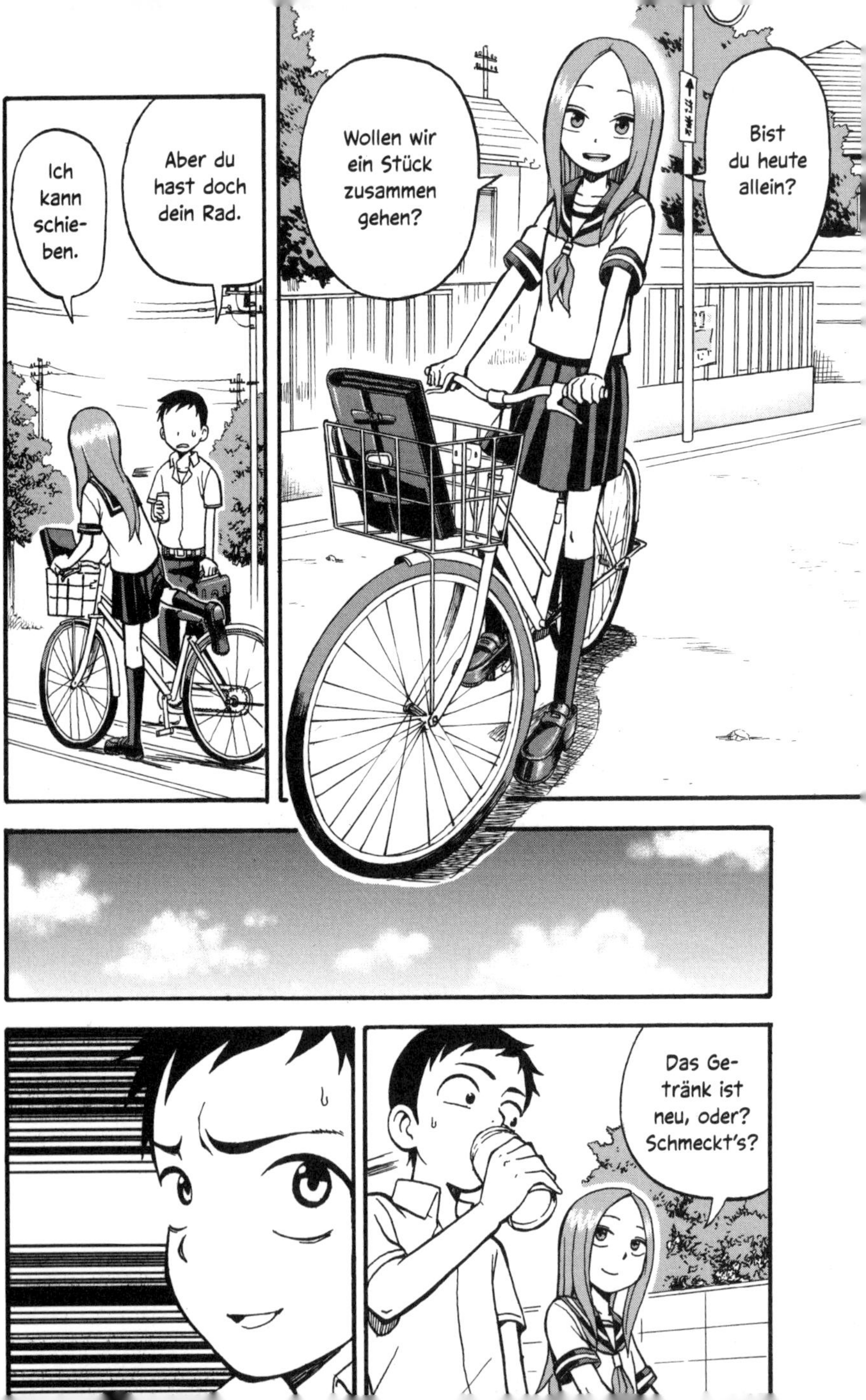
Bist du heute allein?
Wollen wir ein Stück zusammen gehen?
Aber du hast doch dein Rad.
Ich kann schie-ben.
Das Ge-tränk ist neu, oder? Schmeckt's?

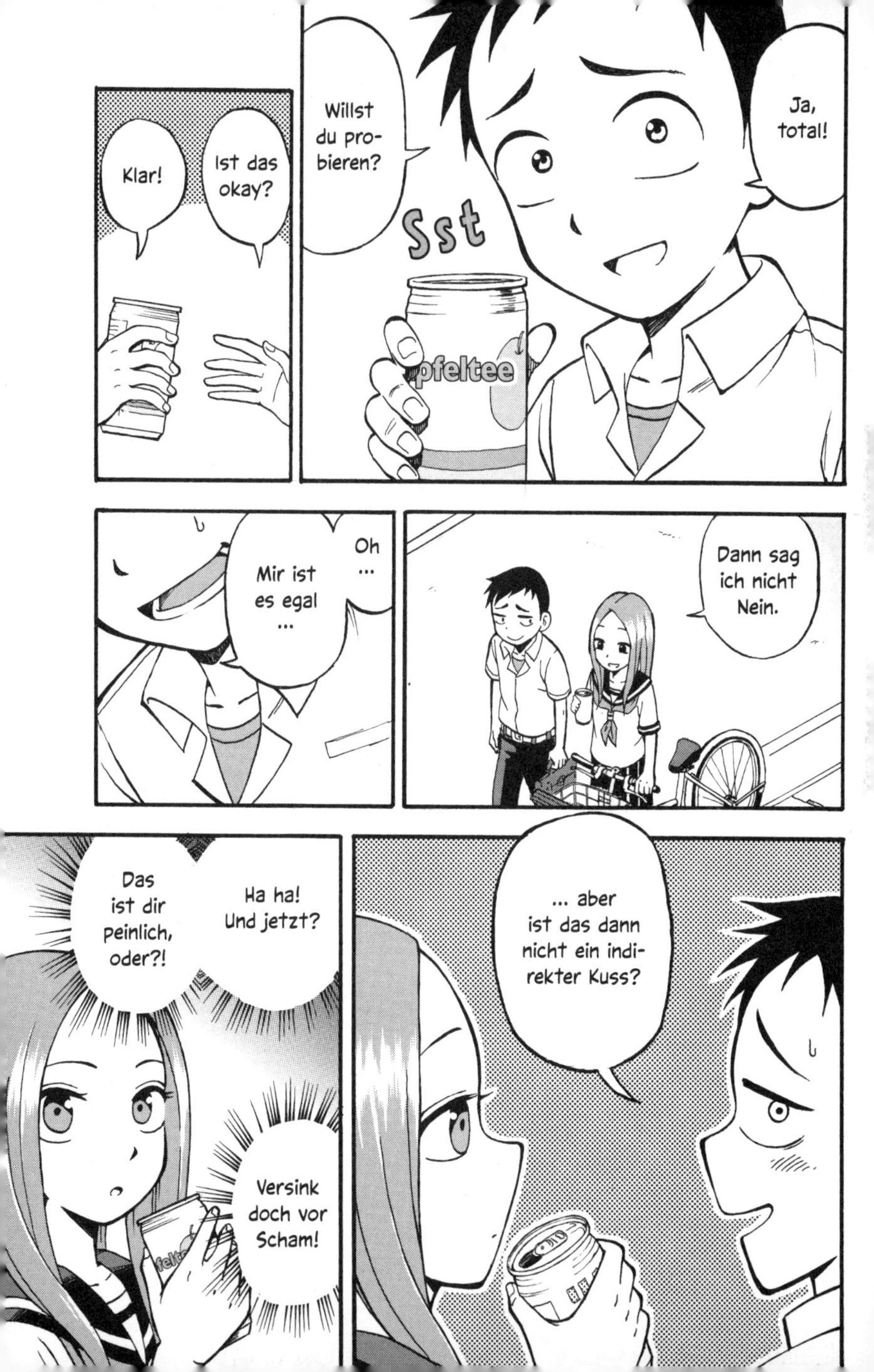
Ja, total!
Willst du probieren?
Sst
pfeltee
Ist das okay?
Klar!
Dann sag ich nicht Nein.
Oh ...
Mir ist es egal ...
... aber ist das dann nicht ein indirekter Kuss?
Ha ha! Und jetzt?
Das ist dir peinlich, oder?!
Versink doch vor Scham!

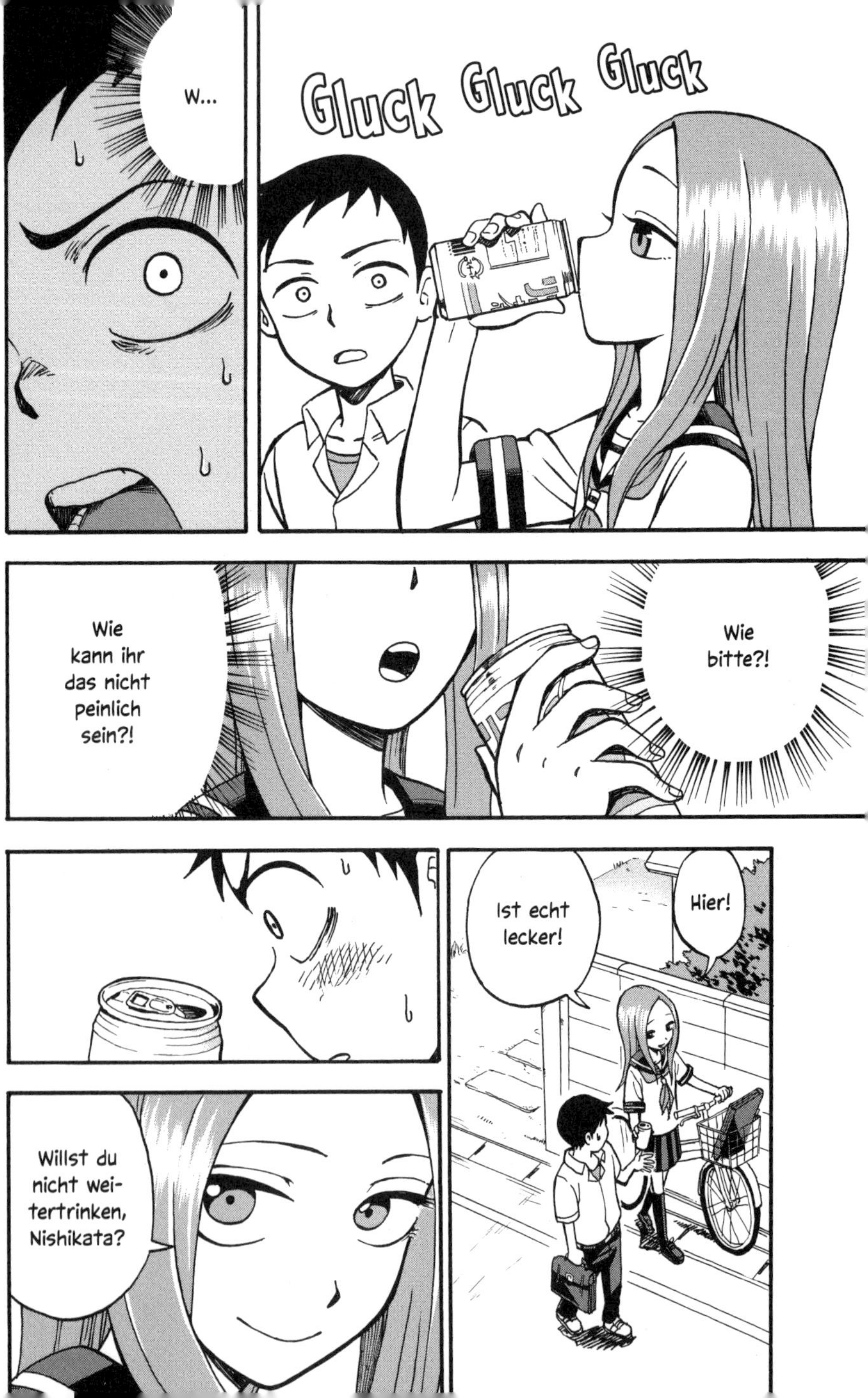
Gluck Gluck Gluck
W...
Wie bitte?!
Wie kann ihr das nicht peinlich sein?!
Hier!
Ist echt lecker!
Willst du nicht wei-tertrinken, Nishikata?

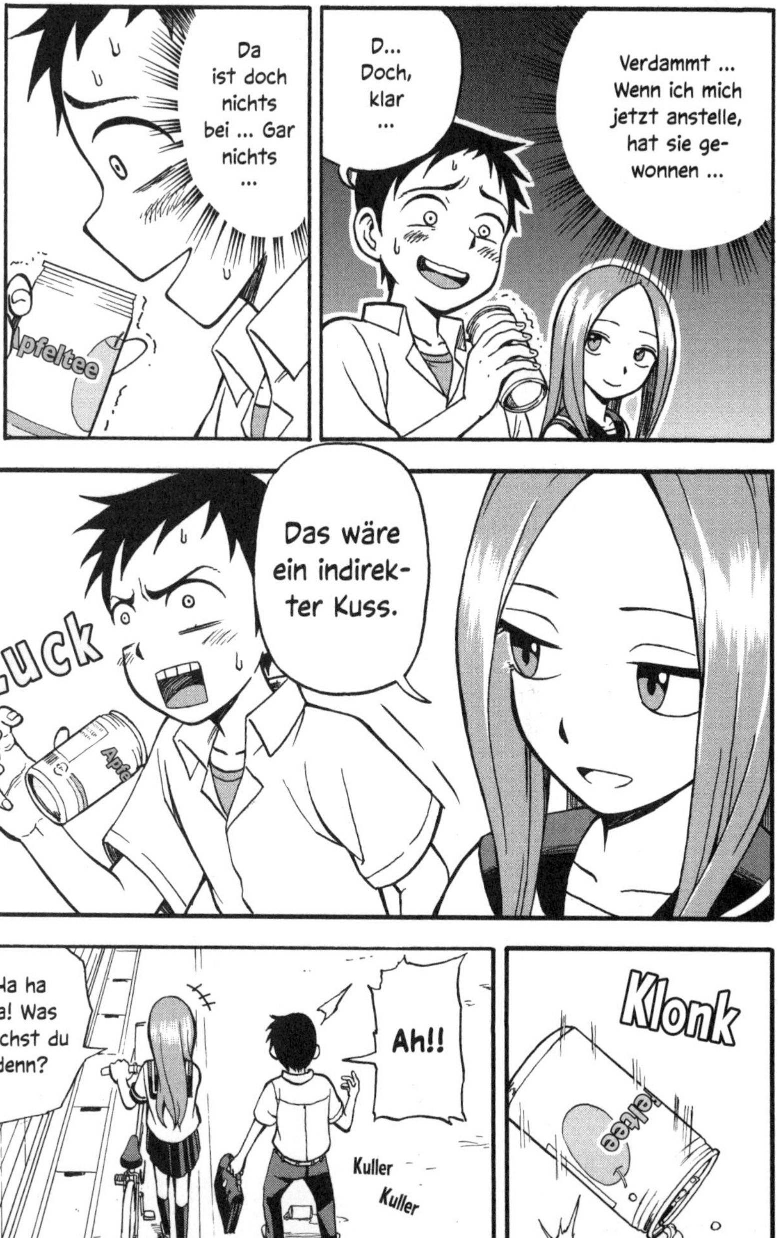

Da ist doch nichts bei ... Gar nichts ...
Apfeltee
D... Doch, klar ...
Verdammt ... Wenn ich mich jetzt anstelle, hat sie gewonnen ...
Zuck
Das wäre ein indirekter Kuss.
Ha ha ha! Was machst du denn?
Ah!!
Kuller
Kuller
Klonk

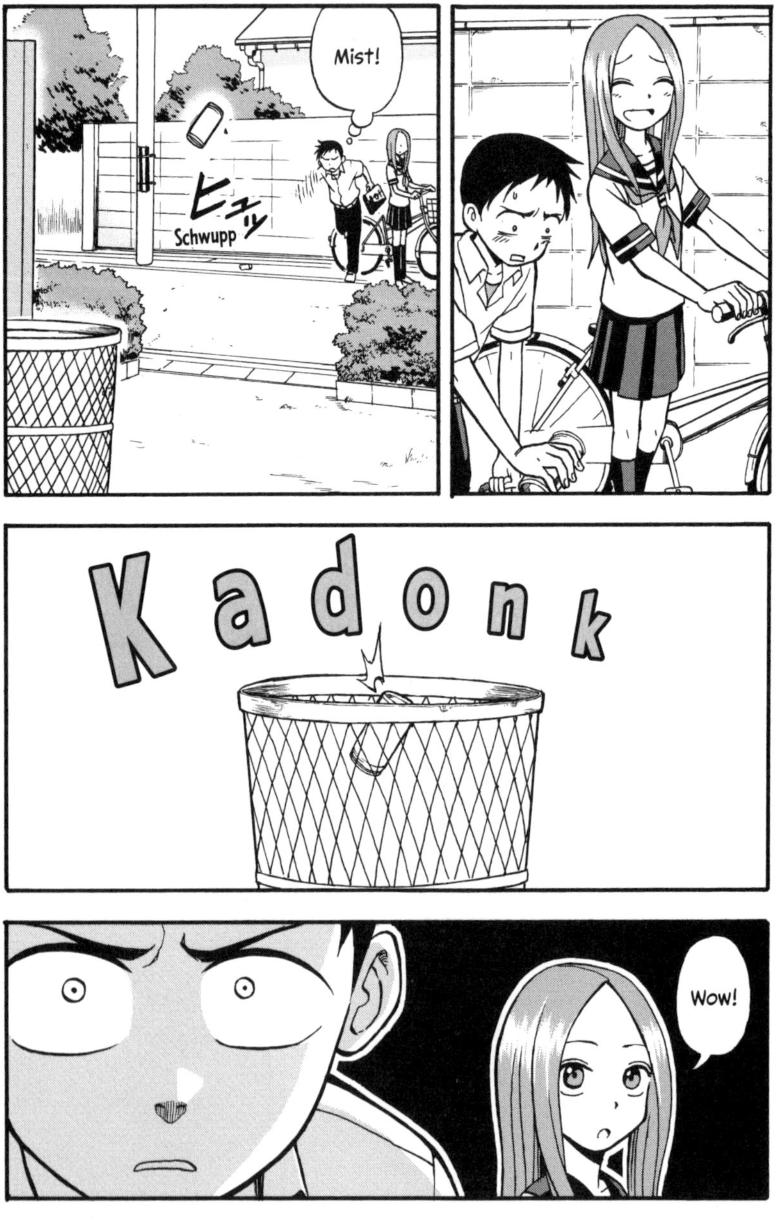
Mist!
ヒュッ
Schwupp
Kadonk
Wow!

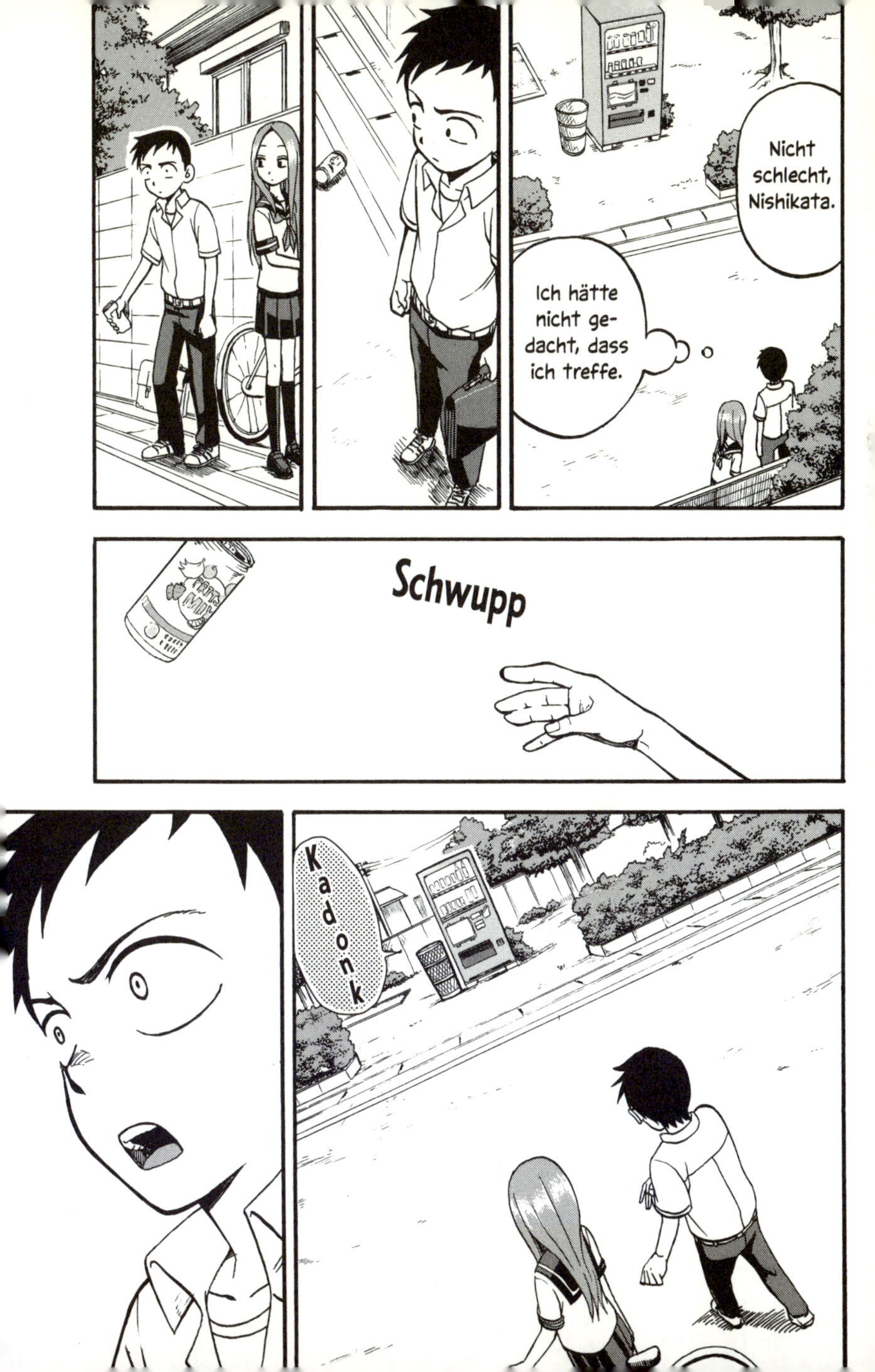
Nicht schlecht, Nishikata.
Ich hätte nicht gedacht, dass ich treffe.
Schwupp
Kadonk

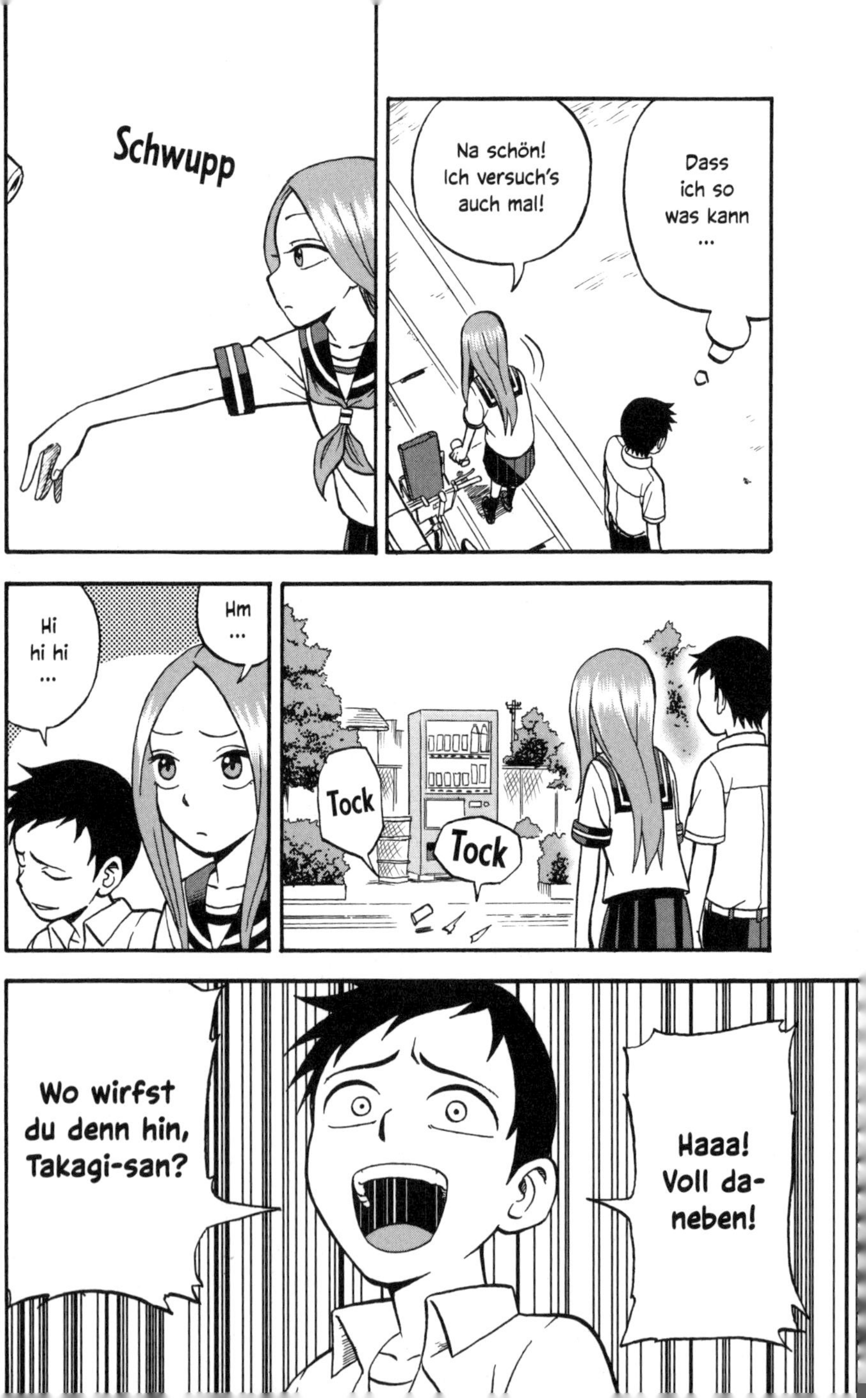
Schwupp
Dass ich so was kann ...
Na schön! Ich versuch's auch mal!
Tock
Tock
Hm ...
Hi hi hi ...
Haaa! Voll daneben!
Wo wirfst du denn hin, Takagi-san?

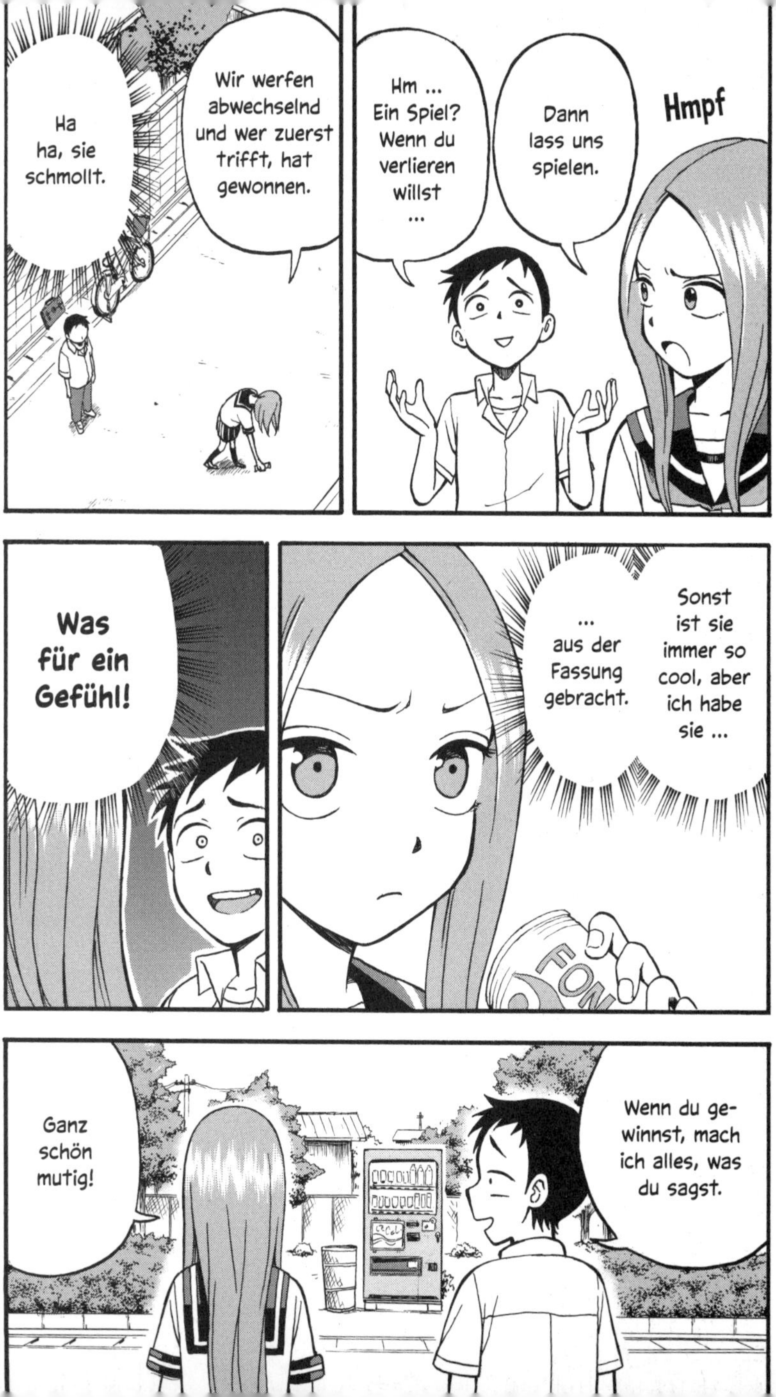
Hmpf
Dann lass uns spielen.
Hm ... Ein Spiel? Wenn du verlieren willst ...
Wir werfen abwechselnd und wer zuerst trifft, hat gewonnen.
Ha ha, sie schmollt.
Sonst ist sie immer so cool, aber ich habe sie ...
... aus der Fassung gebracht.
Was für ein Gefühl!
Wenn du gewinnst, mach ich alles, was du sagst.
Ganz schön mutig!

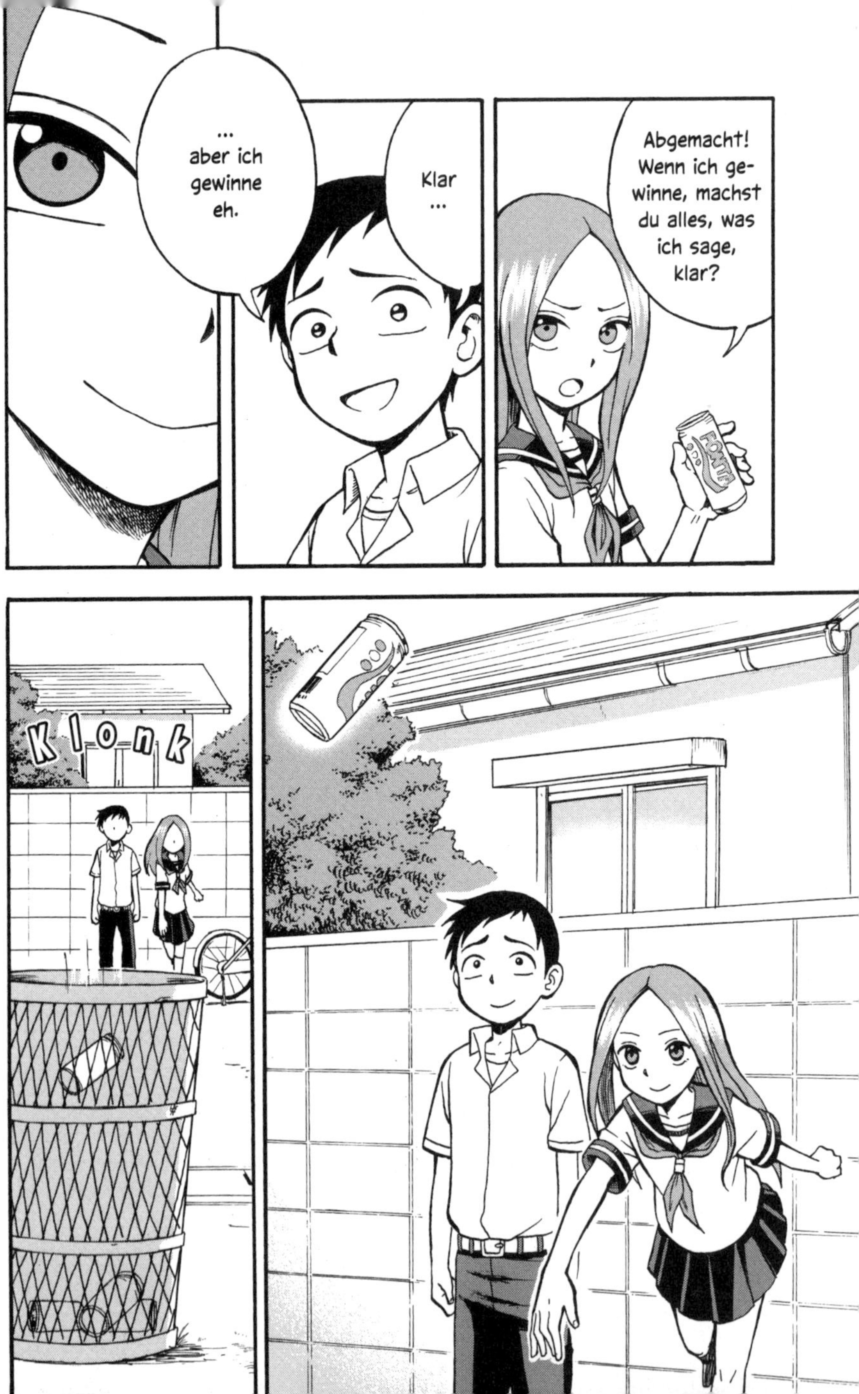
Abgemacht! Wenn ich ge-winne, machst du alles, was ich sage, klar?
Klar ...
... aber ich gewinne eh.
Klonk

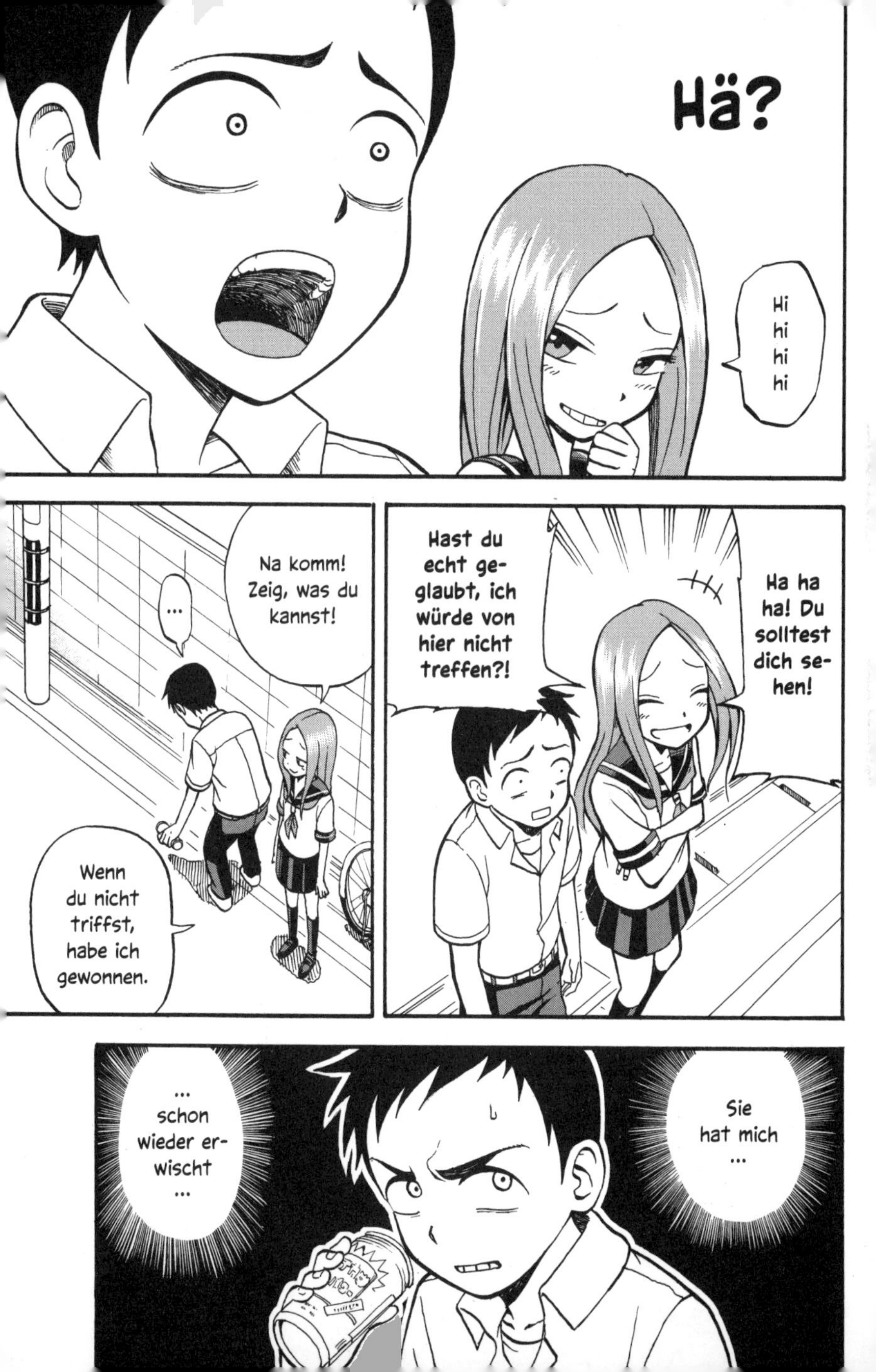
Hä?
Hi hi hi hi
Ha ha ha! Du solltest dich sehen!
Hast du echt geglaubt, ich würde von hier nicht treffen?!
Na komm! Zeig, was du kannst!
...
Wenn du nicht triffst, habe ich gewonnen.
Sie hat mich ...
... schon wieder erwischt ...

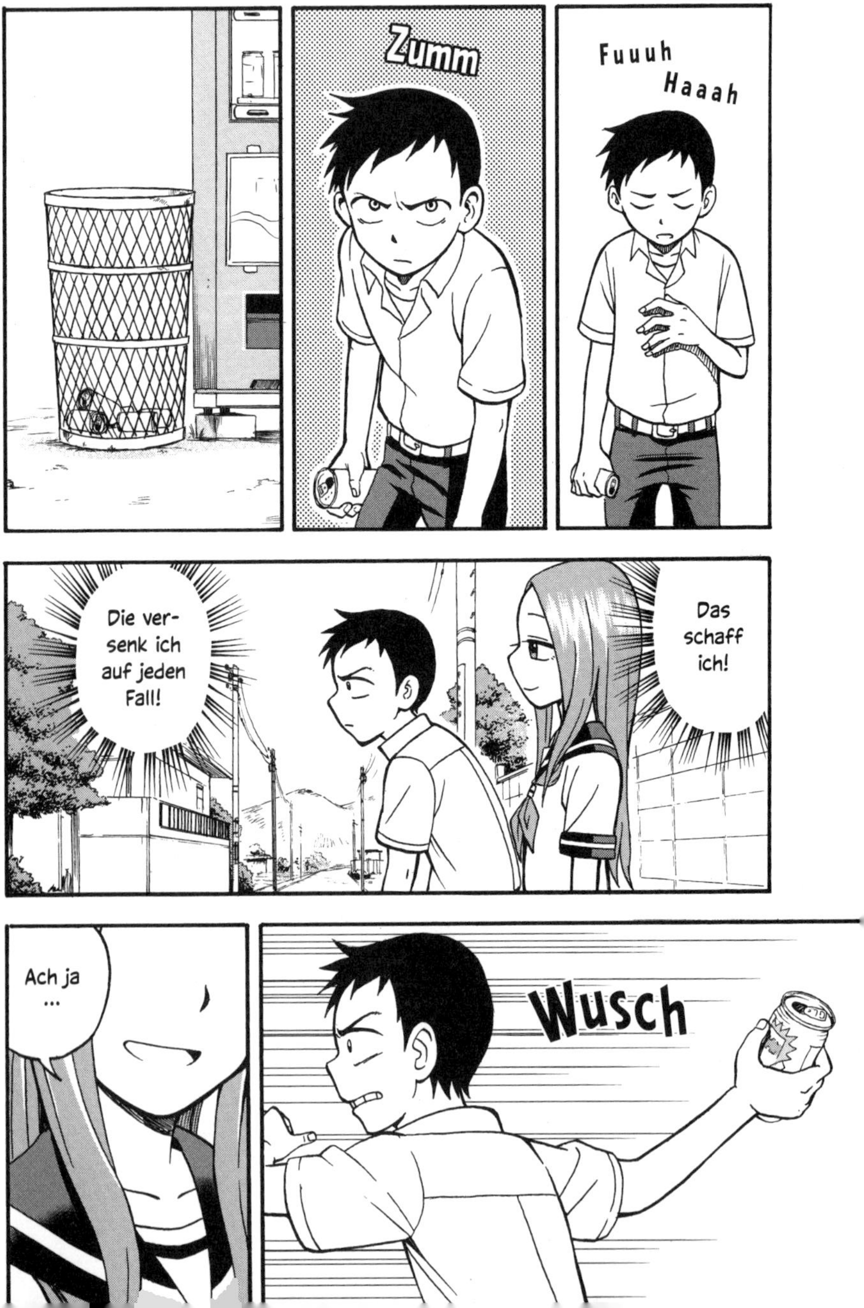
Fuuuh
Haaah
Zumm
Das schaff ich!
Die versenk ich auf jeden Fall!
Wusch
Ach ja ...

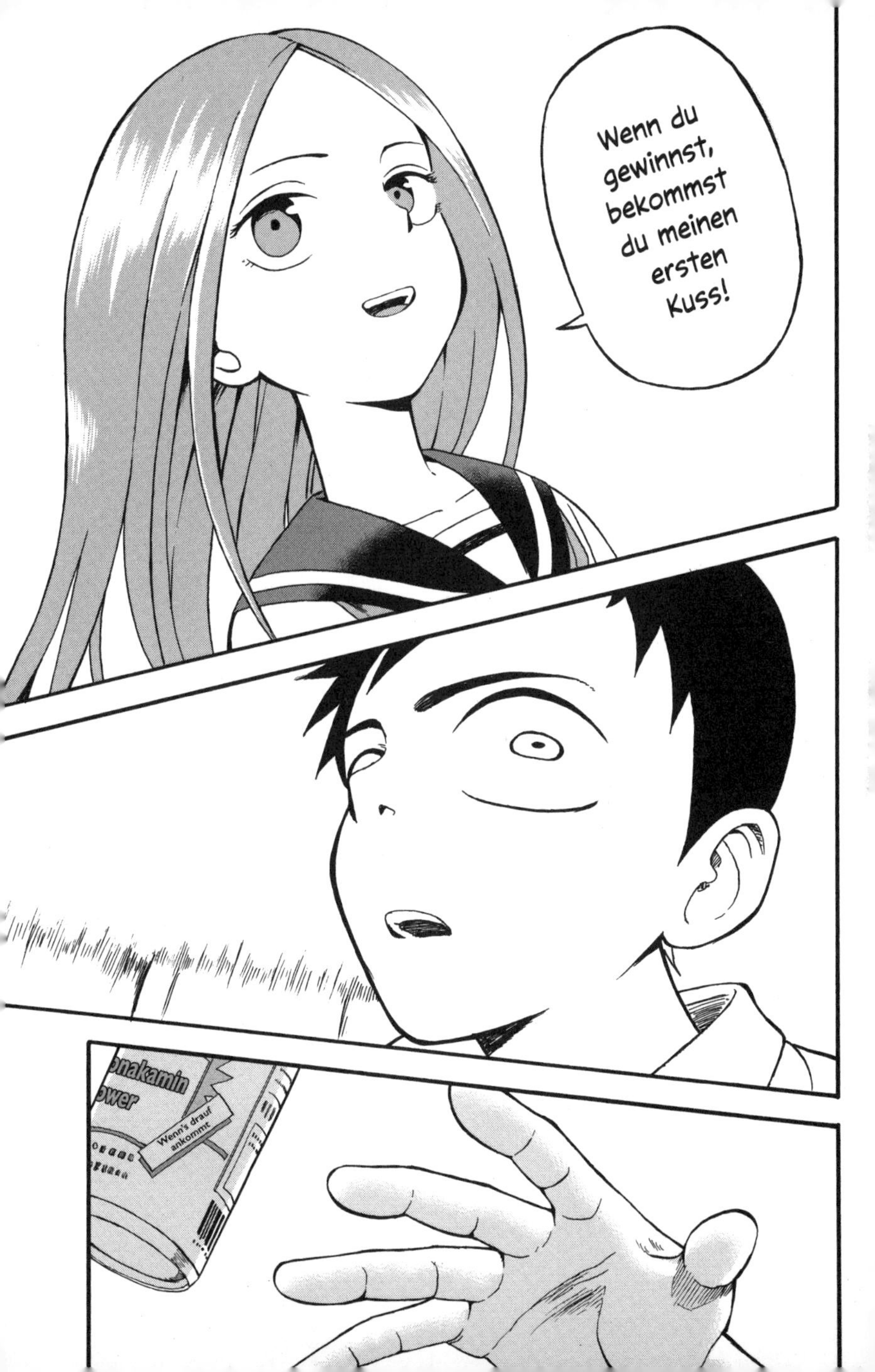
Wenn du gewinnst, bekommst du meinen ersten Kuss!
Wenn's drauf ankommt

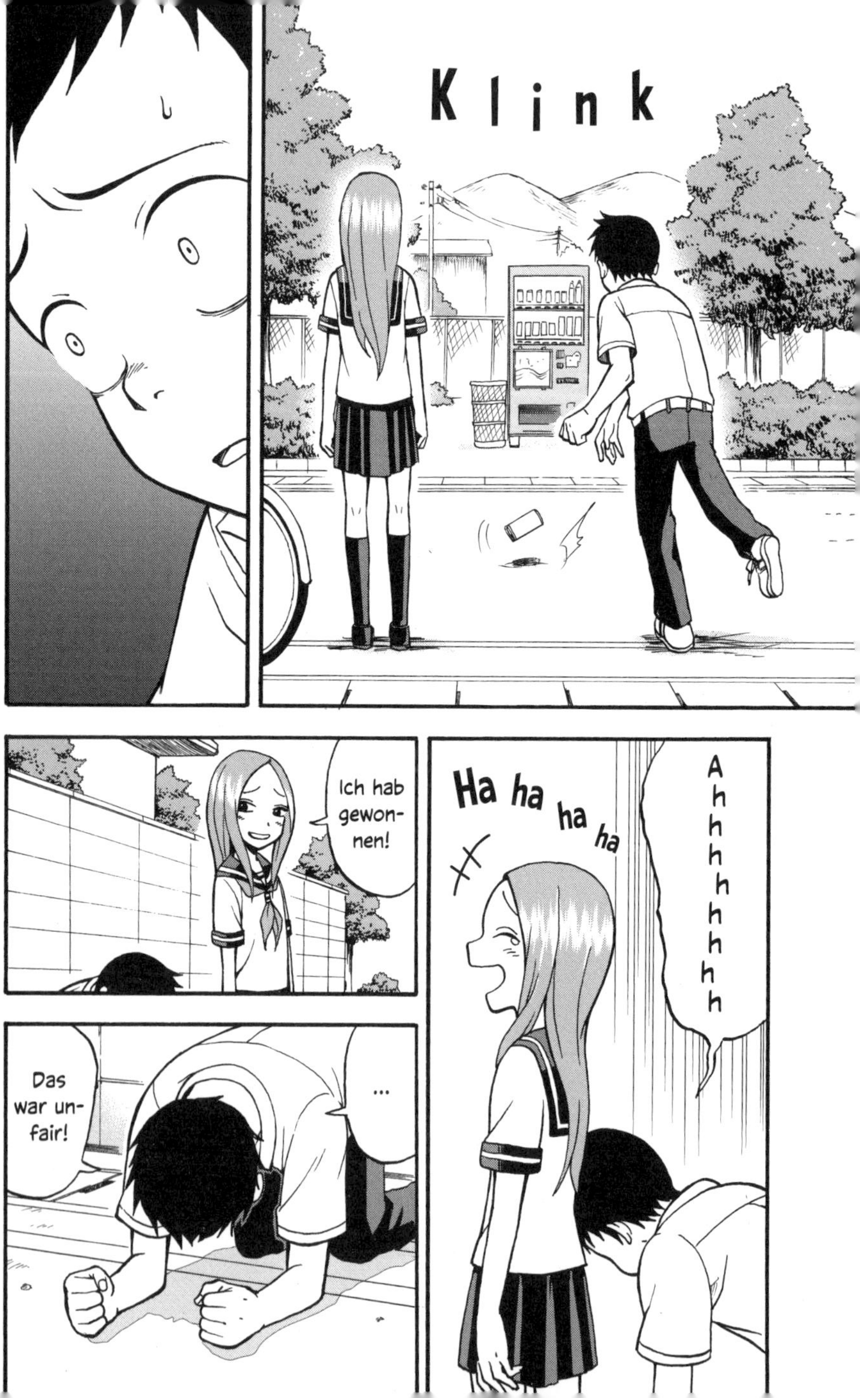
Klink
Ahhhhhhhhh
Ha ha ha ha
Ich hab gewon-nen!
...
Das war un-fair!

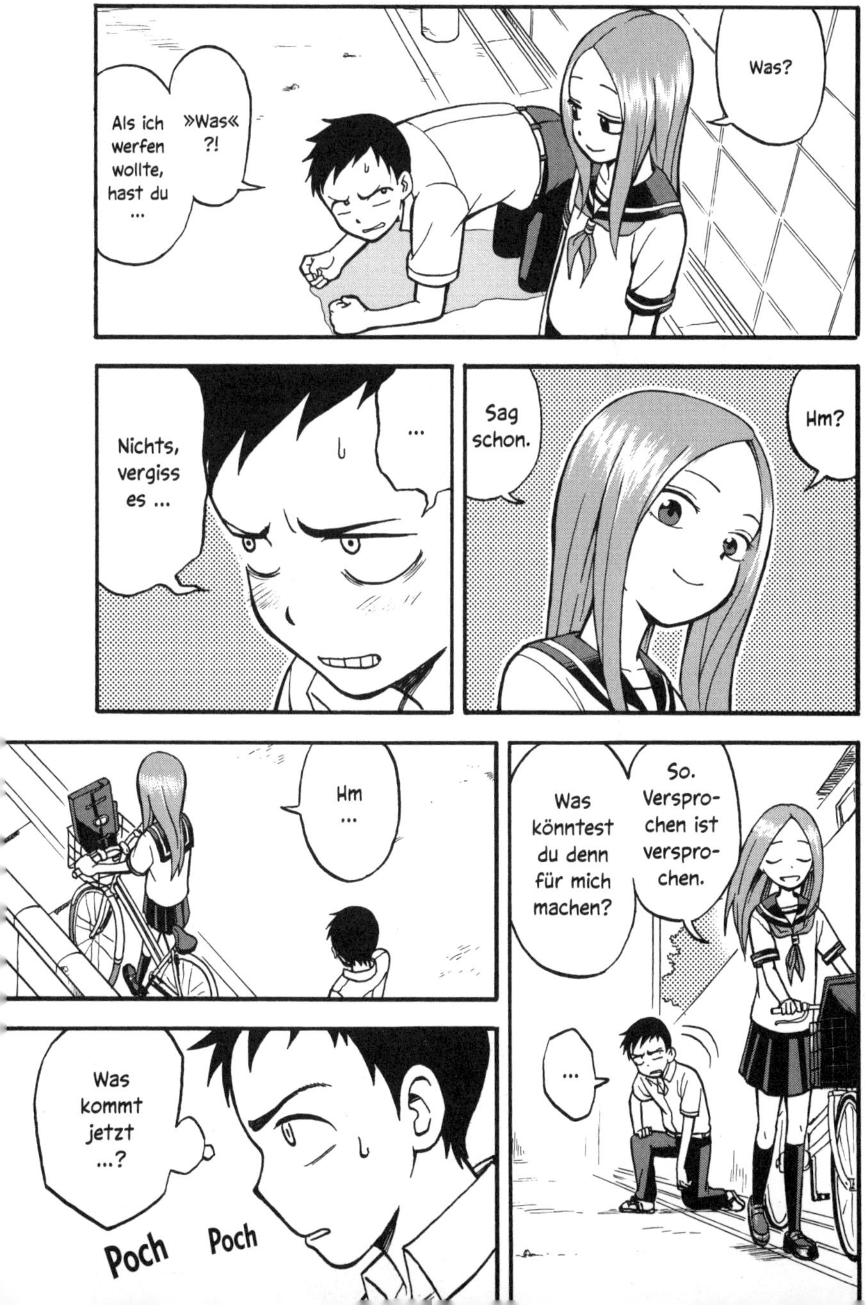
Was?
»Was«?!
Als ich werfen wollte, hast du ...
Hm?
Sag schon.
...
Nichts, vergiss es ...
So. Versprochen ist versprochen.
Was könntest du denn für mich machen?
...
Hm ...
Was kommt jetzt ...?
Poch
Poch

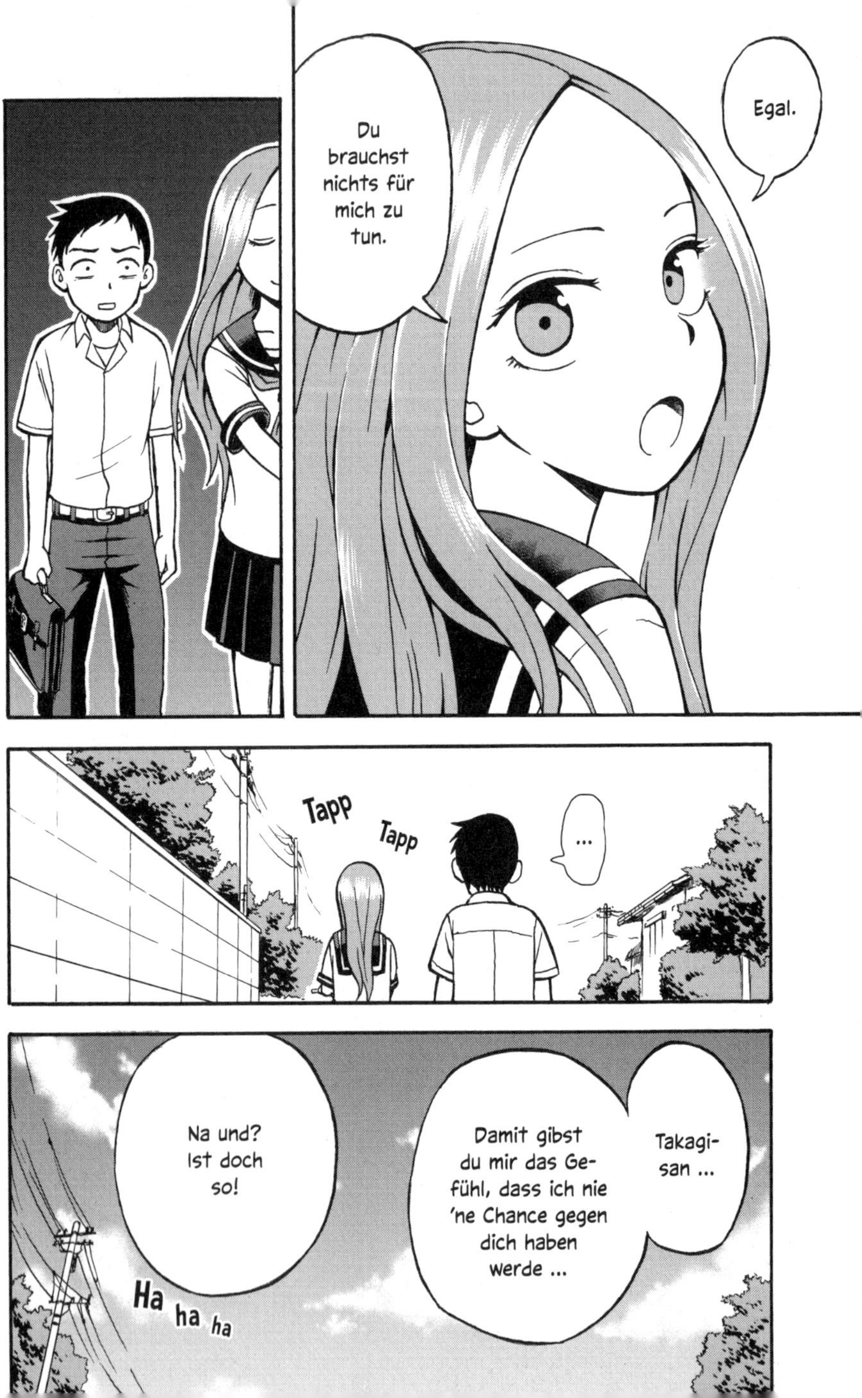
Egal.
Du brauchst nichts für mich zu tun.
Tapp
Tapp
...
Takagi-san ...
Damit gibst du mir das Gefühl, dass ich nie ’ne Chance gegen dich haben werde ...
Na und? Ist doch so!
Ha ha ha

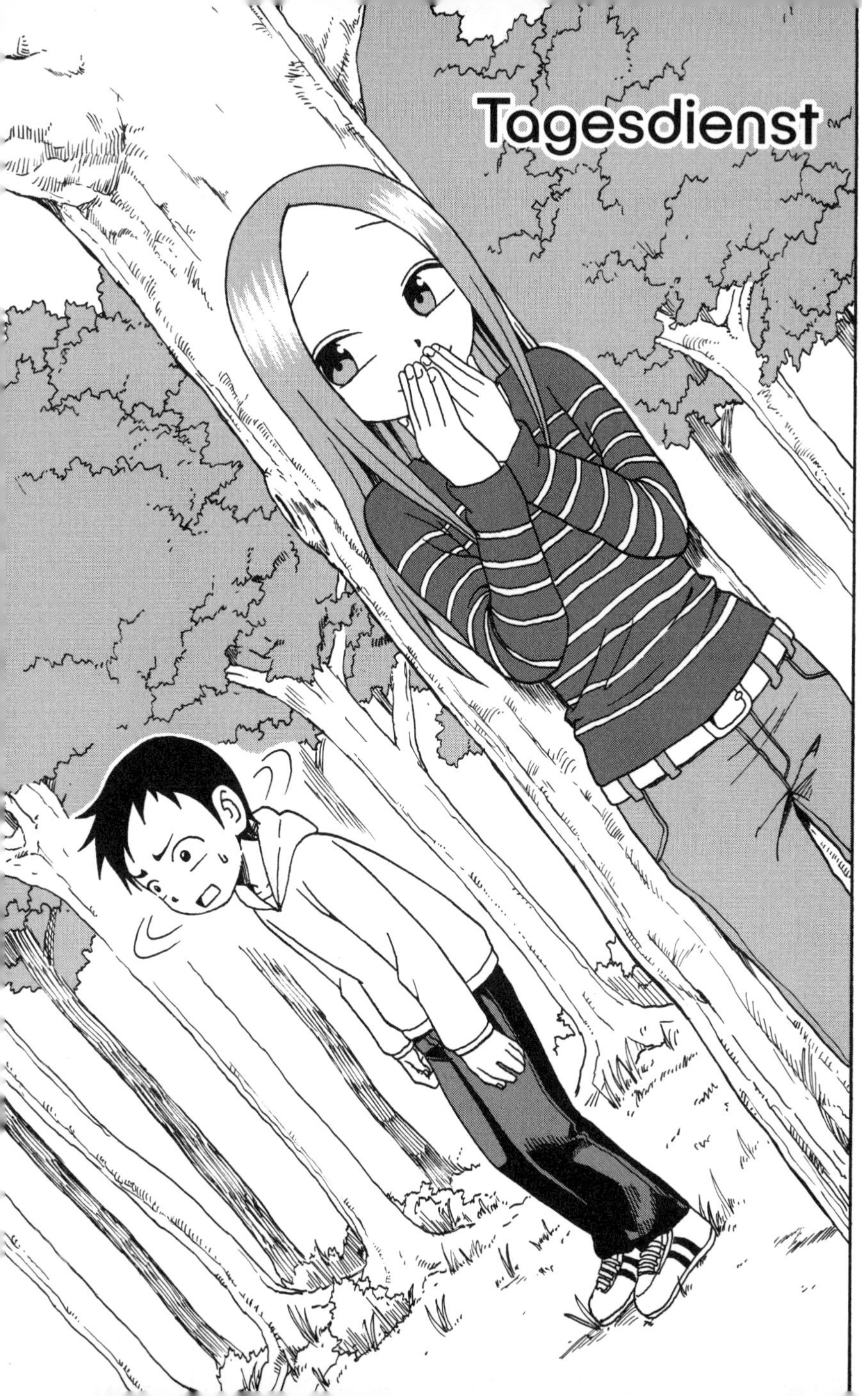
Tagesdienst

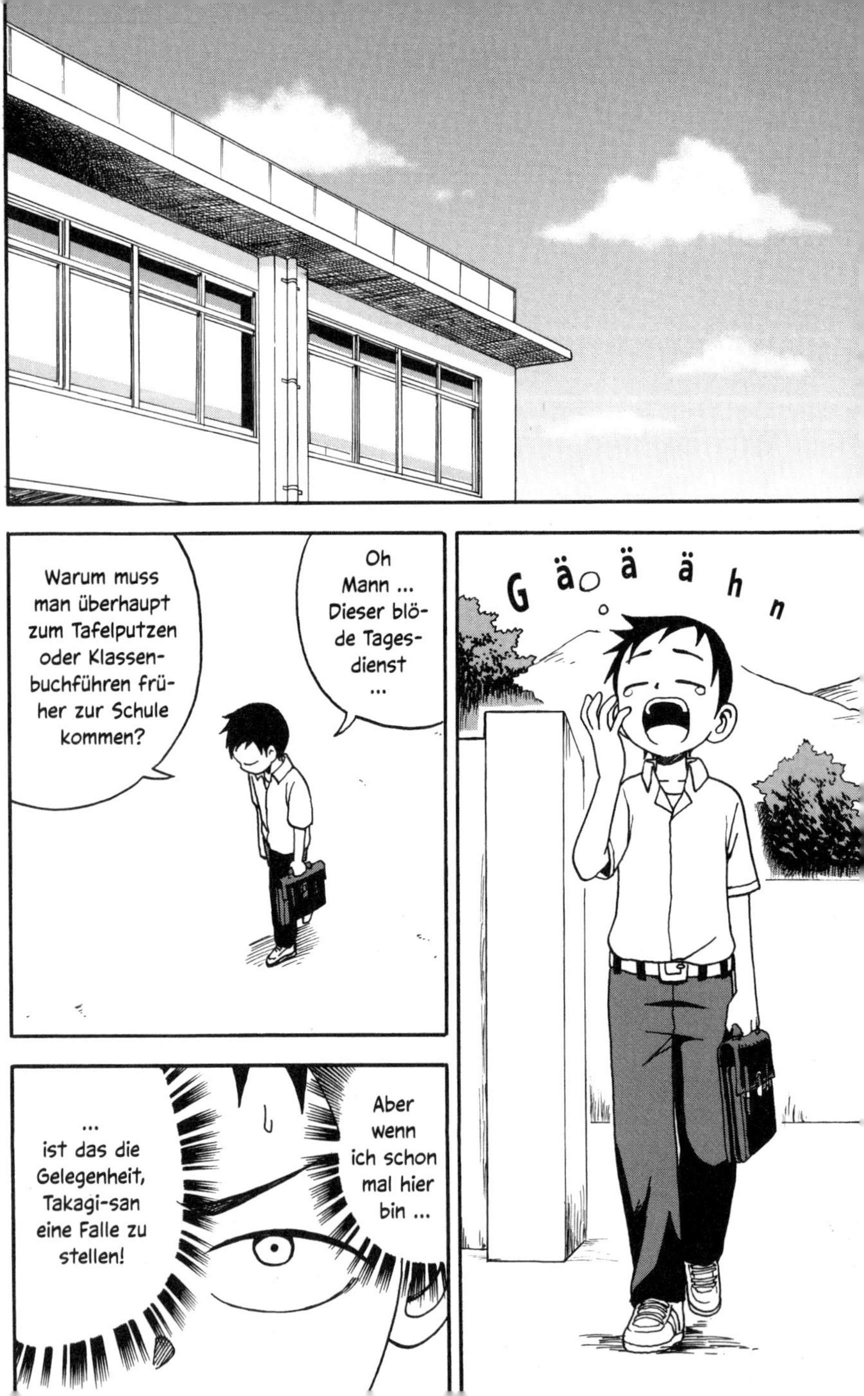

Gäoäähn
Oh Mann ... Dieser blöde Tagesdienst ...
Warum muss man überhaupt zum Tafelputzen oder Klassenbuchführen früher zur Schule kommen?
Aber wenn ich schon mal hier bin ...
... ist das die Gelegenheit, Takagi-san eine Falle zu stellen!

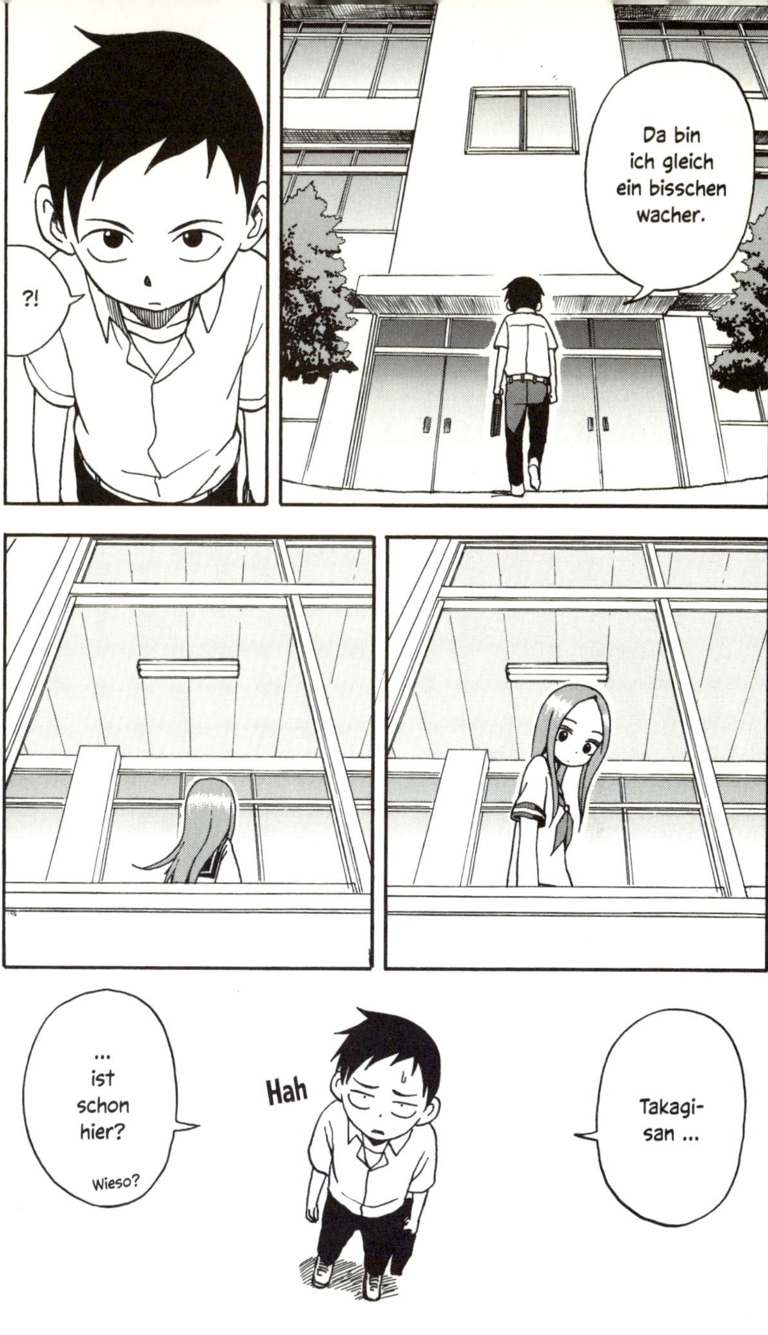
Da bin ich gleich ein bisschen wacher.
?!
Takagi-san ...
Hah
... ist schon hier?
Wieso?

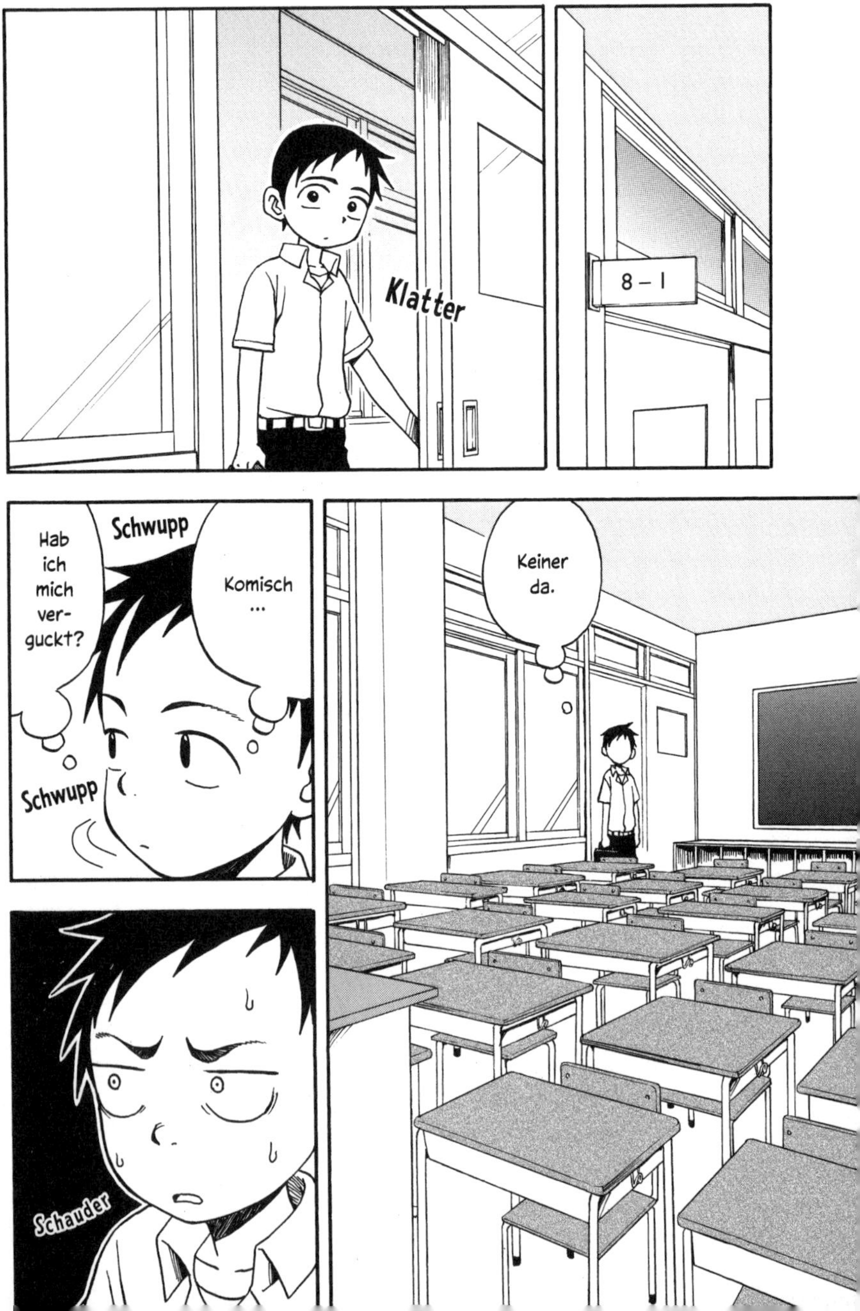

8 – 1
Klatter
Keiner da.
Schwupp
Komisch ...
Hab ich mich ver-guckt?
Schwupp
Schauder

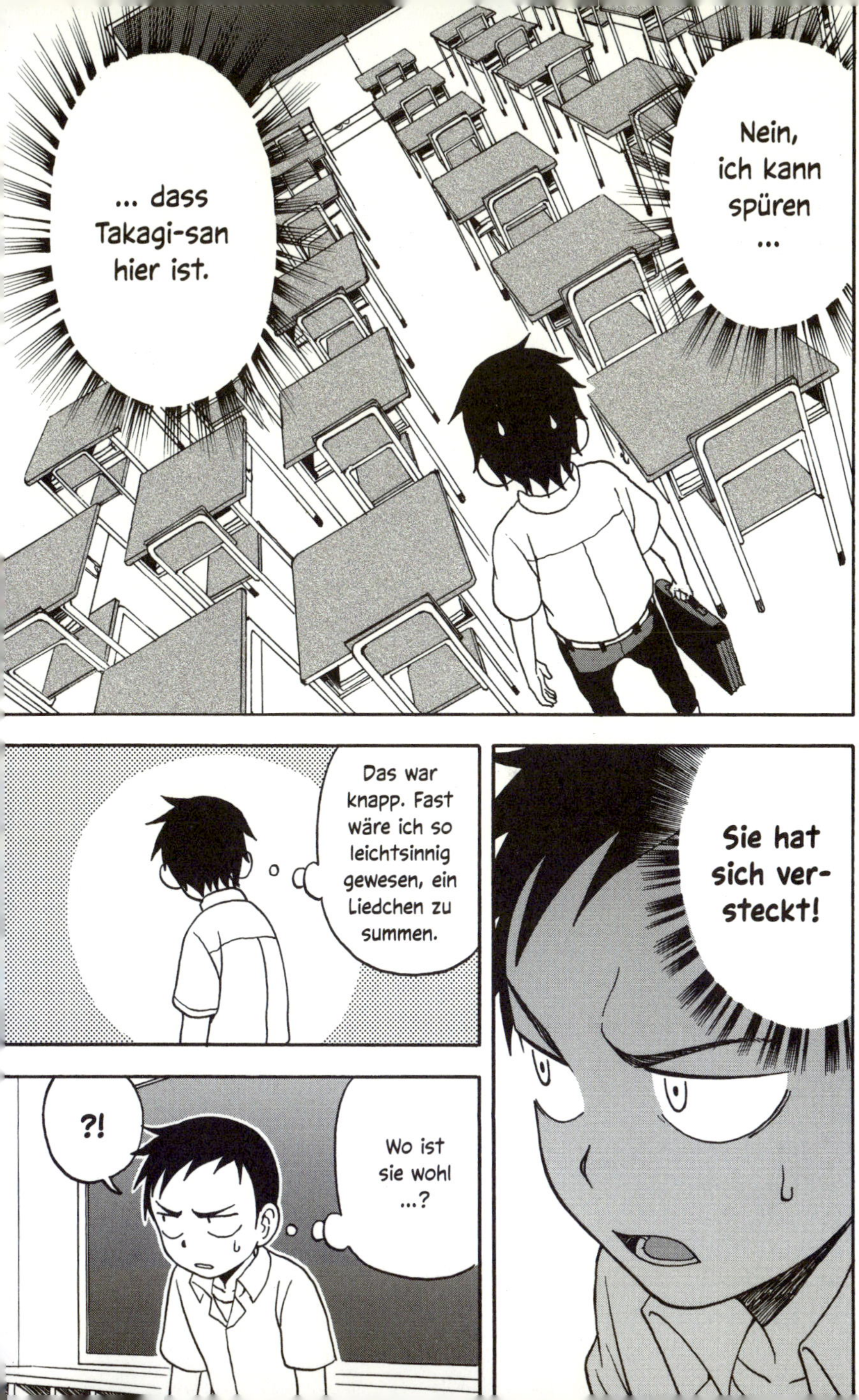
Nein, ich kann spüren ...
... dass Takagi-san hier ist.
Sie hat sich ver-steckt!
Das war knapp. Fast wäre ich so leichtsinnig gewesen, ein Liedchen zu summen.
Wo ist sie wohl ...?
?!

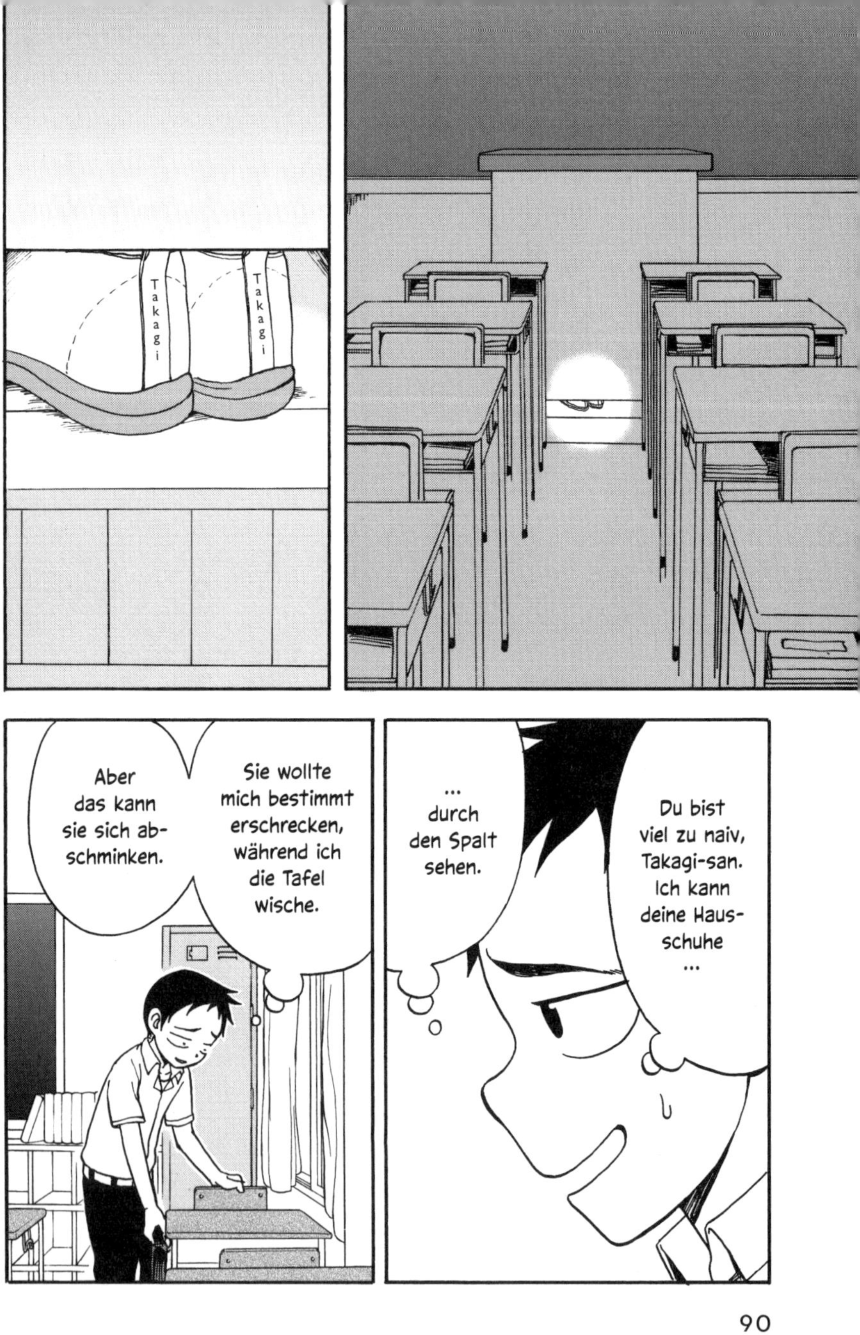
Takagi
Takagi
Du bist viel zu naiv, Takagi-san. Ich kann deine Hausschuhe ...
... durch den Spalt sehen.
Sie wollte mich bestimmt erschrecken, während ich die Tafel wische.
Aber das kann sie sich abschminken.

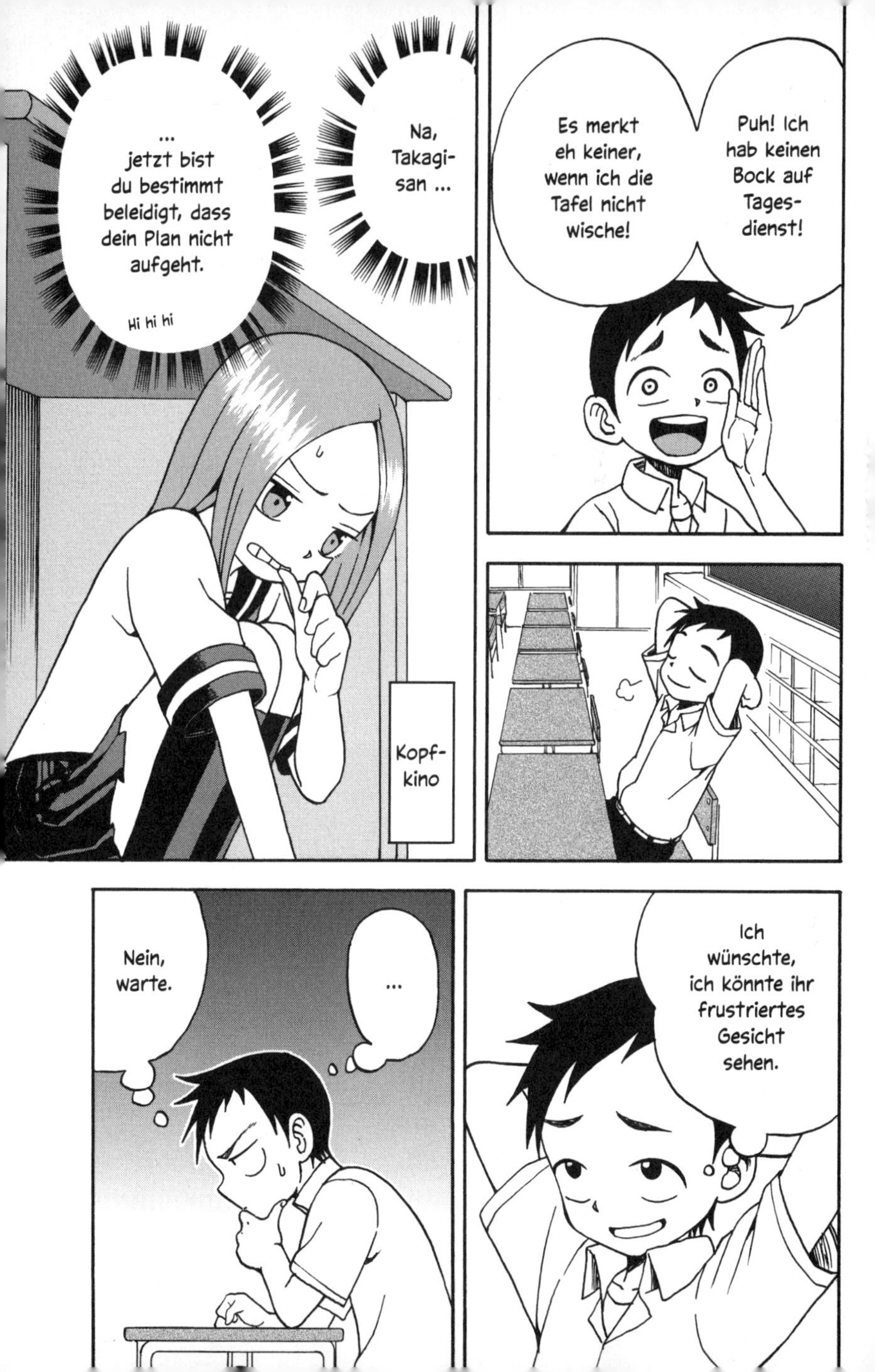
Puh! Ich hab keinen Bock auf Tages-dienst!
Es merkt eh keiner, wenn ich die Tafel nicht wische!
Na, Takagi-san ...
... jetzt bist du bestimmt beleidigt, dass dein Plan nicht aufgeht.
Hi hi hi
Kopf-kino
Ich wünschte, ich könnte ihr frustriertes Gesicht sehen.
...
Nein, warte.

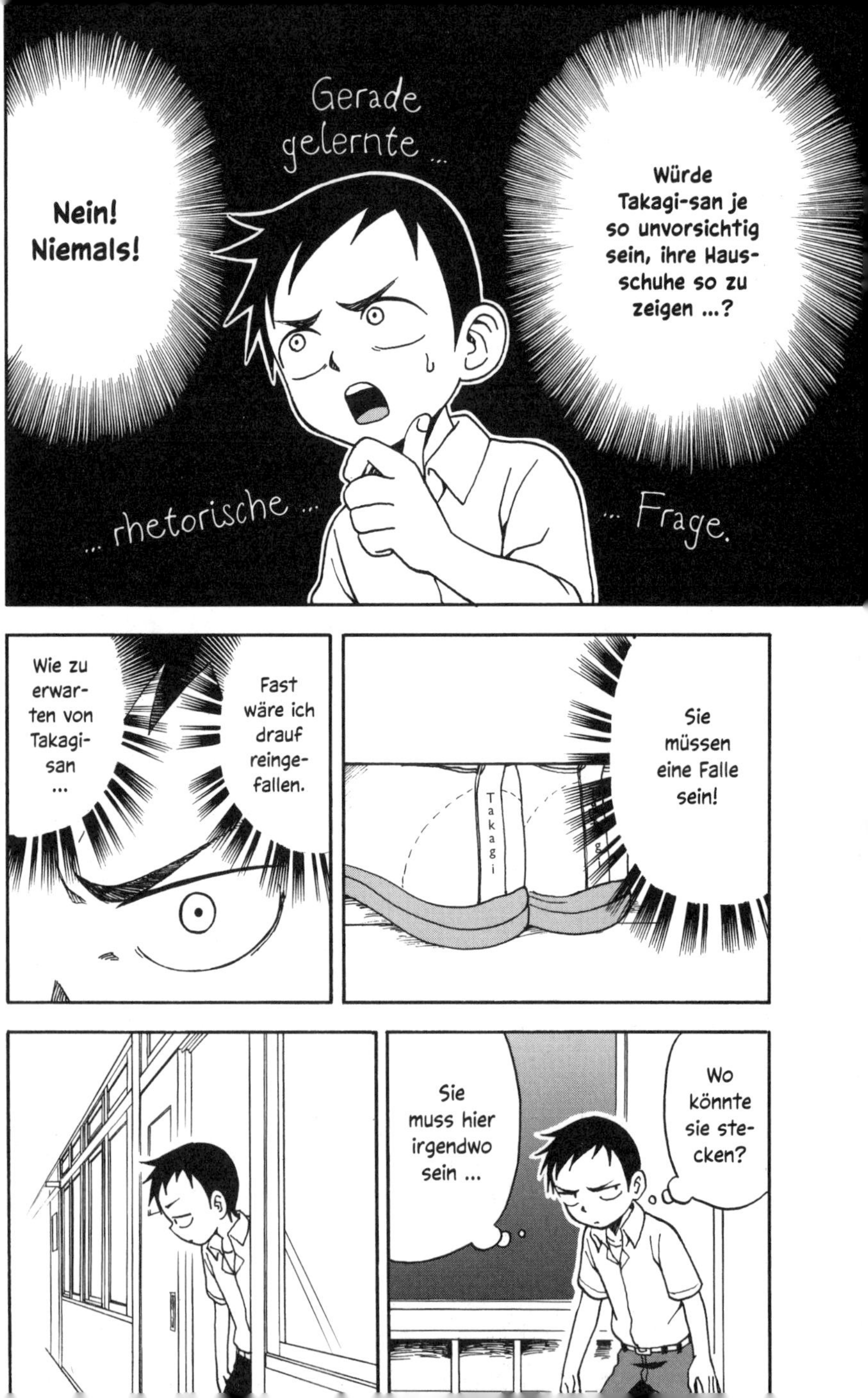
Würde Takagi-san je so unvorsichtig sein, ihre Hausschuhe so zu zeigen ...?
Nein! Niemals!
Gerade gelernte ...
... rhetorische ...
... Frage.
Sie müssen eine Falle sein!
Takagi
Fast wäre ich drauf reingefallen.
Wie zu erwarten von Takagi-san ...
Wo könnte sie stecken?
Sie muss hier irgendwo sein ...

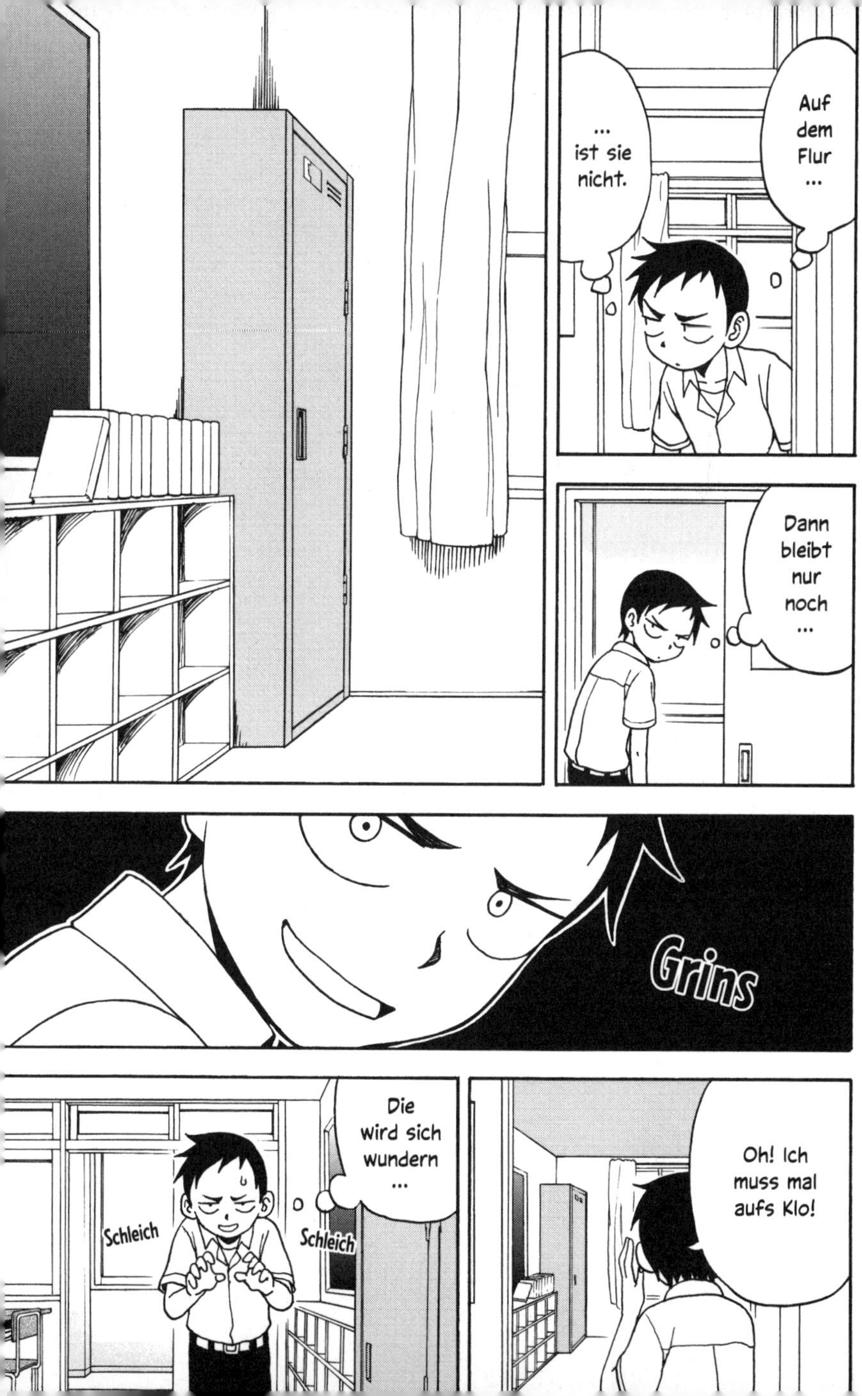
Auf dem Flur …
… ist sie nicht.
Dann bleibt nur noch …
Grins
Oh! Ich muss mal aufs Klo!
Die wird sich wundern …
Schleich
Schleich

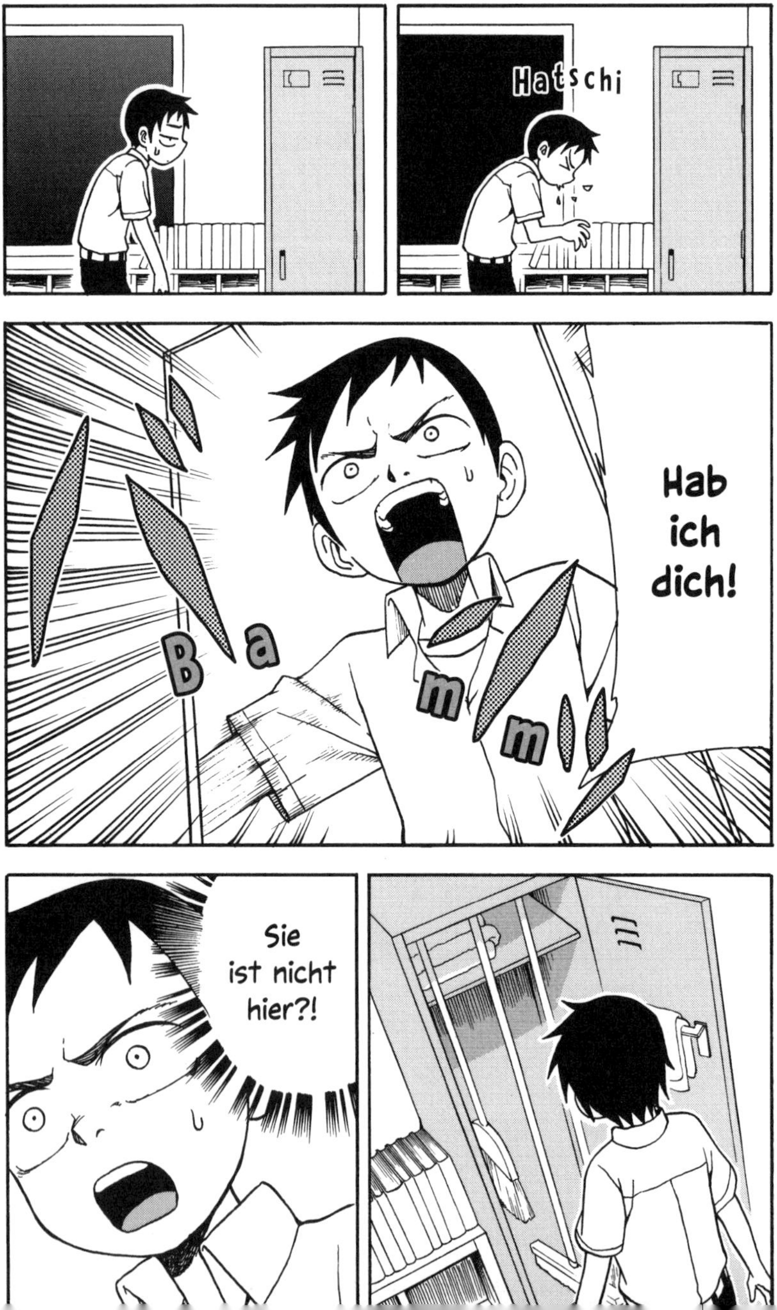
Hatschi
Hab ich dich!
Bamm
Sie ist nicht hier?!

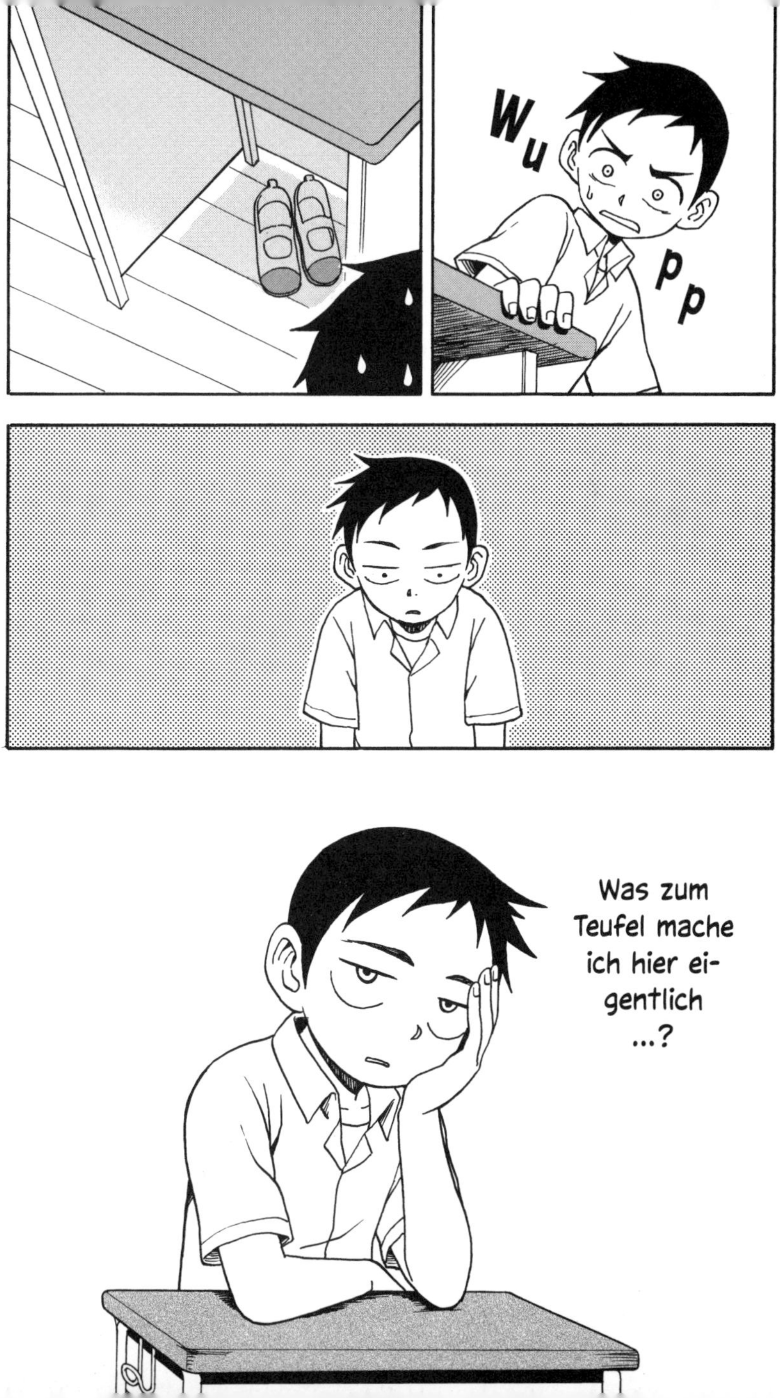
Wupp
Was zum Teufel mache ich hier eigentlich ...?

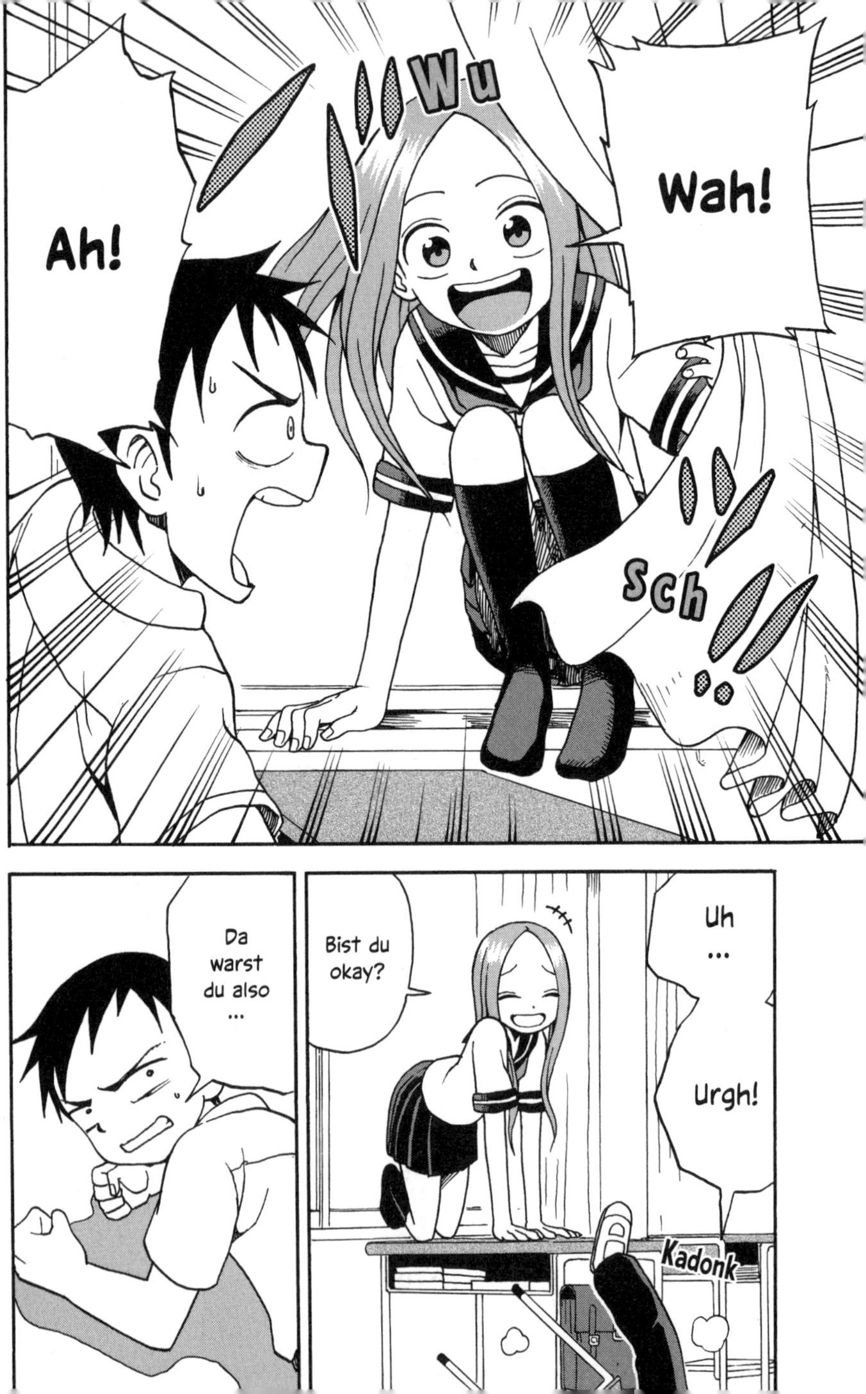
Wah!
Wu
Sch
Ah!
Uh ...
Urgh!
Kadonk
Bist du okay?
Da warst du also ...

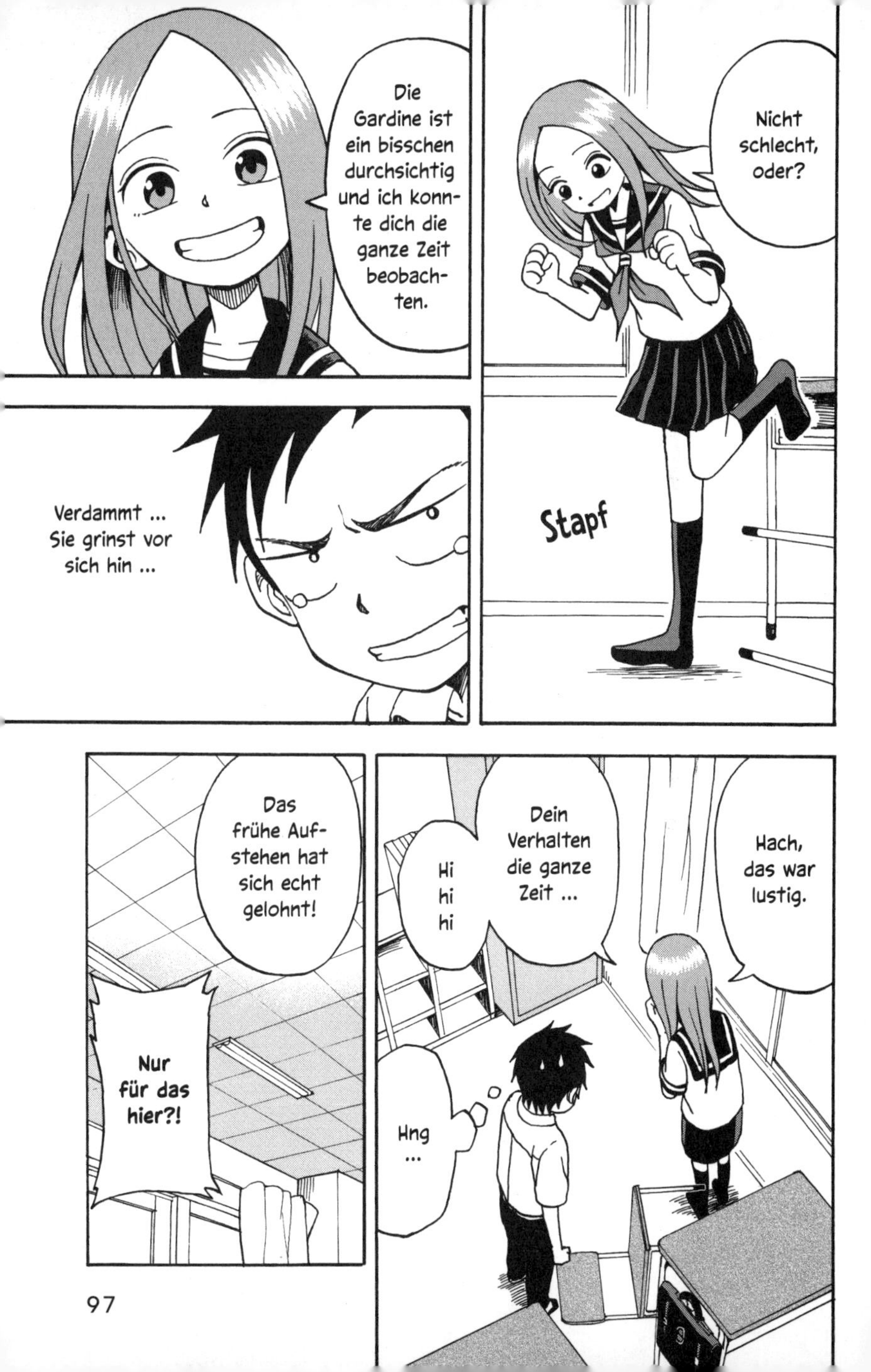
Nicht schlecht, oder?
Stapf
Die Gardine ist ein bisschen durchsichtig und ich konnte dich die ganze Zeit beobachten.
Verdammt ... Sie grinst vor sich hin ...
Hach, das war lustig.
Dein Verhalten die ganze Zeit ...
Hi hi hi
Hng ...
Das frühe Aufstehen hat sich echt gelohnt!
Nur für das hier?!

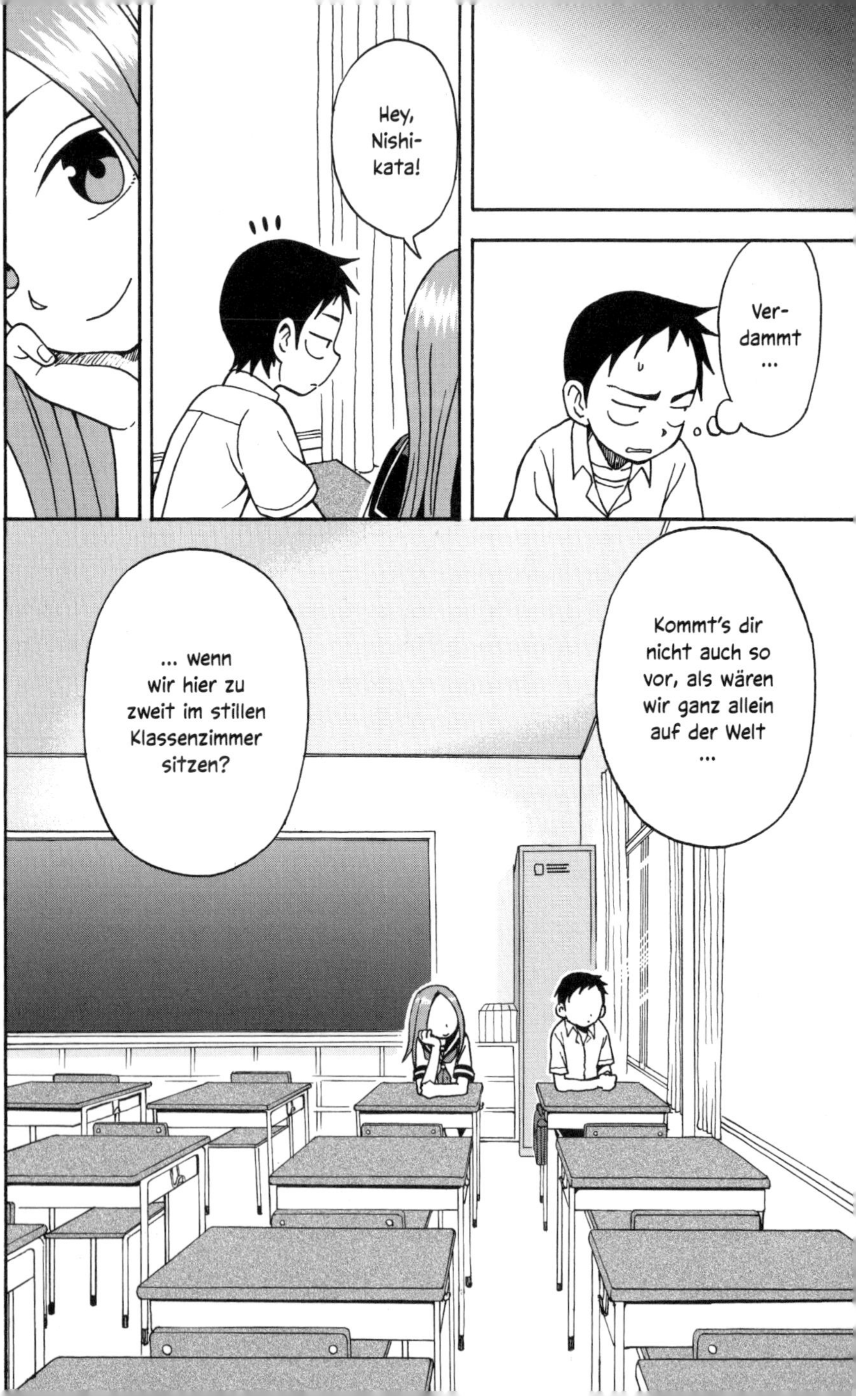
Verdammt ...
Hey, Nishikata!
Kommt's dir nicht auch so vor, als wären wir ganz allein auf der Welt ...
... wenn wir hier zu zweit im stillen Klassenzimmer sitzen?

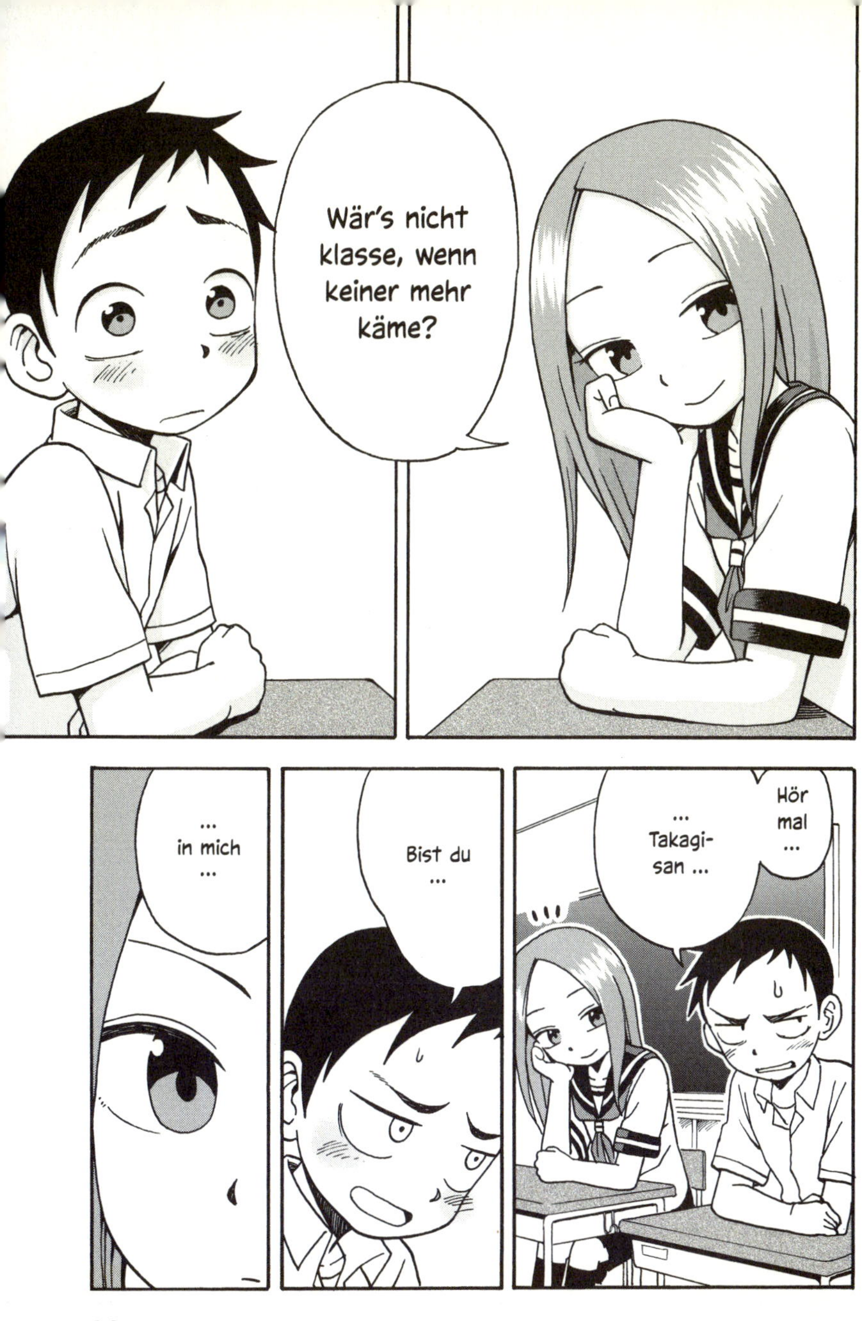
Wär's nicht klasse, wenn keiner mehr käme?
Hör mal ...
... Takagi-san ...
Bist du ...
... in mich ...

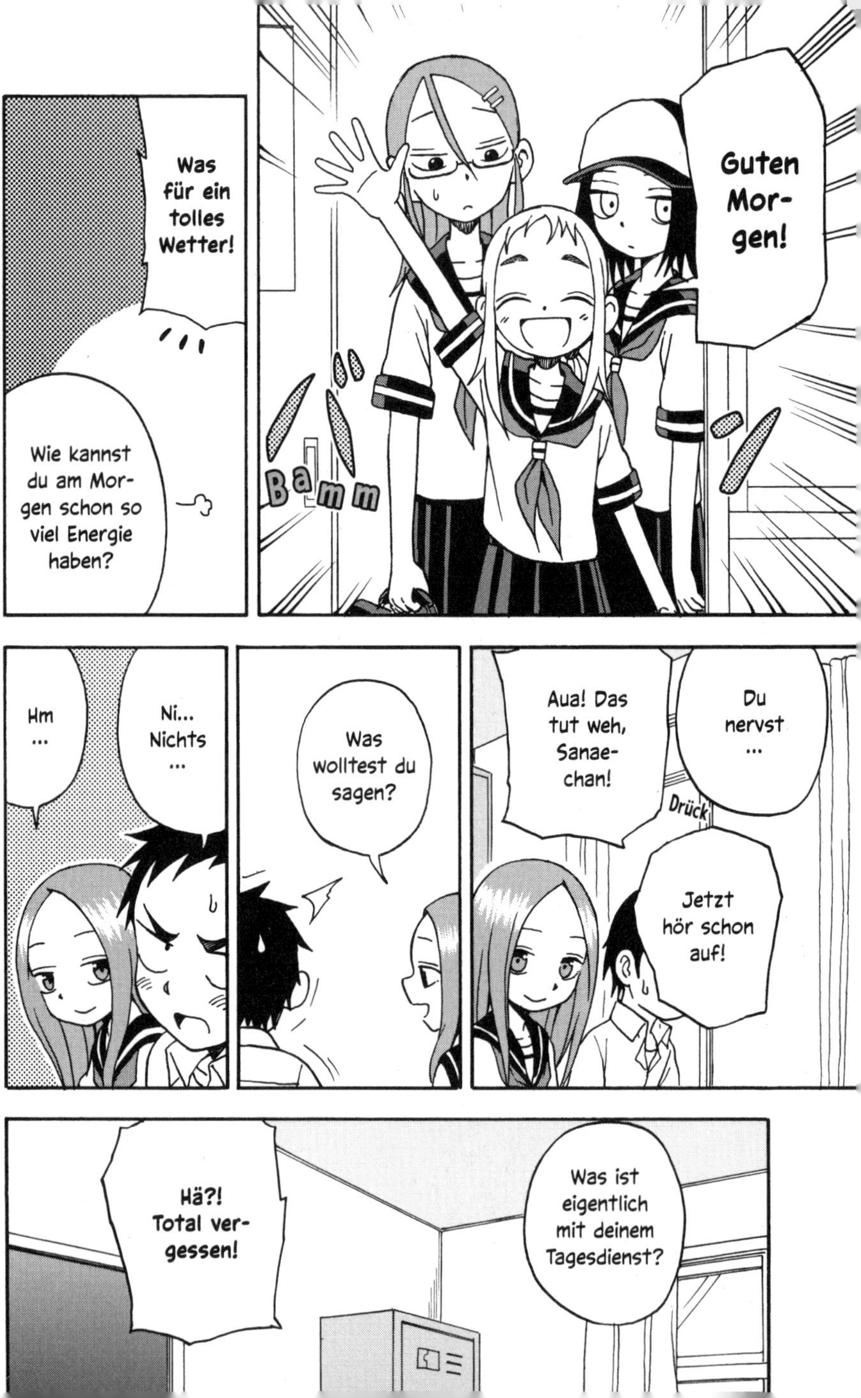

Guten Morgen!
Bamm
Was für ein tolles Wetter!
Wie kannst du am Morgen schon so viel Energie haben?
Aua! Das tut weh, Sanae-chan!
Du nervst ...
Drück
Jetzt hör schon auf!
Was wolltest du sagen?
Ni... Nichts ...
Hm ...
Was ist eigentlich mit deinem Tagesdienst?
Hä?! Total vergessen!

Regenschirm

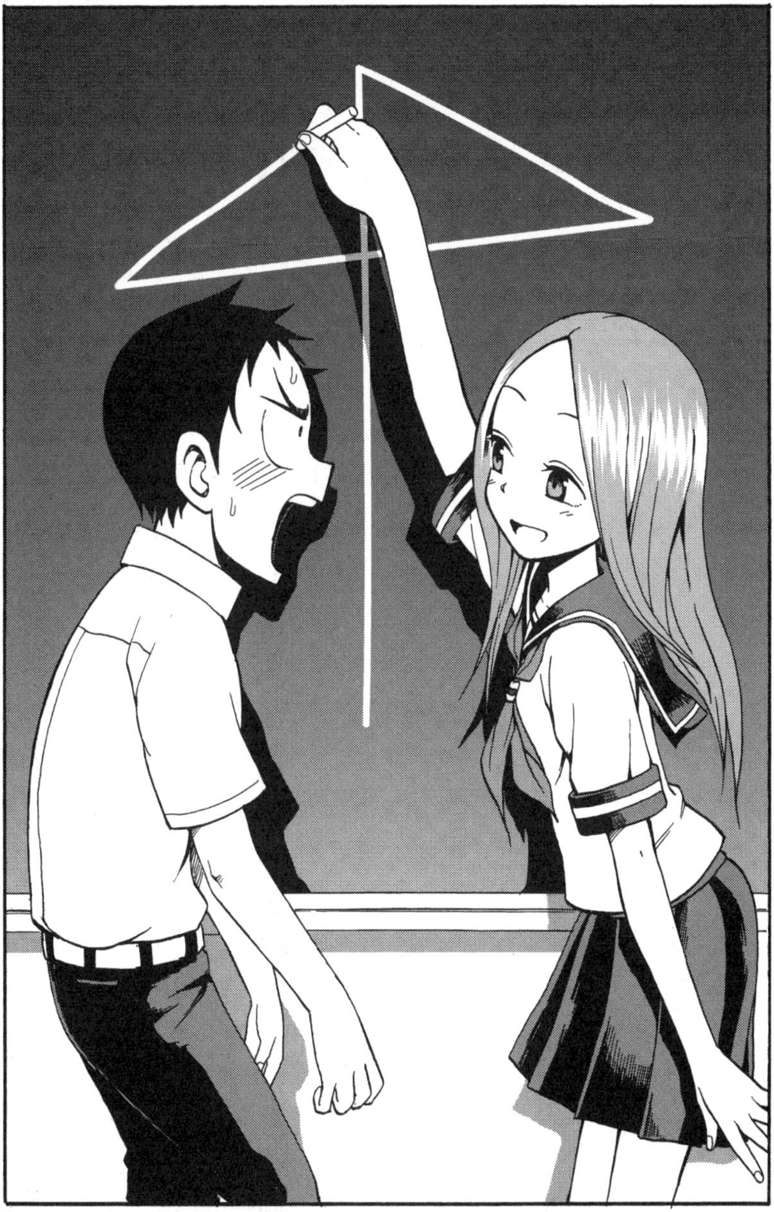

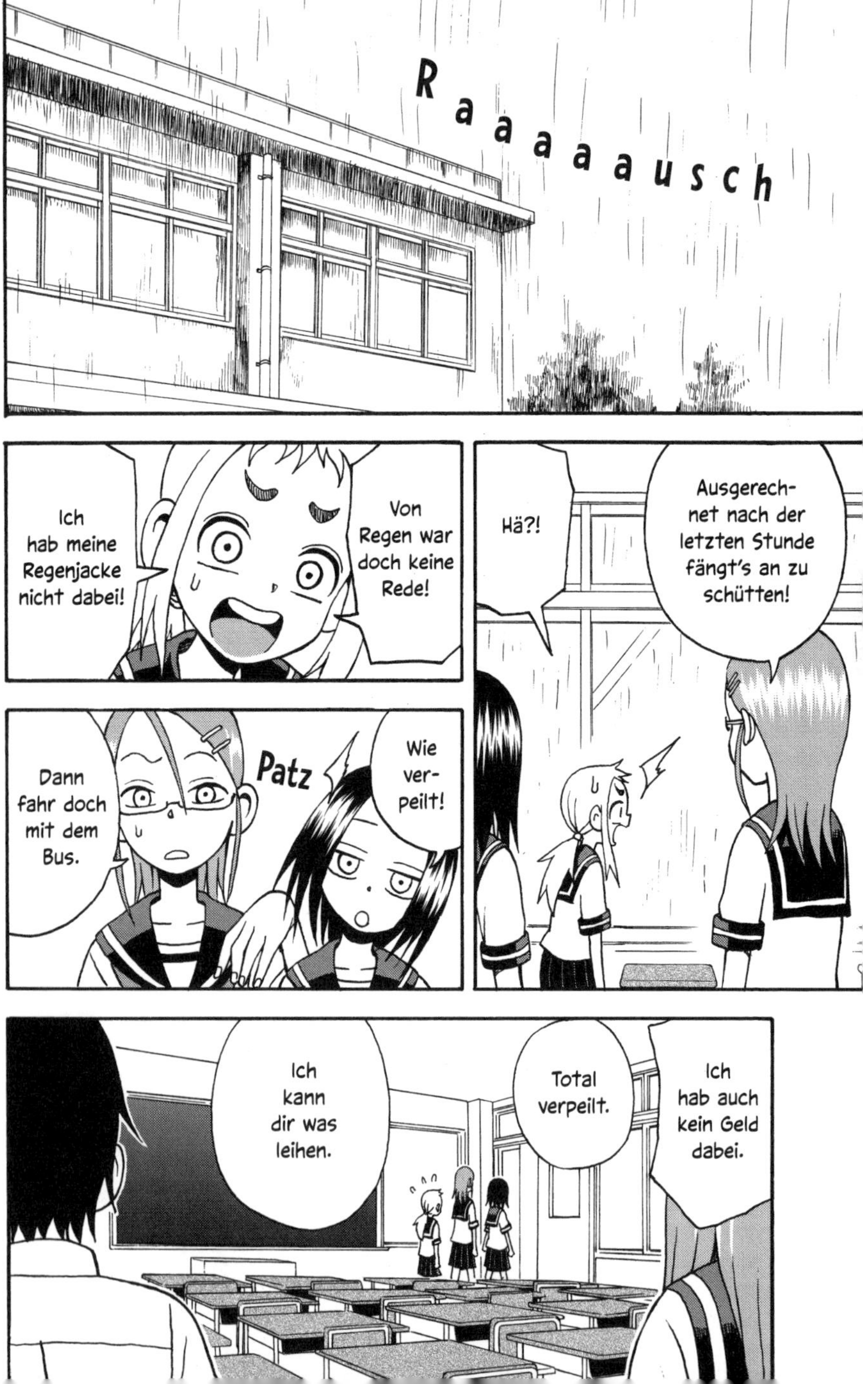

Raaaaausch
Ausgerech-net nach der letzten Stunde fängt's an zu schütten!
Hä?!
Von Regen war doch keine Rede!
Ich hab meine Regenjacke nicht dabei!
Wie ver-peilt!
Patz
Dann fahr doch mit dem Bus.
Ich hab auch kein Geld dabei.
Total verpeilt.
Ich kann dir was leihen.

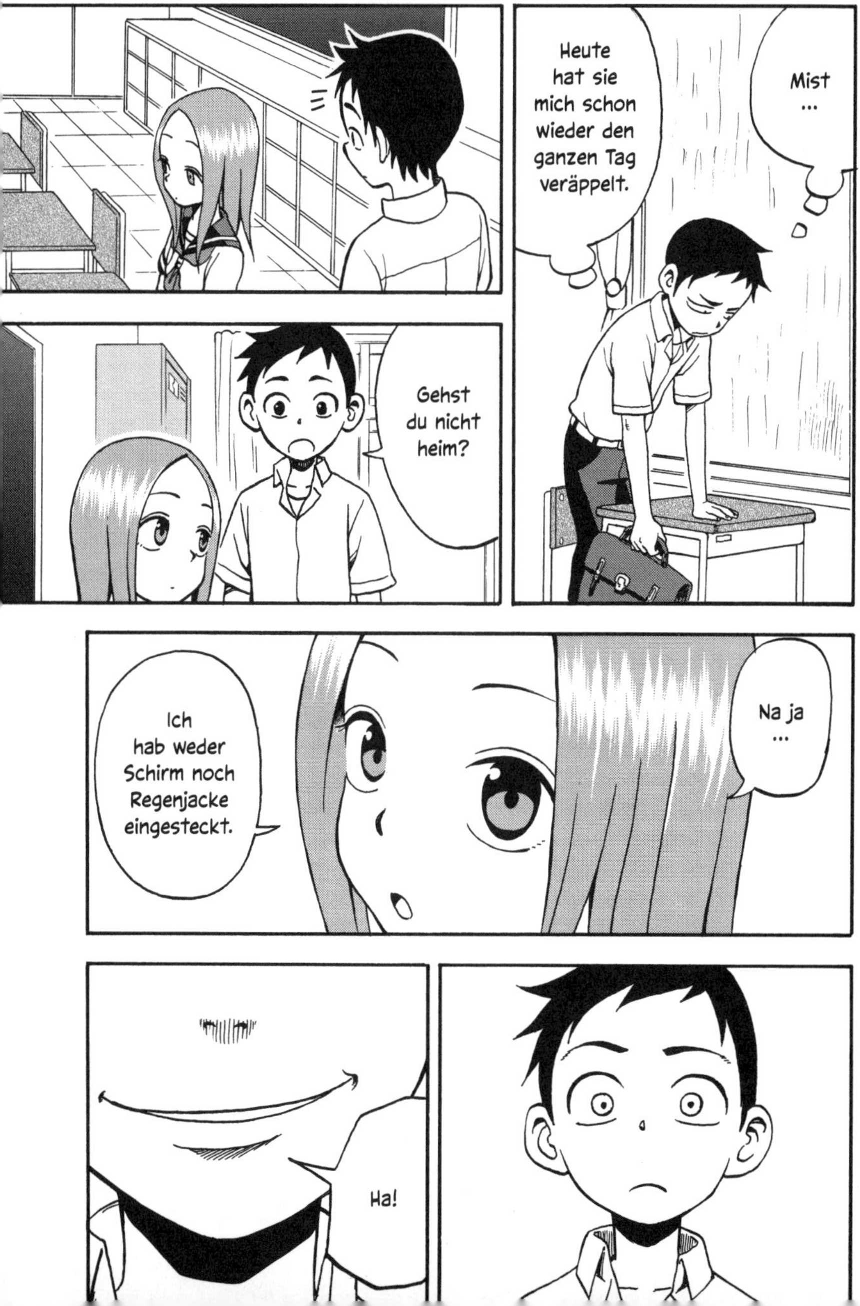
Mist ...
Heute hat sie mich schon wieder den ganzen Tag veräppelt.
Gehst du nicht heim?
Na ja ...
Ich hab weder Schirm noch Regenjacke eingesteckt.
Ha!

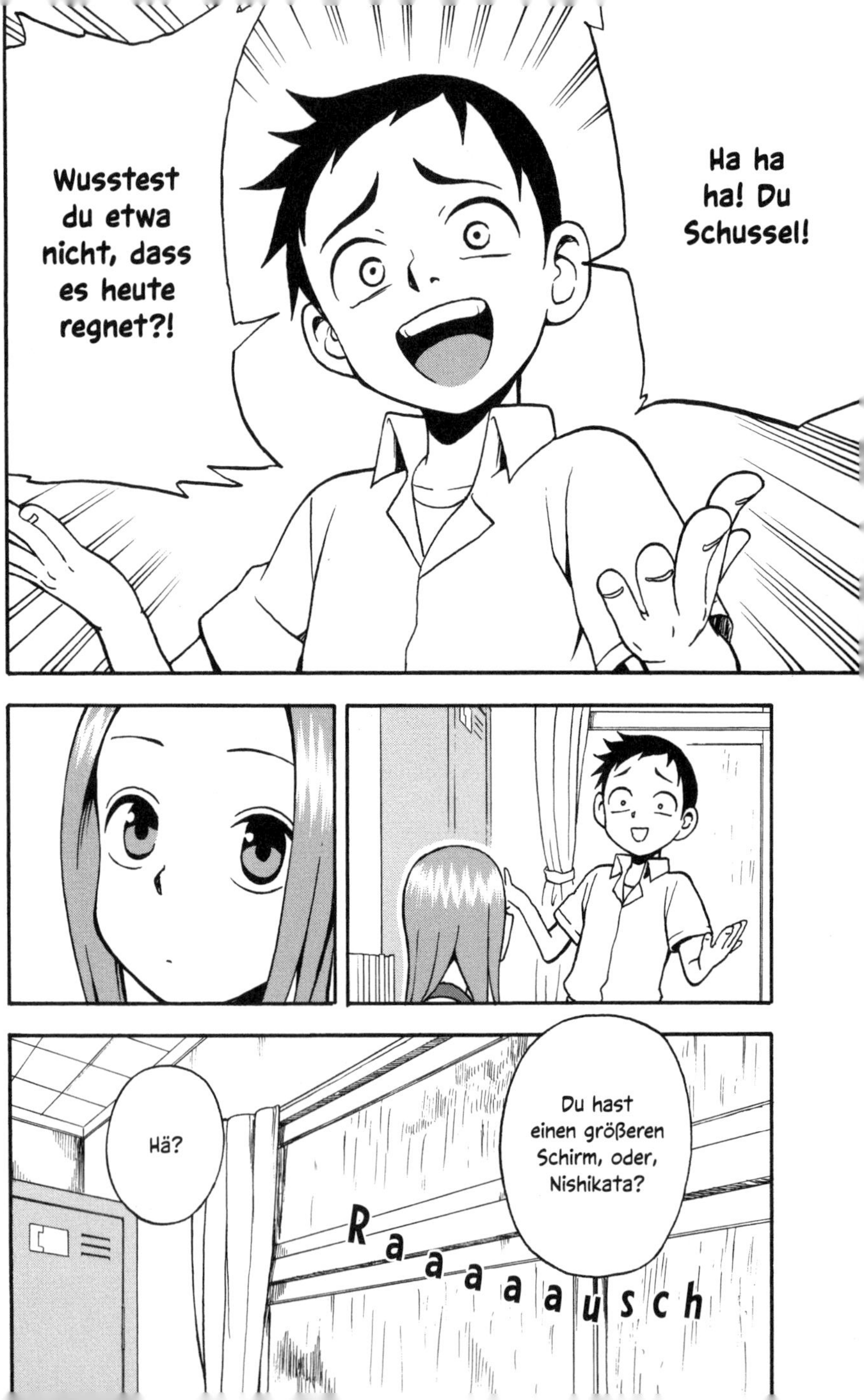
Ha ha ha! Du Schussel!
Wusstest du etwa nicht, dass es heute regnet?!
Du hast einen größeren Schirm, oder, Nishikata?
Hä?
Raaaaaausch

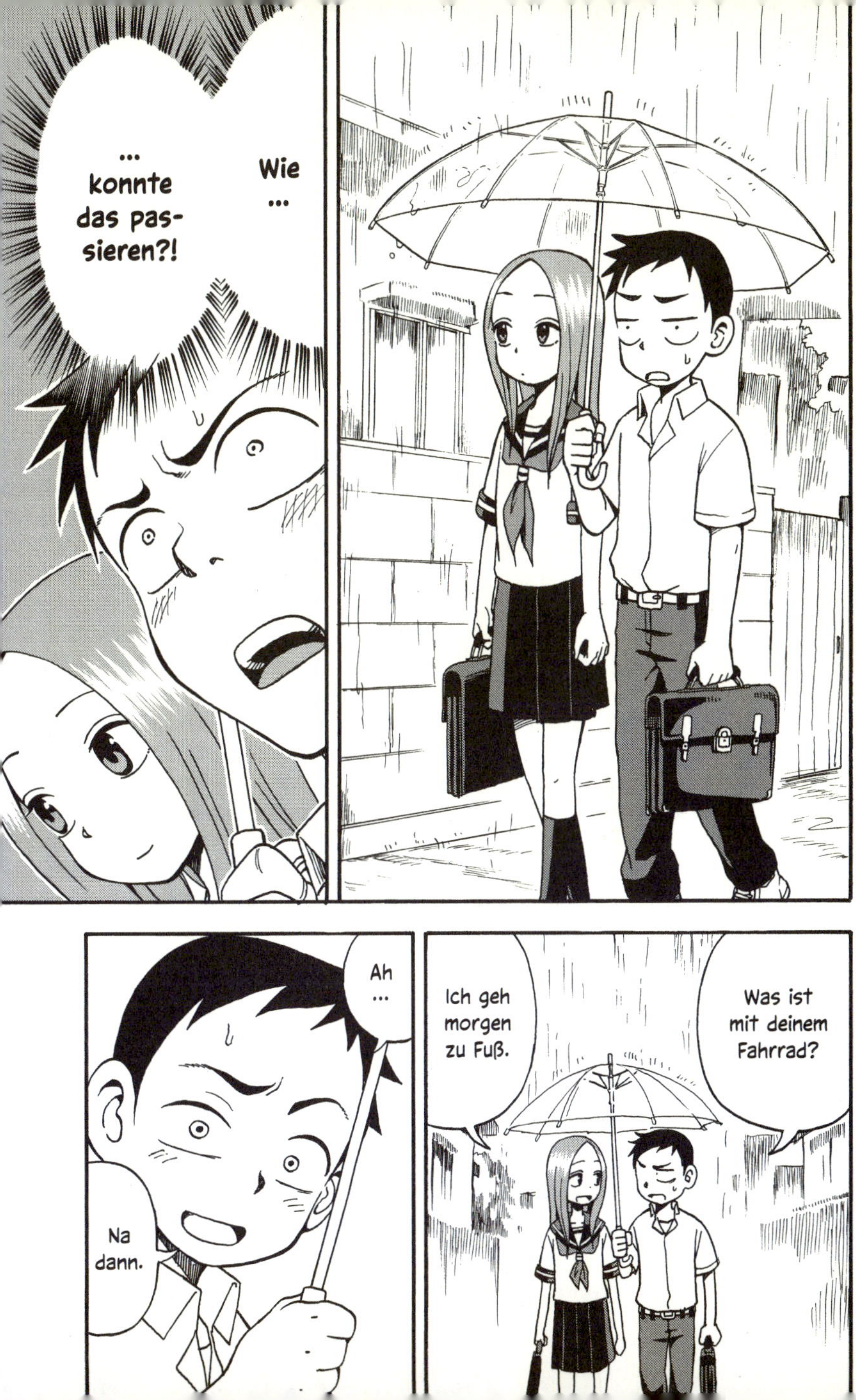
Wie ...
... konnte das pas-sieren?!
Was ist mit deinem Fahrrad?
Ich geh morgen zu Fuß.
Ah ...
Na dann.

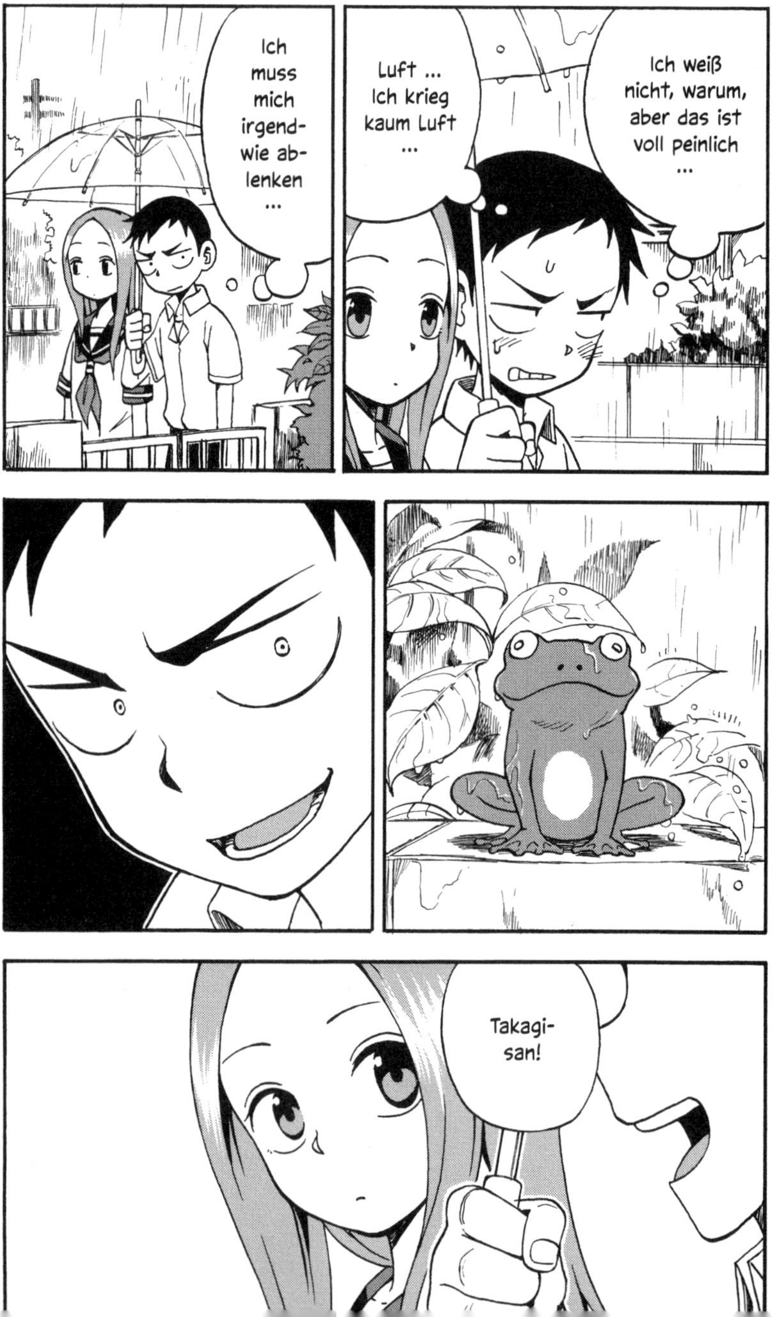
Ich weiß nicht, warum, aber das ist voll peinlich ...
Luft ... Ich krieg kaum Luft ...
Ich muss mich irgend- wie ab- lenken ...
Takagi- san!

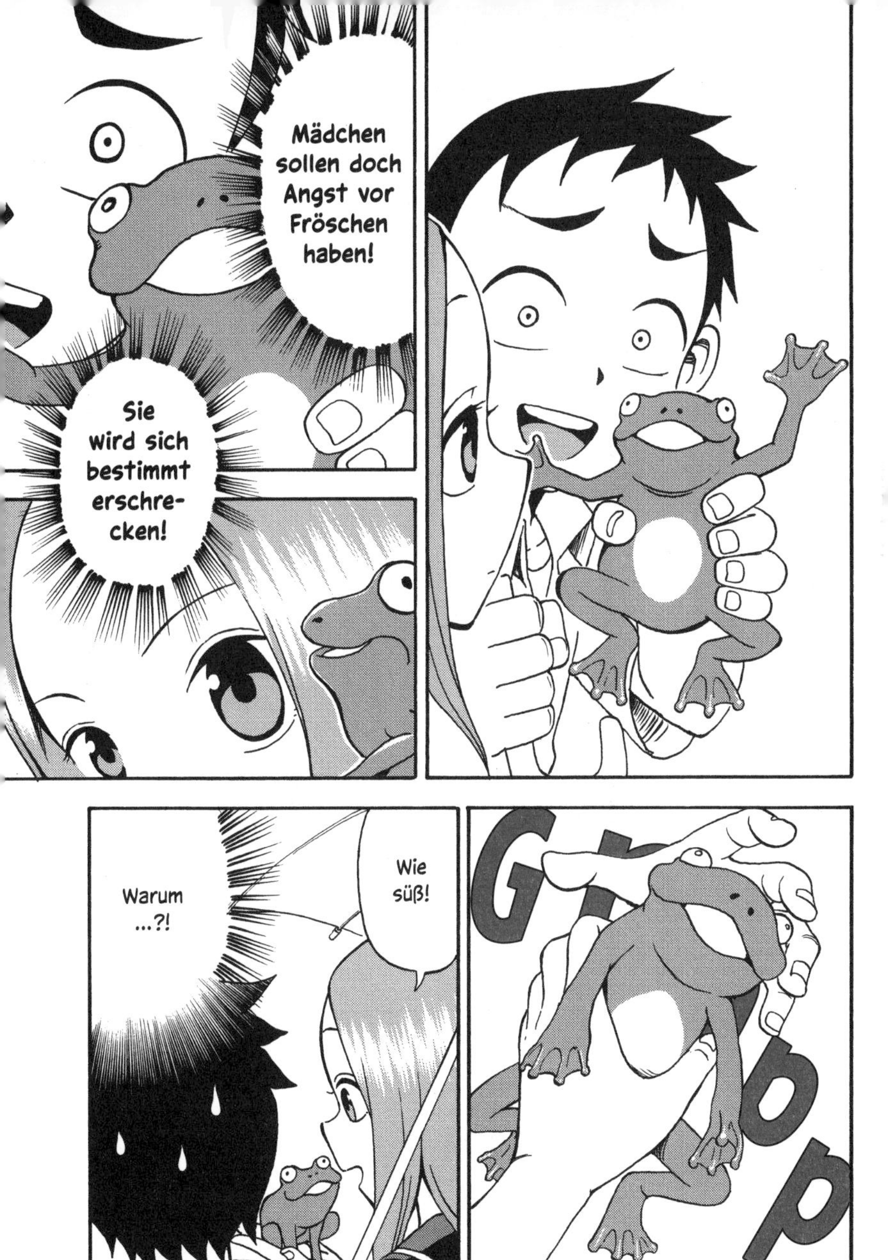
Mädchen sollen doch Angst vor Fröschen haben!
Sie wird sich bestimmt erschrecken!
Wie süß!
Warum ...?!

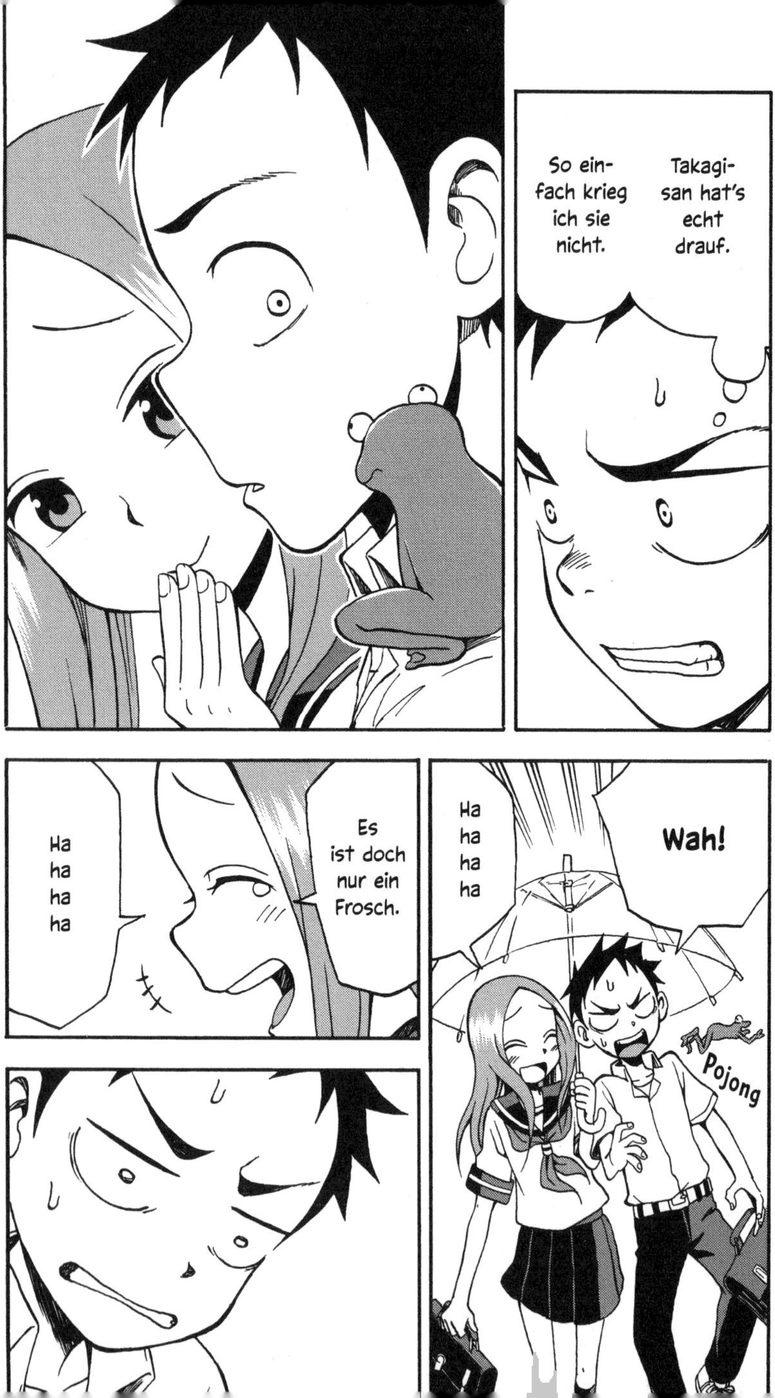
Takagi-san hat's echt drauf.
So einfach krieg ich sie nicht.
Wah!
Ha ha ha ha
Pojong
Es ist doch nur ein Frosch.
Ha ha ha ha

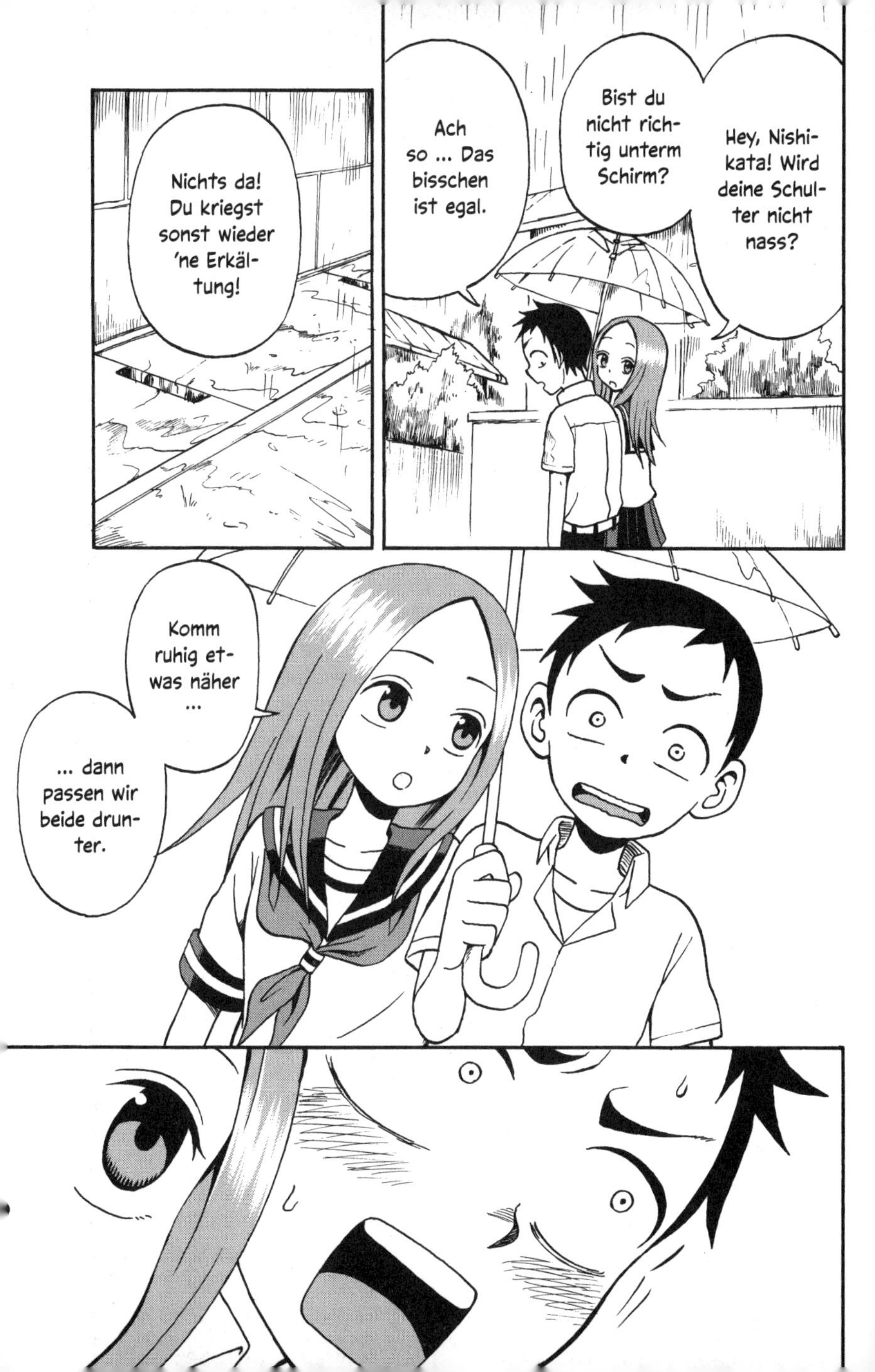
Hey, Nishikata! Wird deine Schulter nicht nass?
Bist du nicht richtig unterm Schirm?
Ach so ... Das bisschen ist egal.
Nichts da! Du kriegst sonst wieder 'ne Erkältung!
Komm ruhig etwas näher ...
... dann passen wir beide drunter.

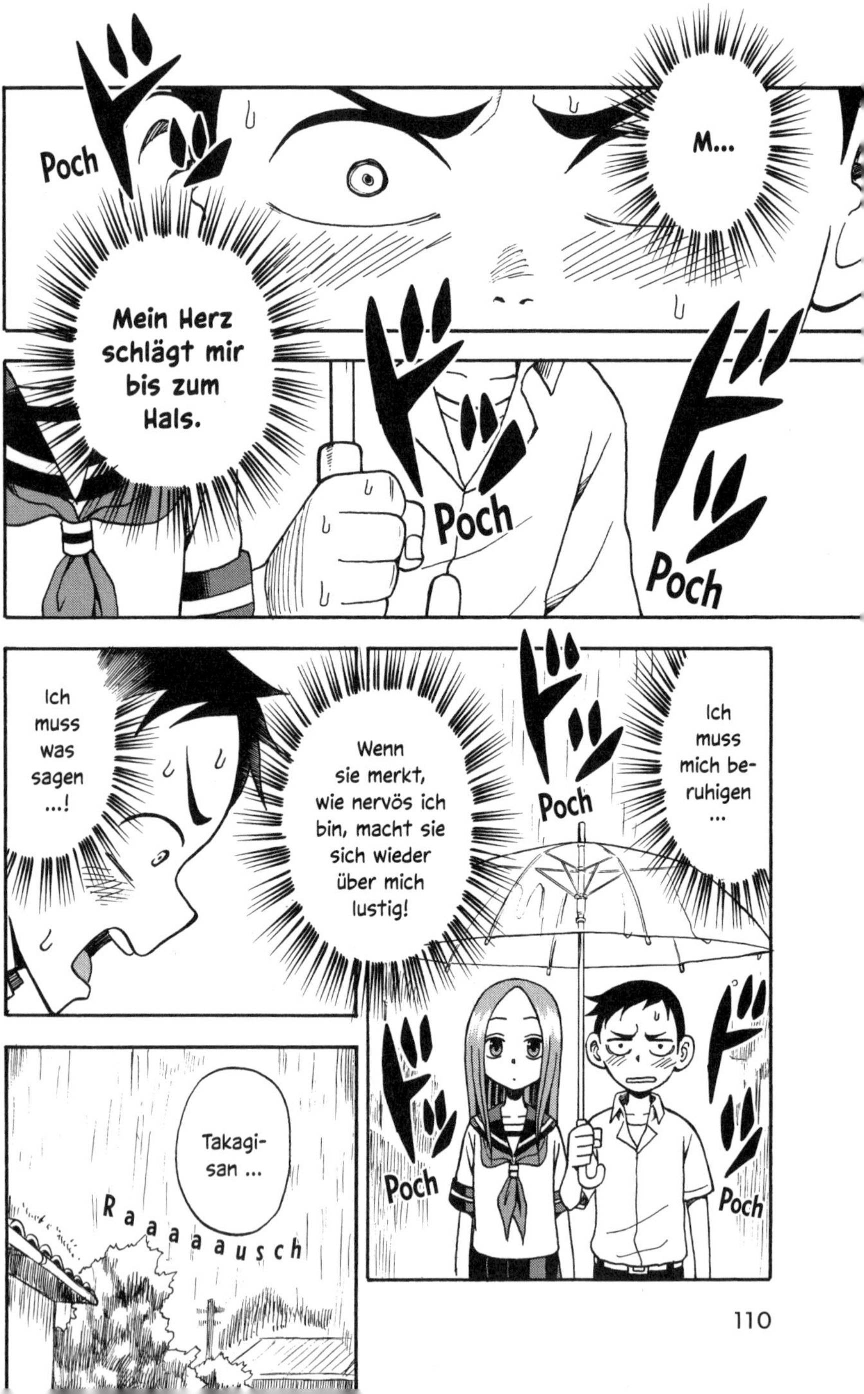
M...
Poch
Mein Herz schlägt mir bis zum Hals.
Poch
Poch
Ich muss mich be-ruhigen ...
Poch
Wenn sie merkt, wie nervös ich bin, macht sie sich wieder über mich lustig!
Ich muss was sagen ...!
Poch
Poch
Takagi-san ...
Raaaaaausch

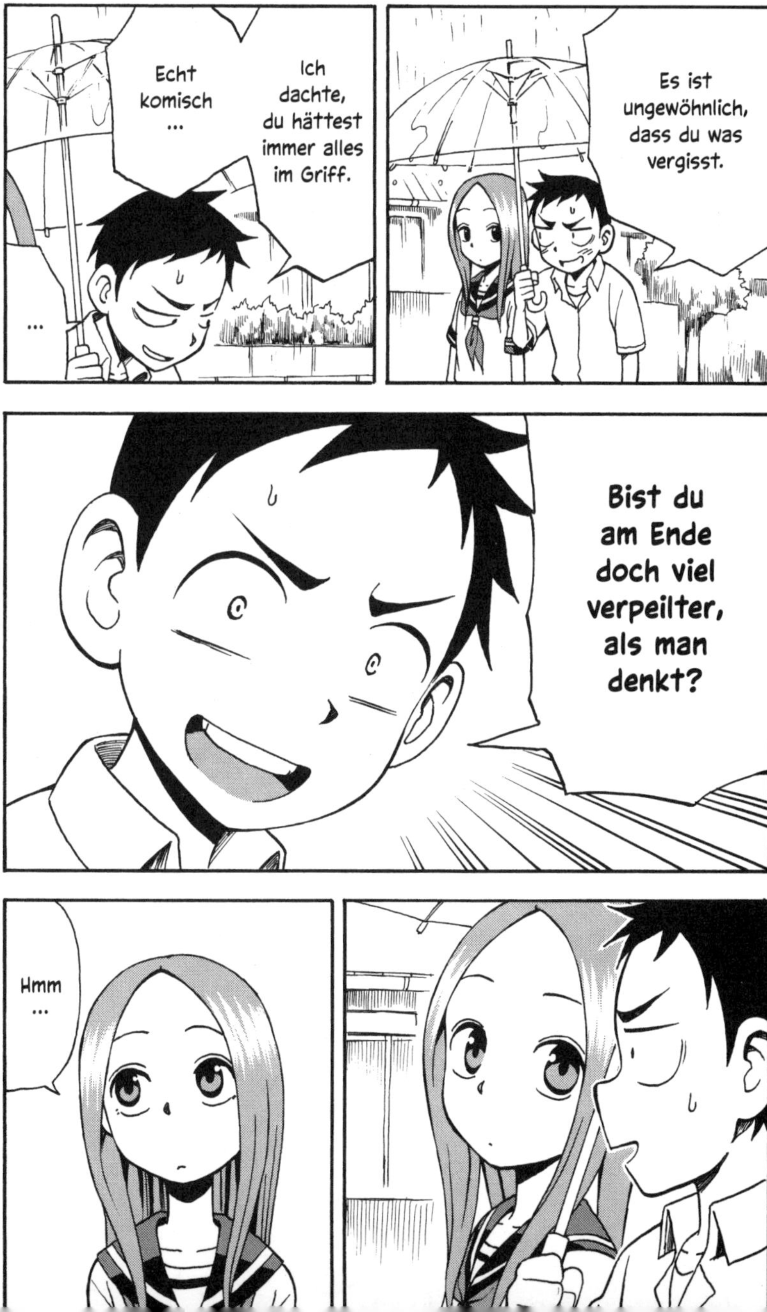
Es ist ungewöhnlich, dass du was vergisst.
Ich dachte, du hättest immer alles im Griff.
Echt komisch ...
...
Bist du am Ende doch viel verpeilter, als man denkt?
Hmm ...

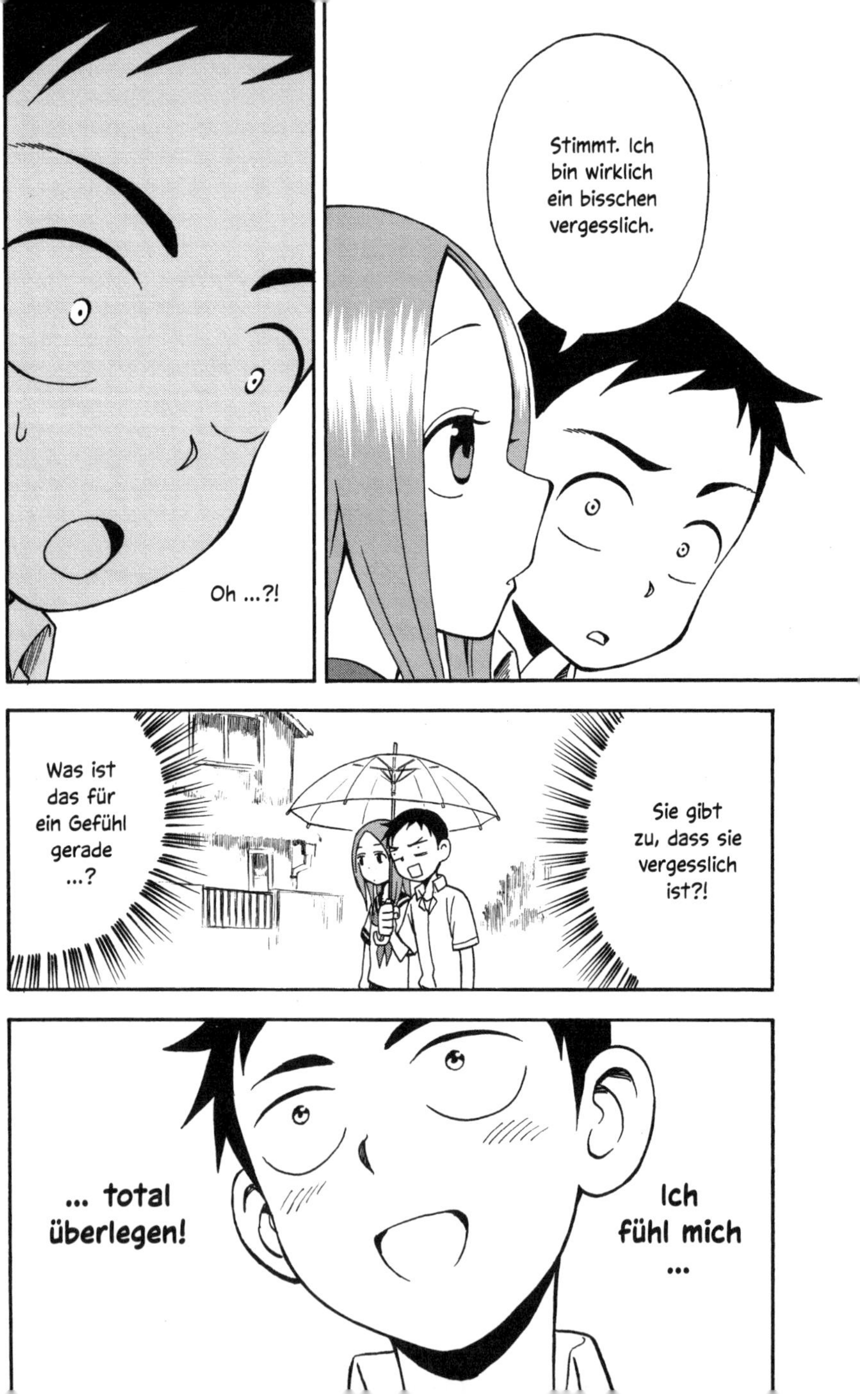
Stimmt. Ich bin wirklich ein bisschen vergesslich.
Oh ...?!
Sie gibt zu, dass sie vergesslich ist?!
Was ist das für ein Gefühl gerade ...?
Ich fühl mich ...
... total überlegen!

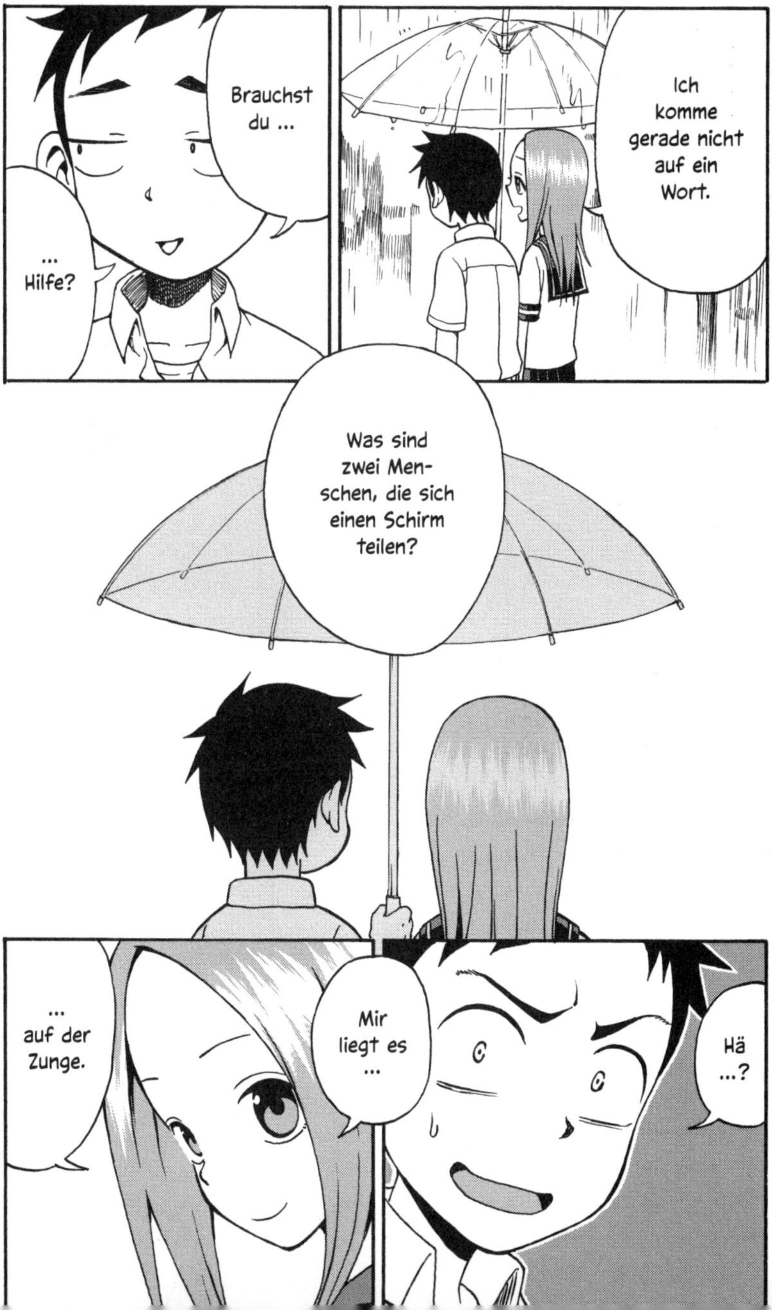
Ich komme gerade nicht auf ein Wort.
Brauchst du ...
... Hilfe?
Was sind zwei Menschen, die sich einen Schirm teilen?
Hä ...?
Mir liegt es ...
... auf der Zunge.

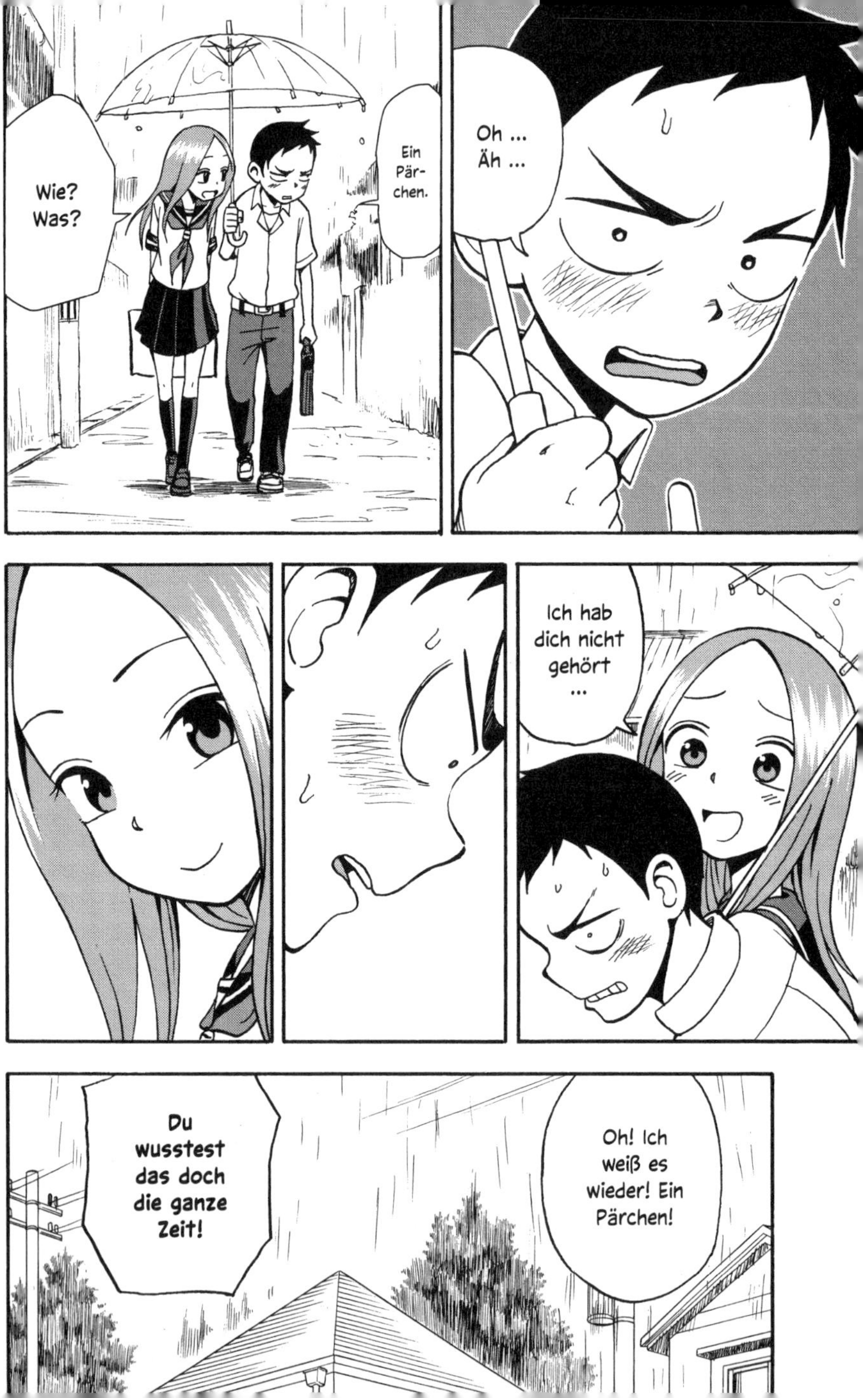
Oh ... Äh ...
Ein Pärchen.
Wie? Was?
Ich hab dich nicht gehört ...
Oh! Ich weiß es wieder! Ein Pärchen!
Du wusstest das doch die ganze Zeit!

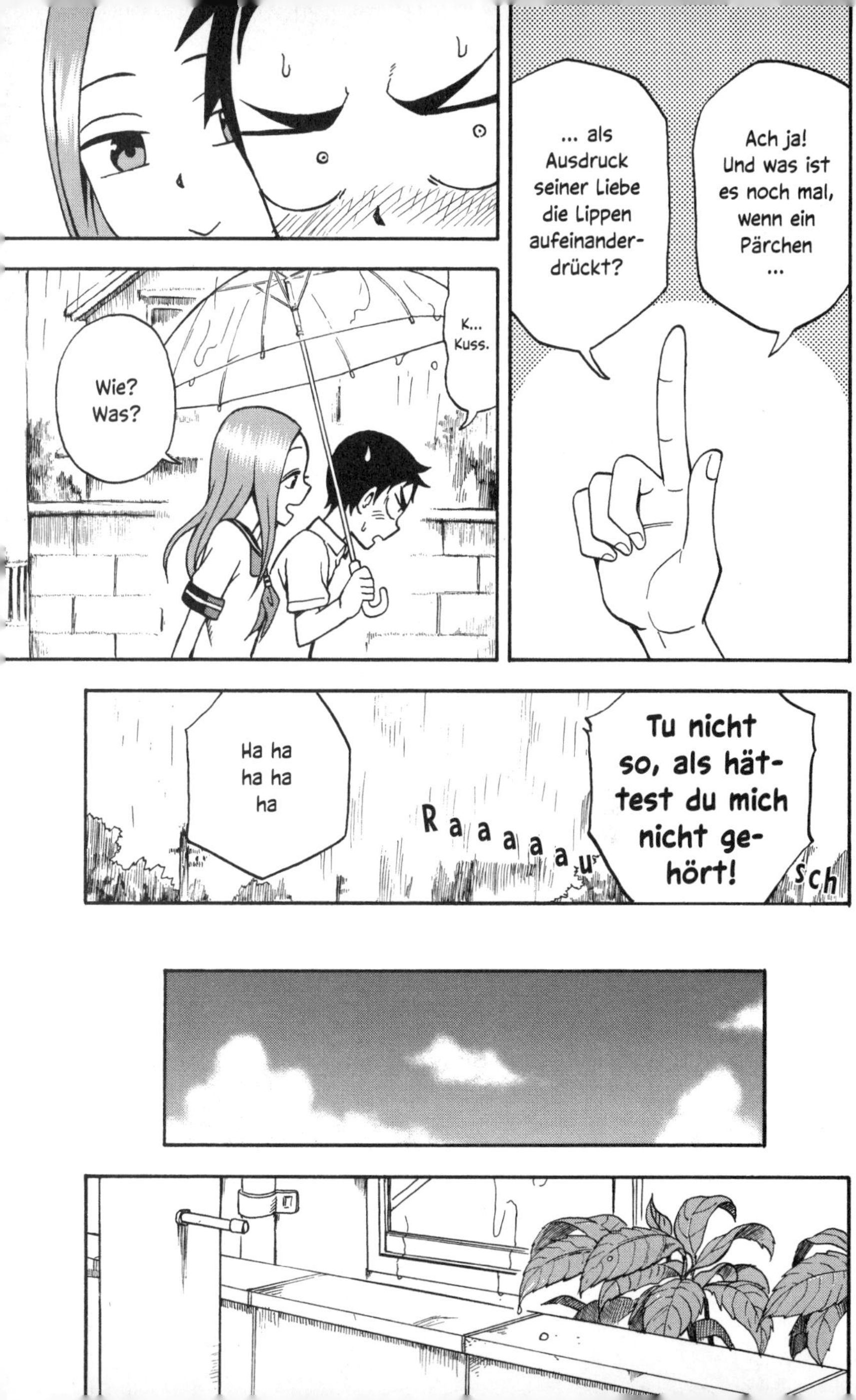
Ach ja! Und was ist es noch mal, wenn ein Pärchen …
… als Ausdruck seiner Liebe die Lippen aufeinander-drückt?
K… Kuss.
Wie? Was?
Tu nicht so, als hät-test du mich nicht ge-hört!
Raaaaaausch
Ha ha ha ha ha

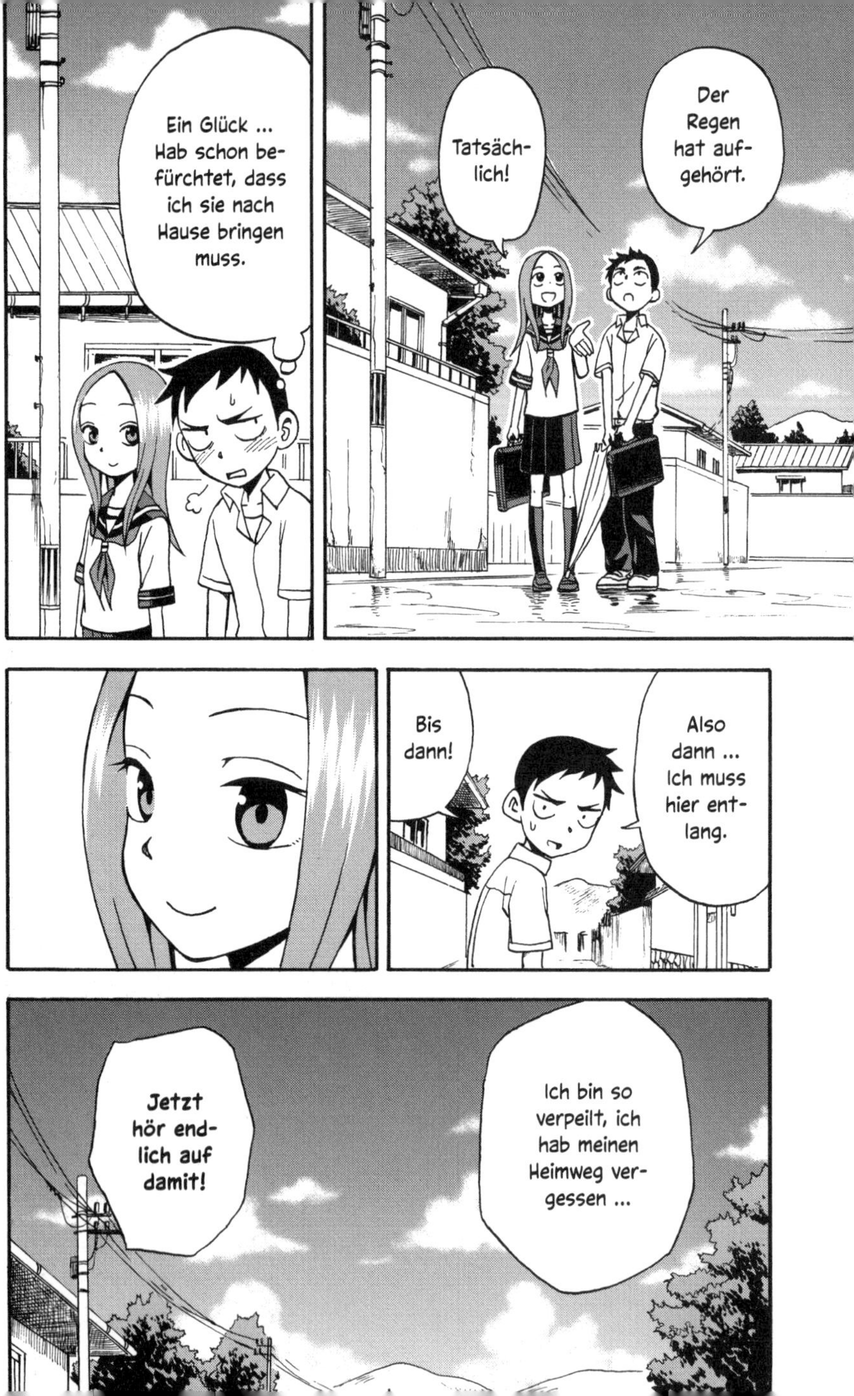
Der Regen hat aufgehört.
Tatsächlich!
Ein Glück ... Hab schon befürchtet, dass ich sie nach Hause bringen muss.
Also dann ... Ich muss hier entlang.
Bis dann!
Ich bin so verpeilt, ich hab meinen Heimweg vergessen ...
Jetzt hör endlich auf damit!

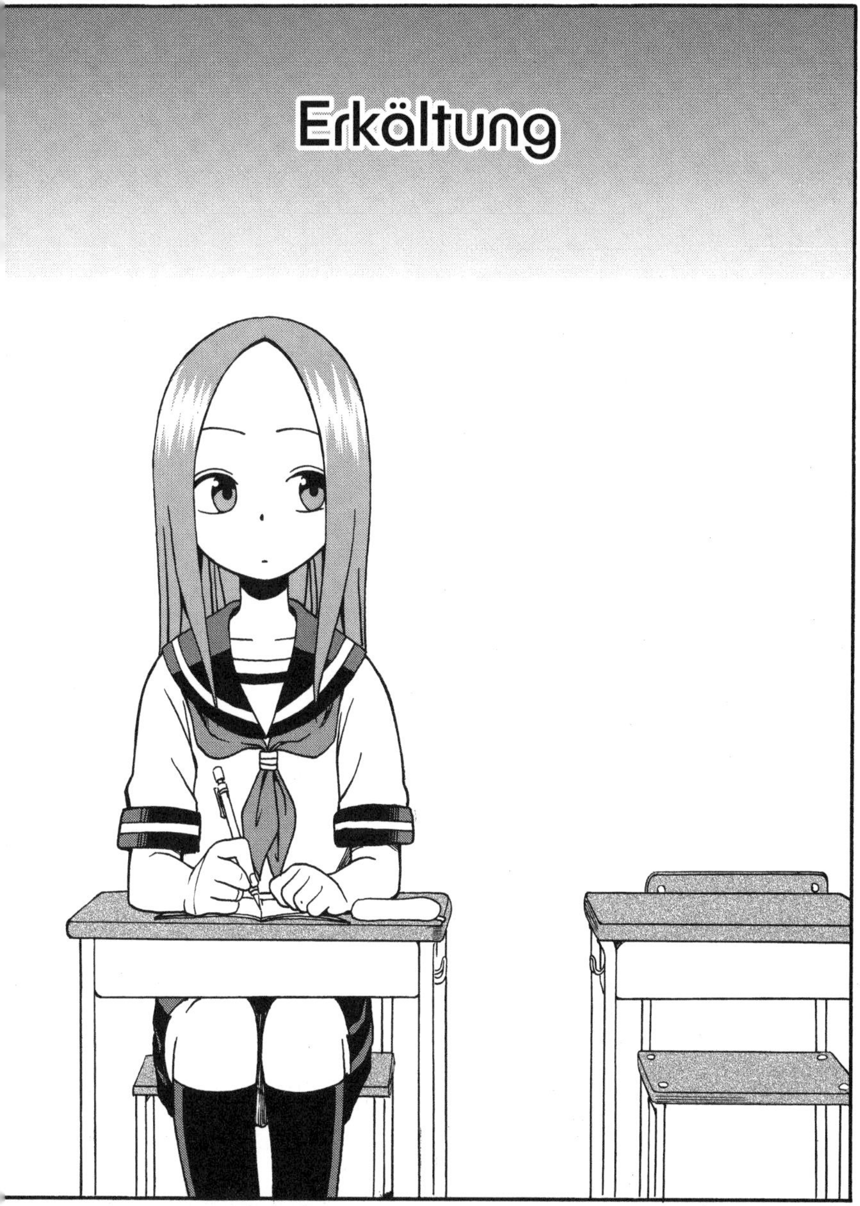
Erkältung

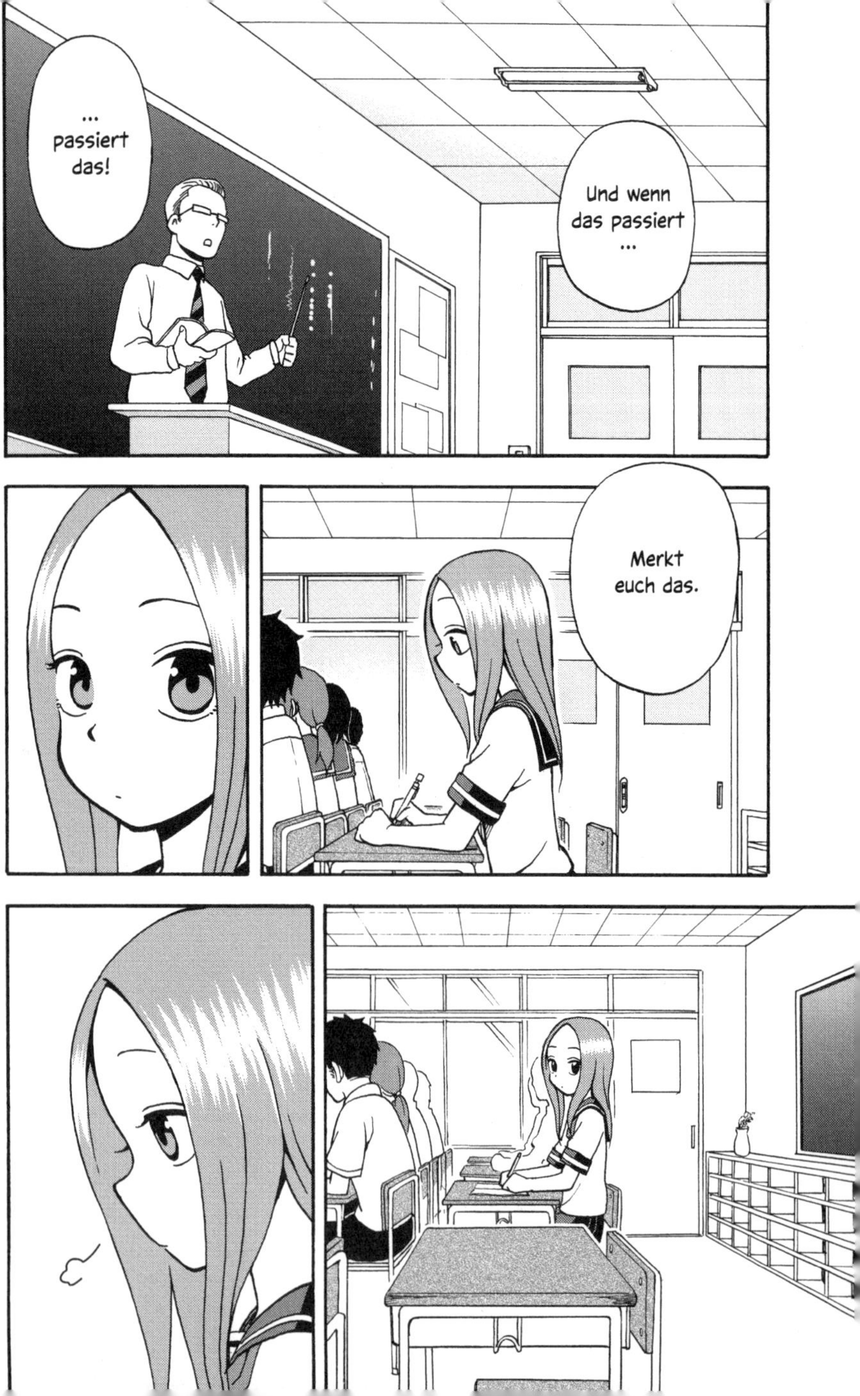
Und wenn das passiert ...
... passiert das!
Merkt euch das.

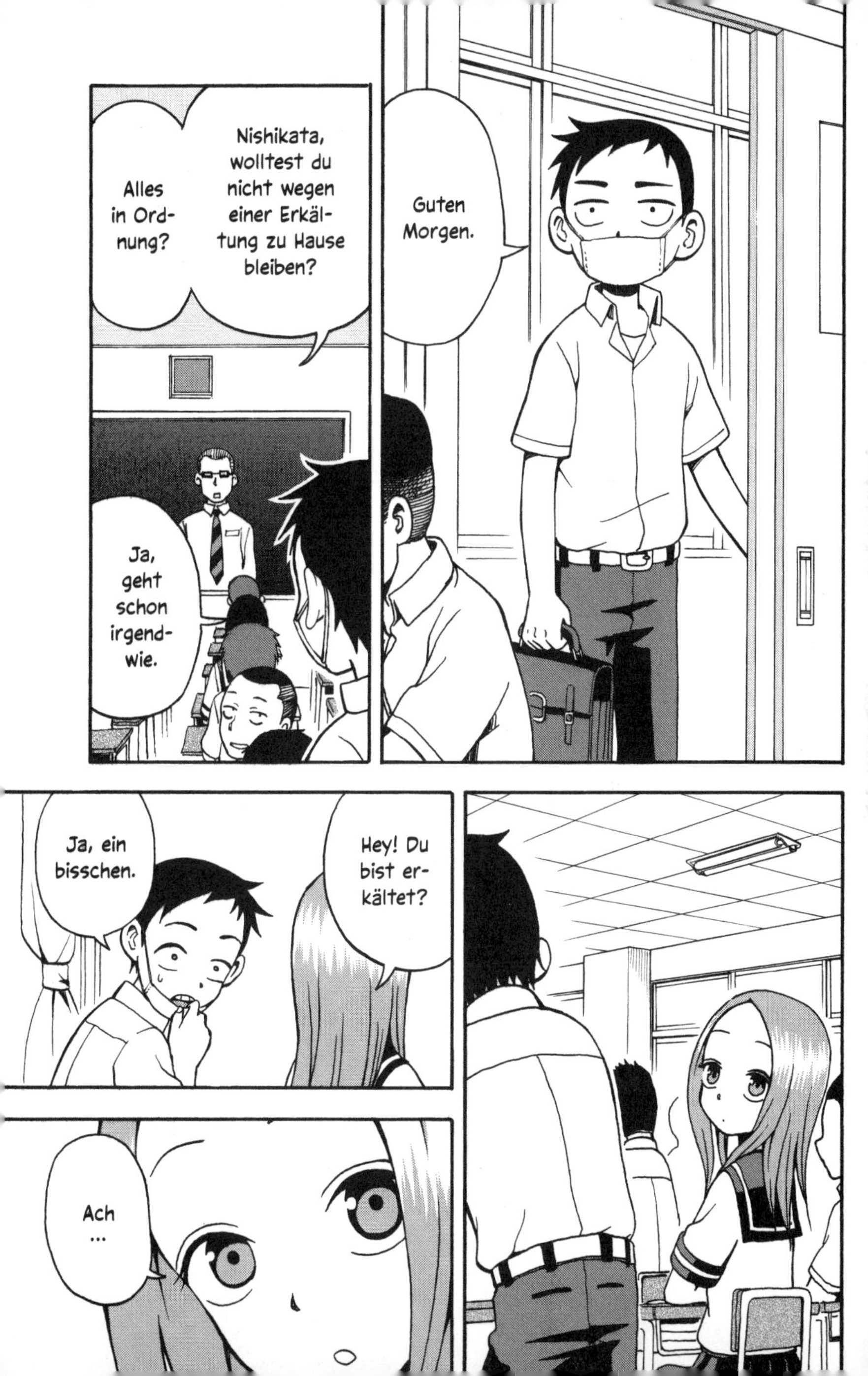
Guten Morgen.
Nishikata, wolltest du nicht wegen einer Erkältung zu Hause bleiben?
Alles in Ordnung?
Ja, geht schon irgendwie.
Hey! Du bist erkältet?
Ja, ein bisschen.
Ach ...

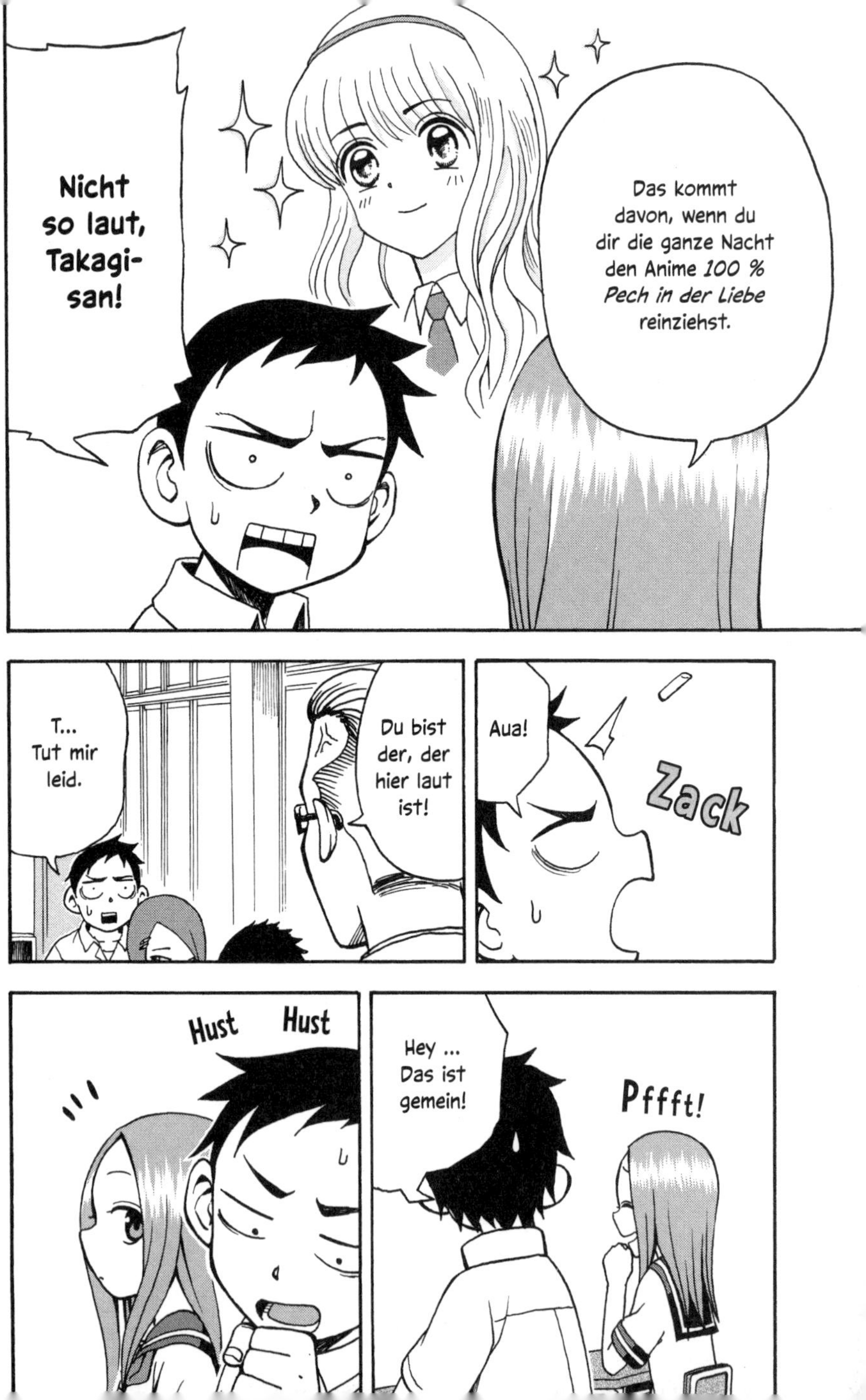
Das kommt davon, wenn du dir die ganze Nacht den Anime *100 % Pech in der Liebe* reinziehst.
Nicht so laut, Takagi-san!
Zack
Aua!
Du bist der, der hier laut ist!
T... Tut mir leid.
Pffft!
Hey ... Das ist gemein!
Hust Hust

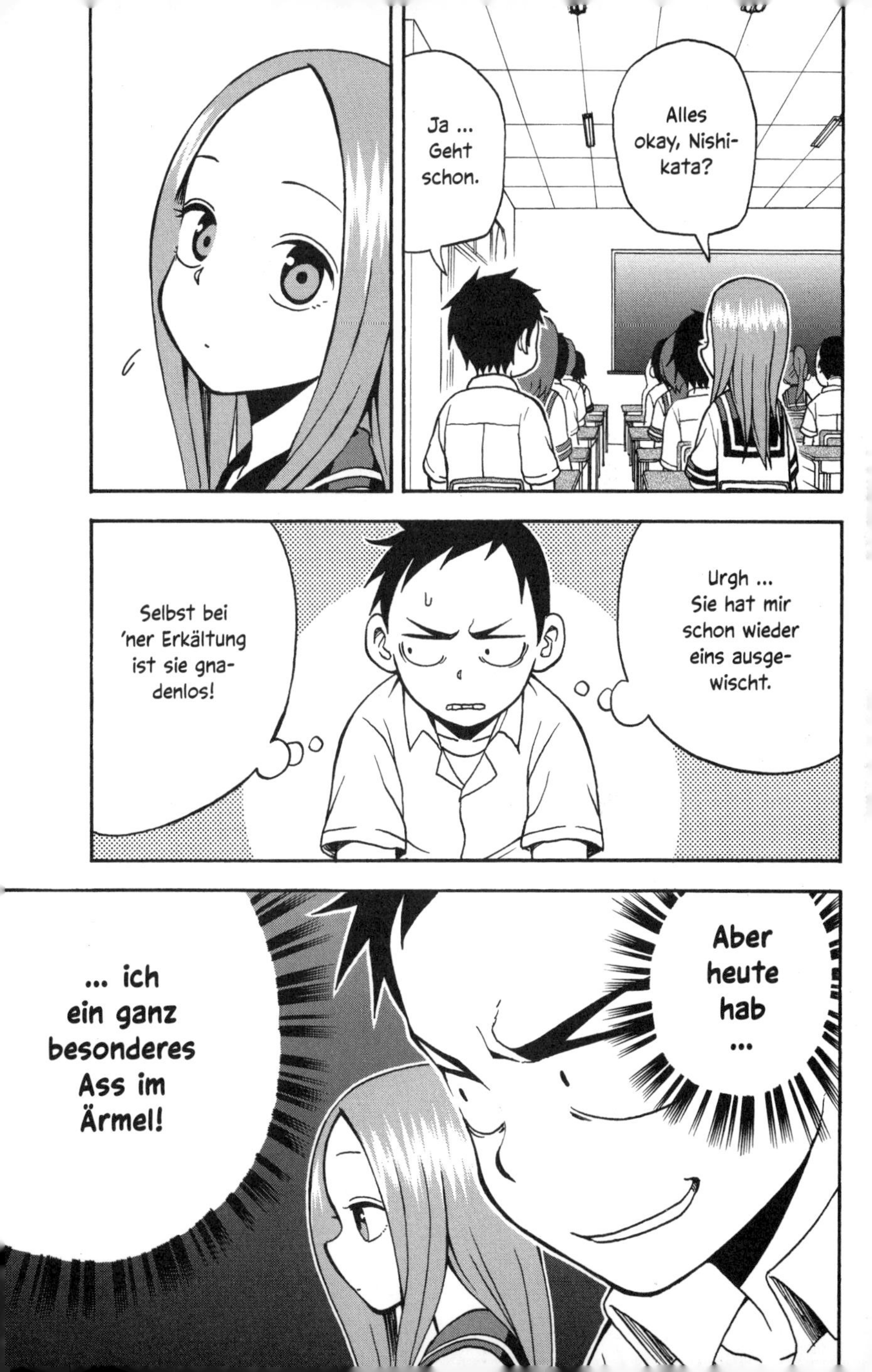
Alles okay, Nishikata?
Ja ... Geht schon.
Urgh ... Sie hat mir schon wieder eins ausgewischt.
Selbst bei 'ner Erkältung ist sie gnadenlos!
Aber heute hab ...
... ich ein ganz besonderes Ass im Ärmel!

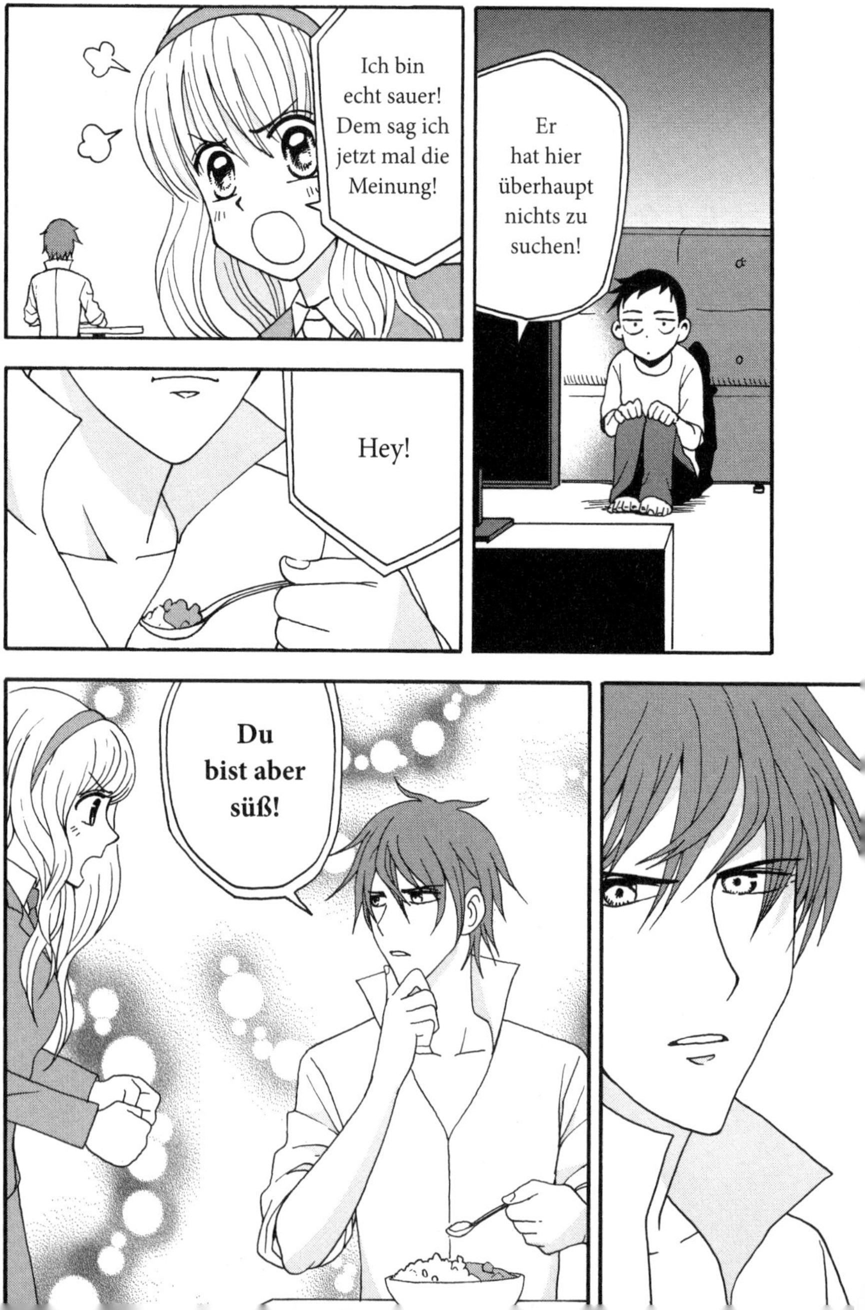
Er hat hier überhaupt nichts zu suchen!
Ich bin echt sauer! Dem sag ich jetzt mal die Meinung!
Hey!
Du bist aber süß!

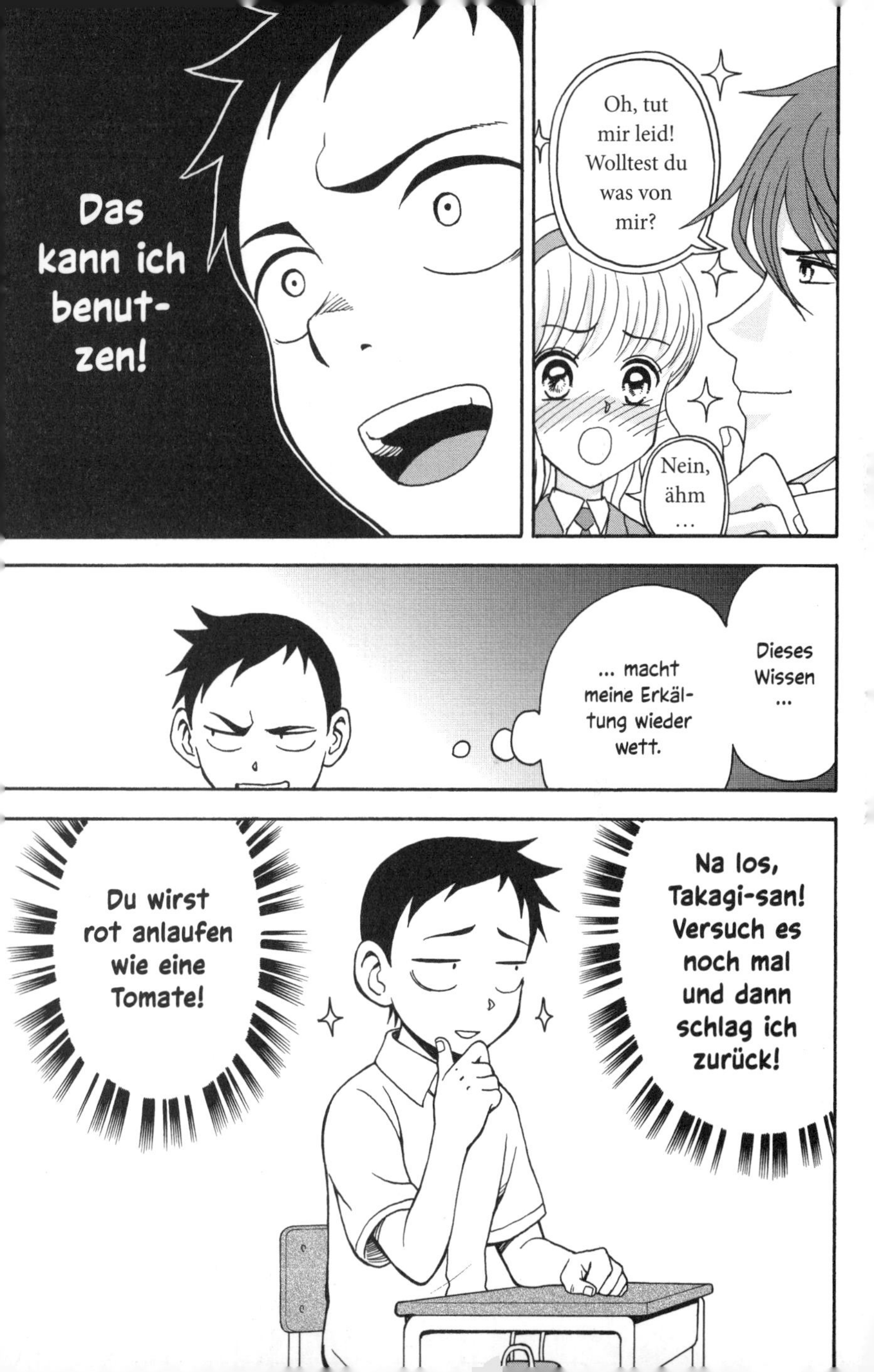
Oh, tut mir leid! Wolltest du was von mir?
Nein, ähm …
Das kann ich benutzen!
Dieses Wissen …
… macht meine Erkältung wieder wett.
Na los, Takagi-san! Versuch es noch mal und dann schlag ich zurück!
Du wirst rot anlaufen wie eine Tomate!

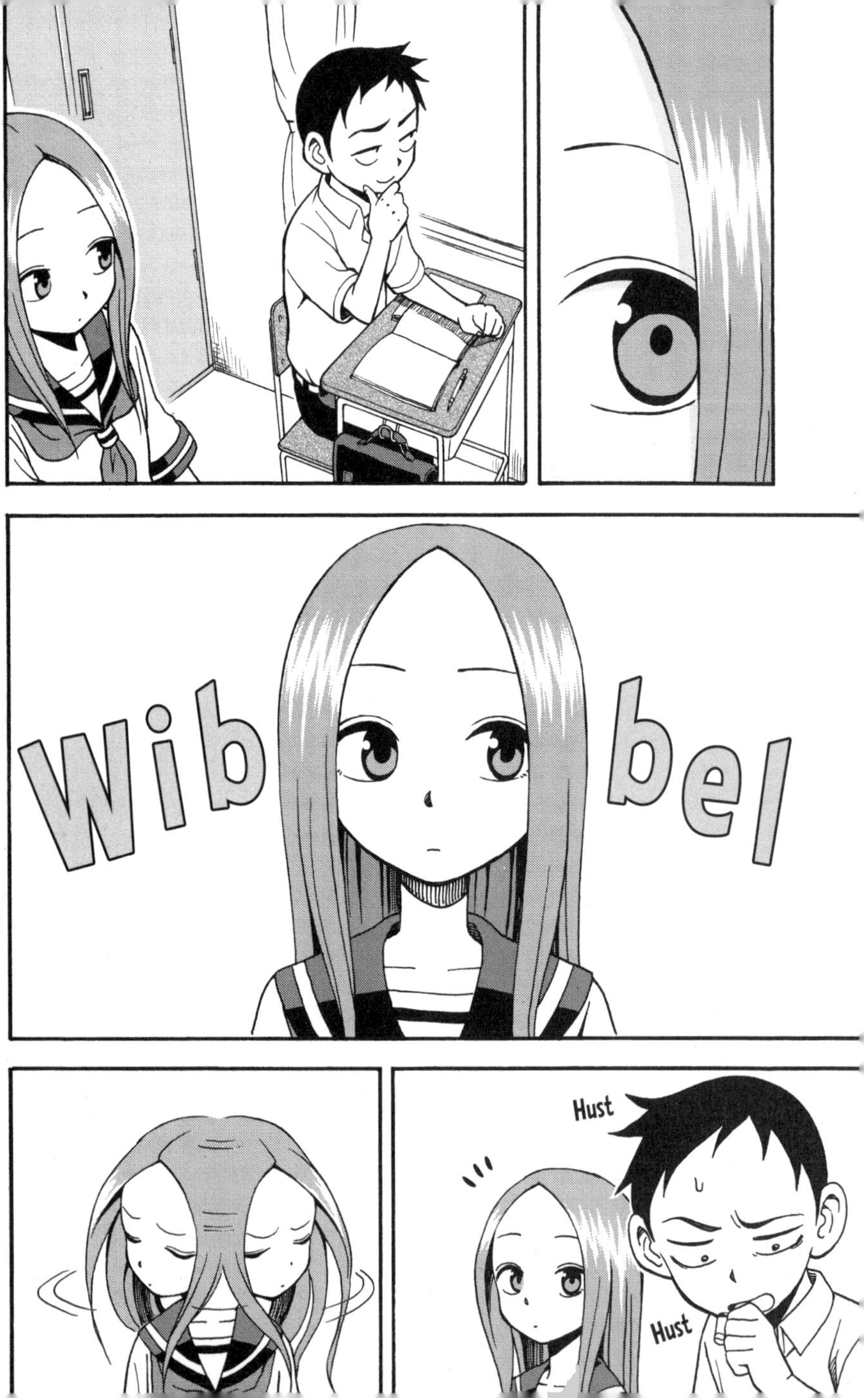
Wib
bel
Hust
Hust

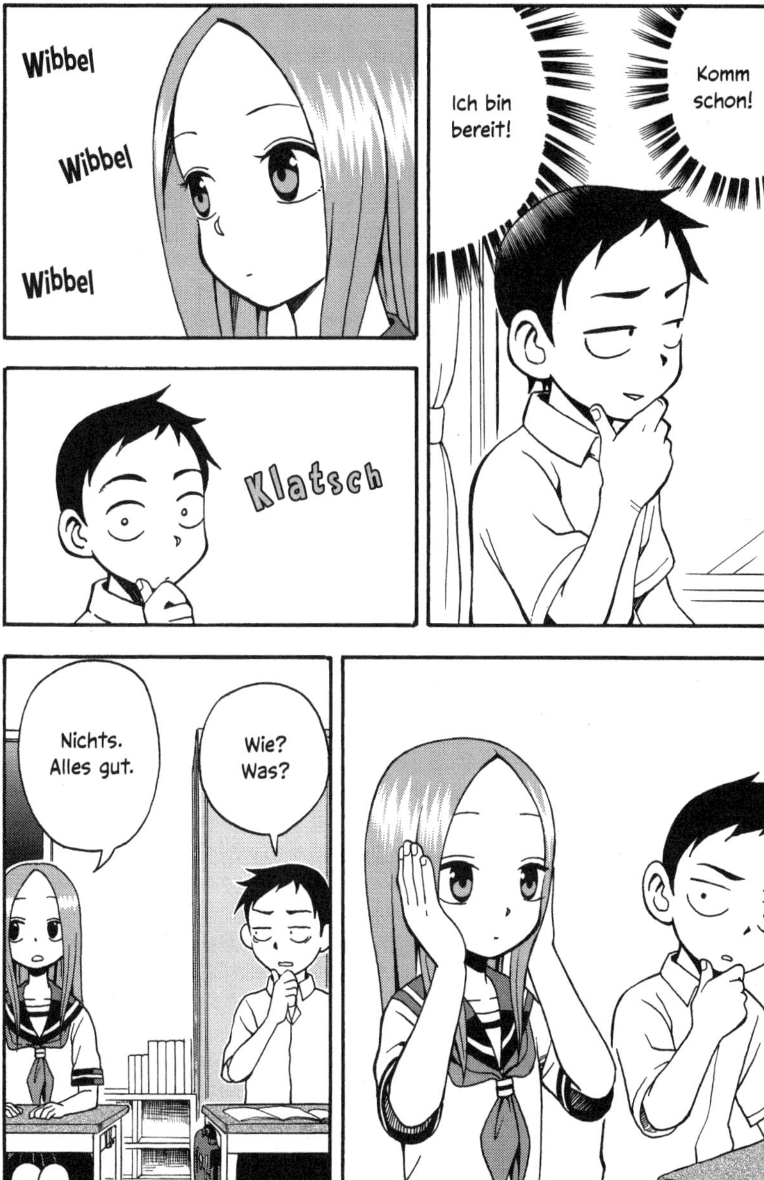
Komm schon!
Ich bin bereit!
Wibbel
Wibbel
Wibbel
Klatsch
Wie? Was?
Nichts. Alles gut.

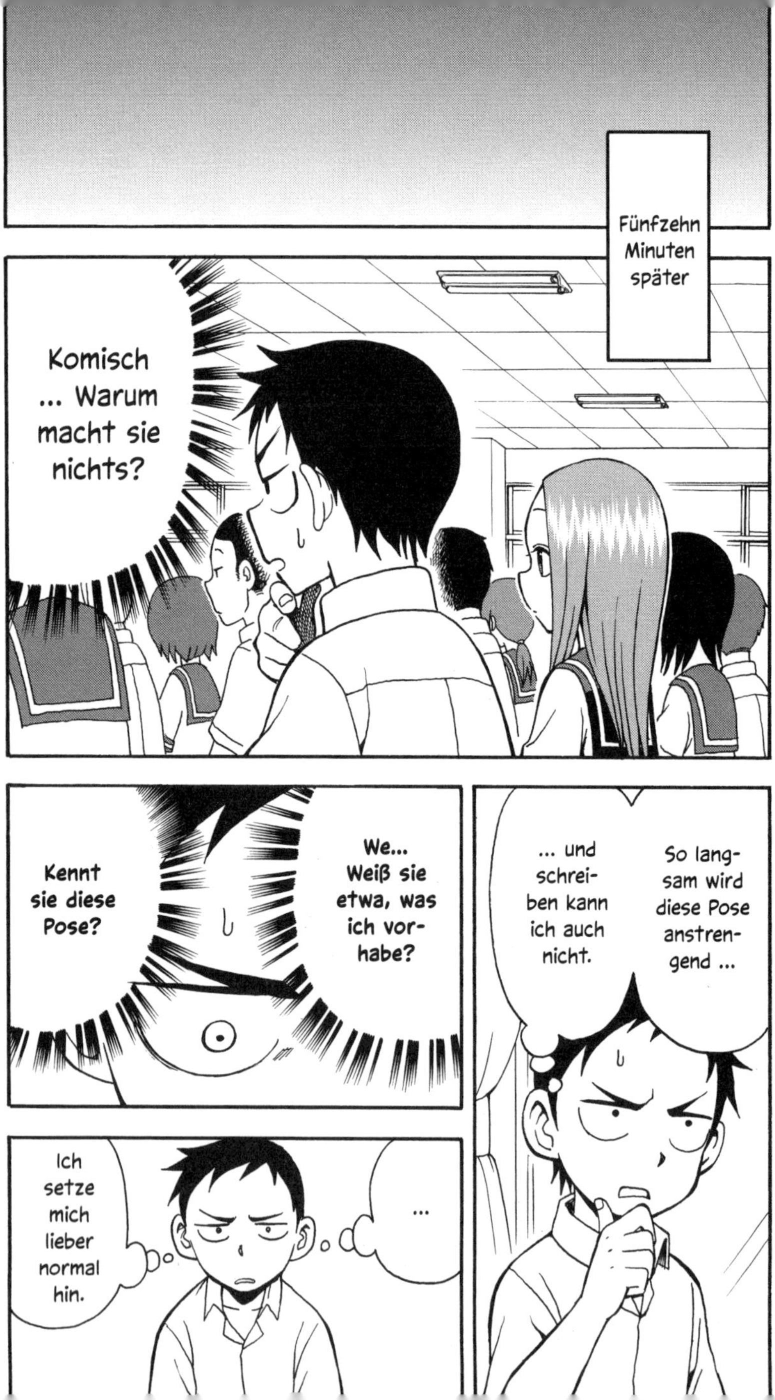
Fünfzehn Minuten später
Komisch ... Warum macht sie nichts?
We... Weiß sie etwa, was ich vorhabe?
Kennt sie diese Pose?
So langsam wird diese Pose anstrengend ...
... und schreiben kann ich auch nicht.
...
Ich setze mich lieber normal hin.

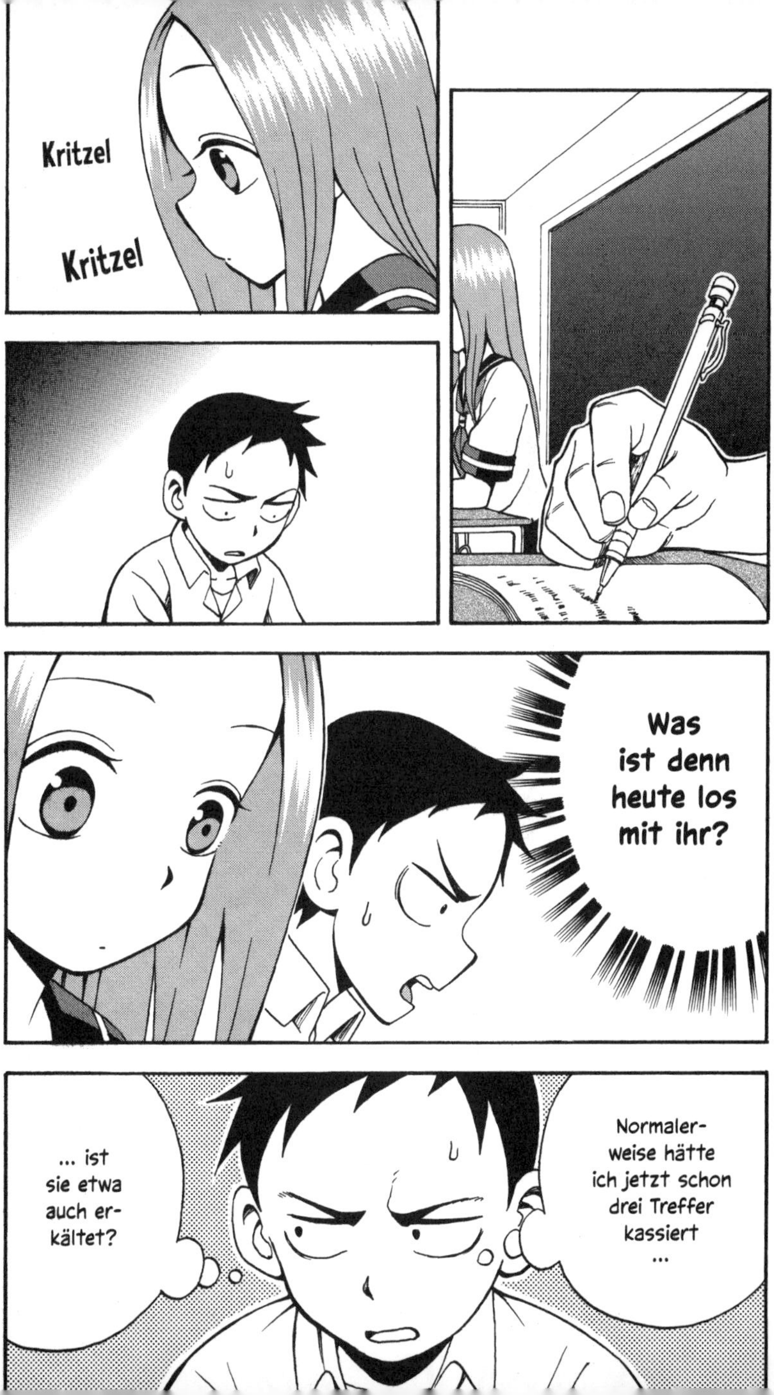
Kritzel
Kritzel
Was ist denn heute los mit ihr?
Normaler-weise hätte ich jetzt schon drei Treffer kassiert ...
... ist sie etwa auch er-kältet?

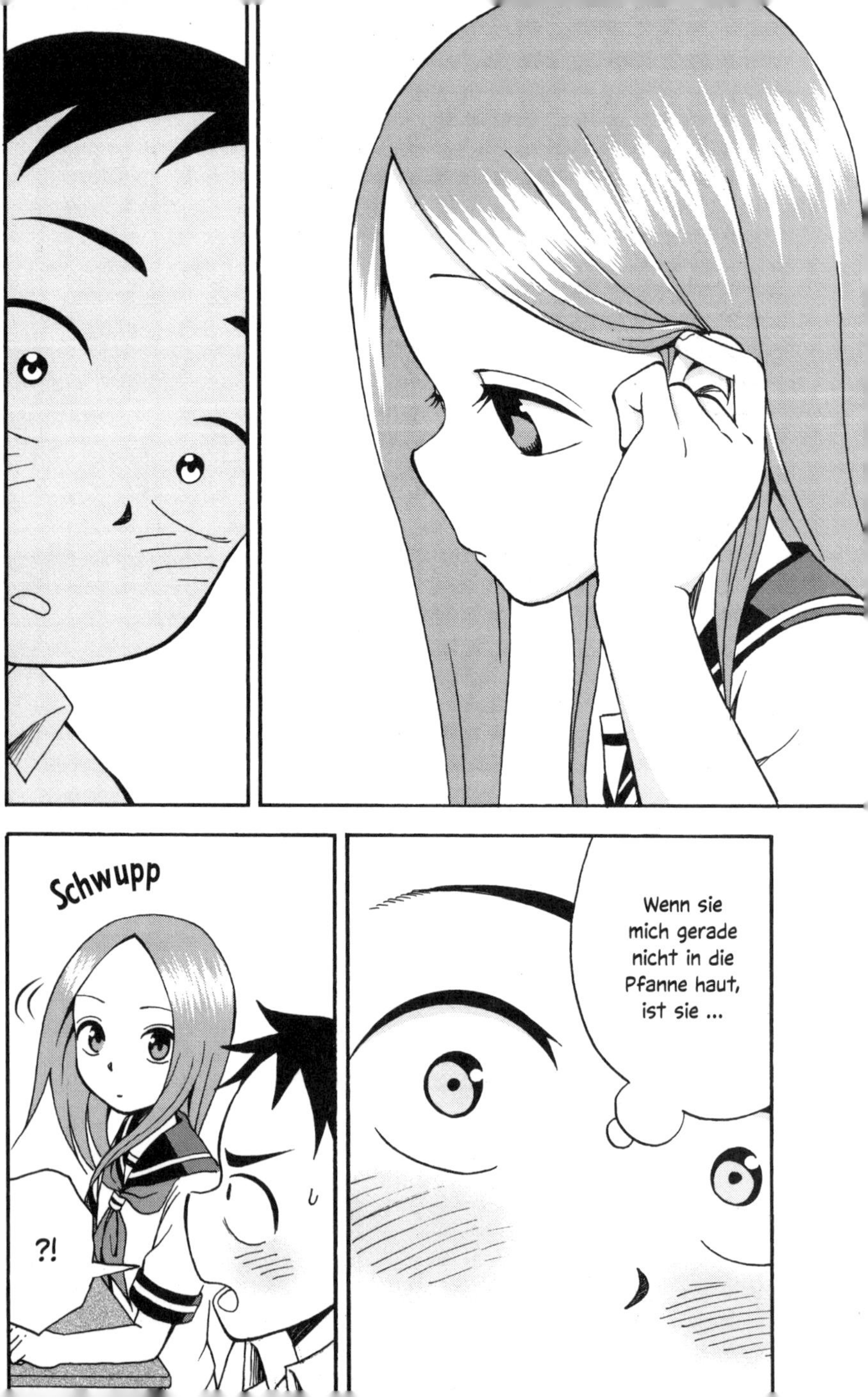
Wenn sie mich gerade nicht in die Pfanne haut, ist sie ...
Schwupp
?!

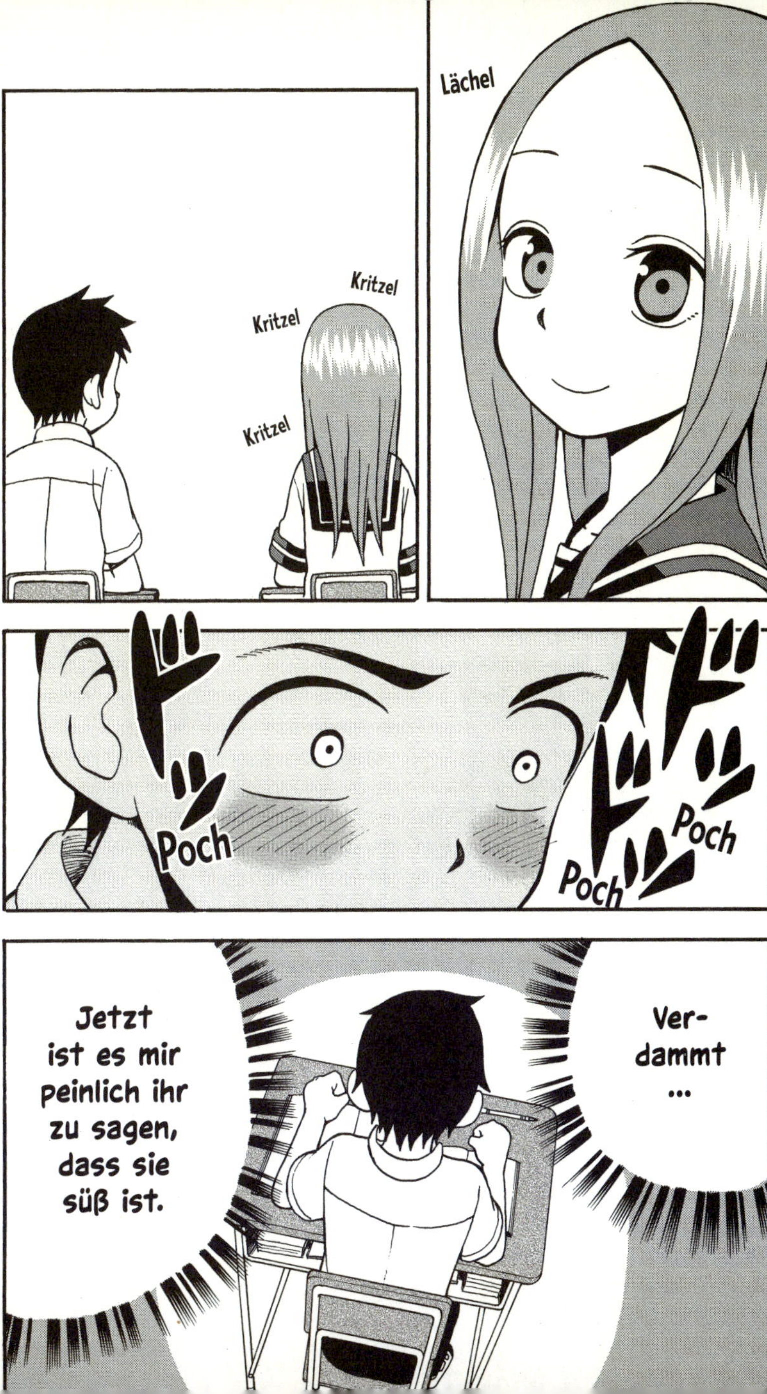
Lächel
Kritzel
Kritzel
Kritzel
Poch
Poch
Poch
Verdammt ...
Jetzt ist es mir peinlich ihr zu sagen, dass sie süß ist.

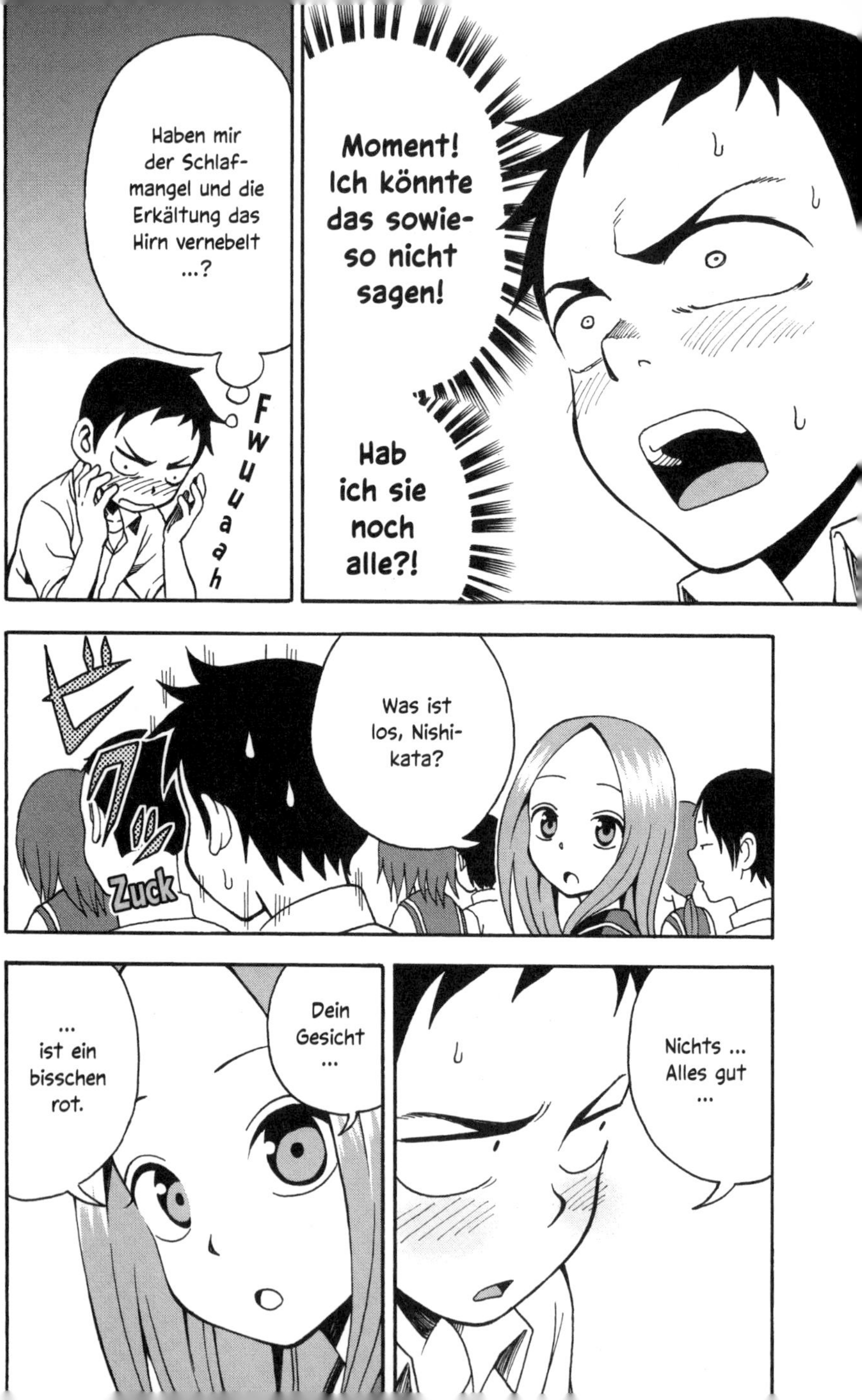
Moment! Ich könnte das sowieso nicht sagen!
Hab ich sie noch alle?!
Haben mir der Schlafmangel und die Erkältung das Hirn vernebelt ...?
Fwuuuaah
Zuck
Was ist los, Nishikata?
Nichts ... Alles gut ...
Dein Gesicht ...
... ist ein bisschen rot.

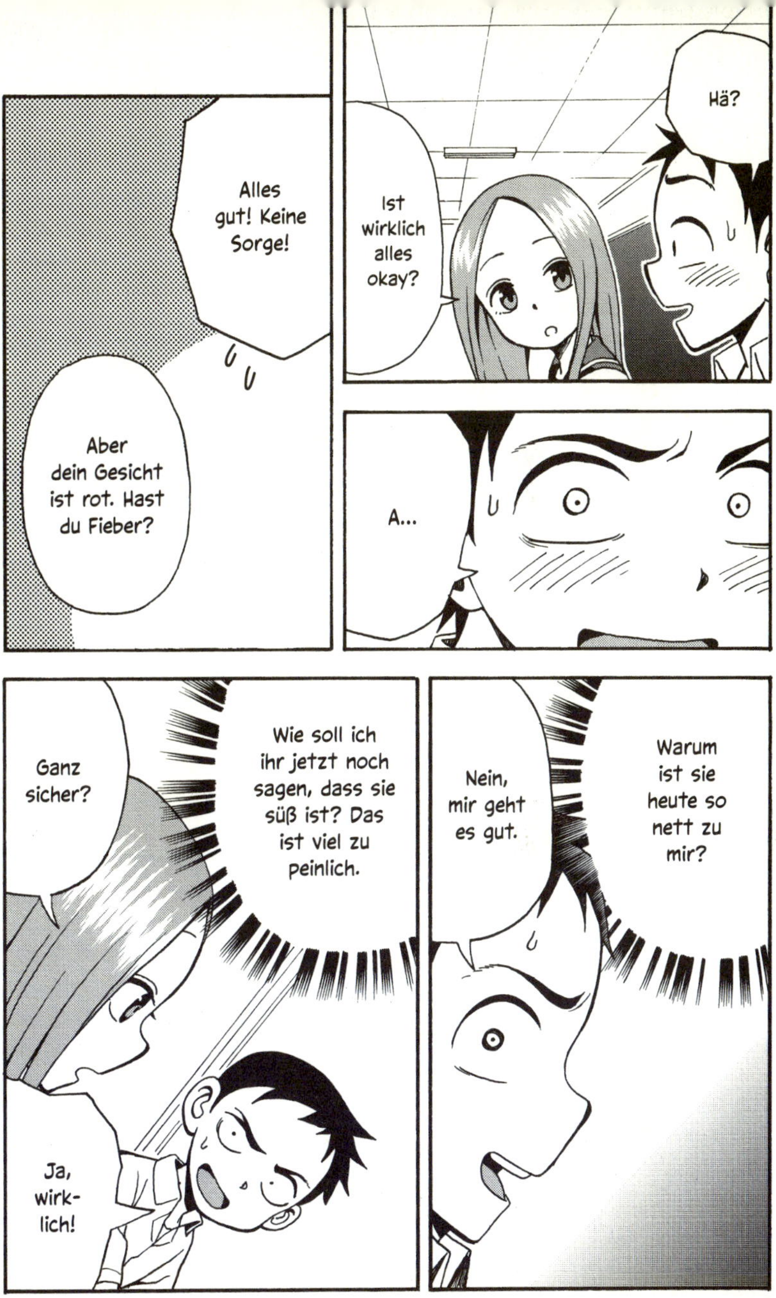
Hä?
Ist wirklich alles okay?
Alles gut! Keine Sorge!
Aber dein Gesicht ist rot. Hast du Fieber?
A...
Warum ist sie heute so nett zu mir?
Nein, mir geht es gut.
Wie soll ich ihr jetzt noch sagen, dass sie süß ist? Das ist viel zu peinlich.
Ganz sicher?
Ja, wirk-lich!

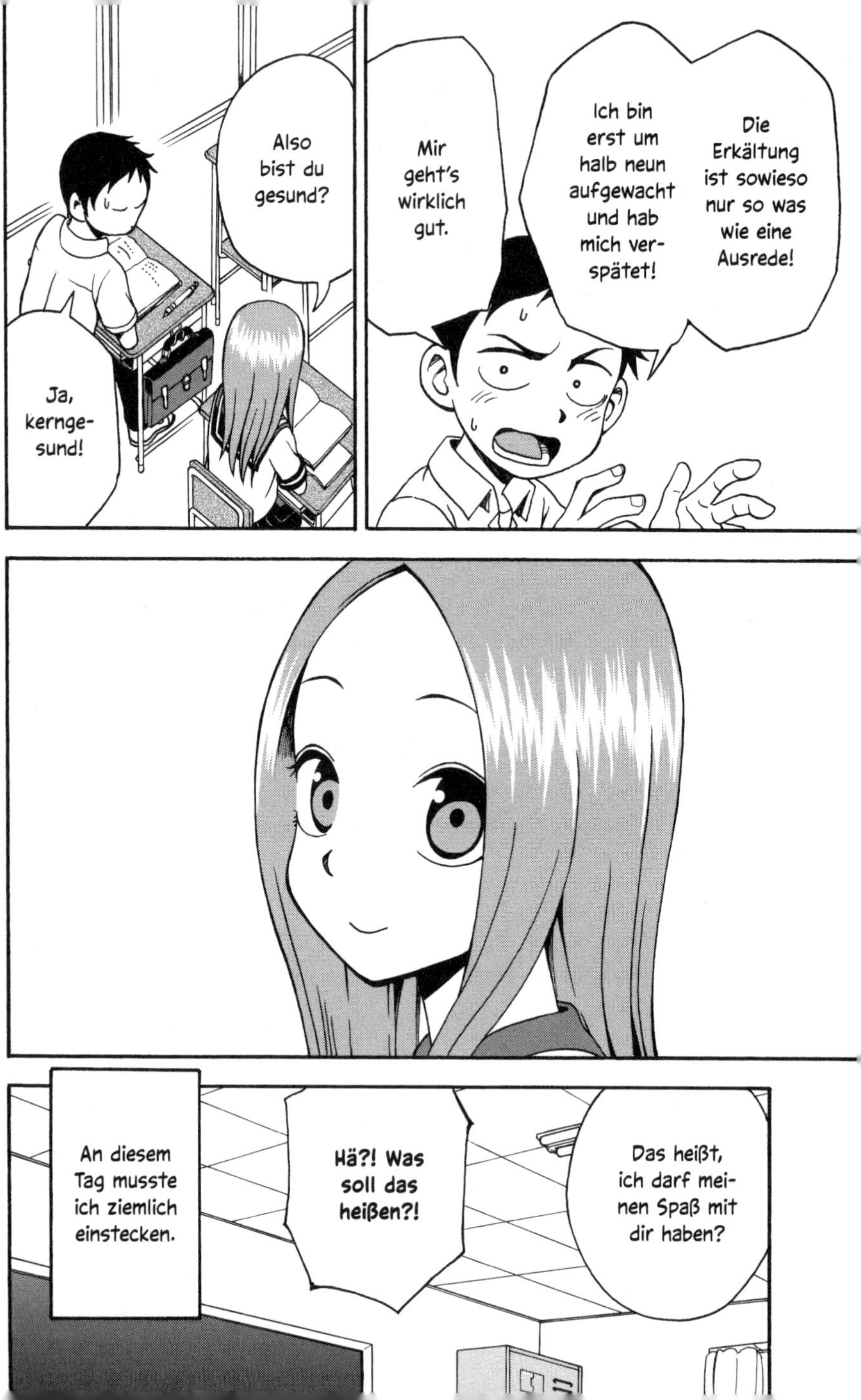
Die Erkältung ist sowieso nur so was wie eine Ausrede!
Ich bin erst um halb neun aufgewacht und hab mich verspätet!
Mir geht's wirklich gut.
Also bist du gesund?
Ja, kerngesund!
Das heißt, ich darf meinen Spaß mit dir haben?
Hä?! Was soll das heißen?!
An diesem Tag musste ich ziemlich einstecken.

Buchladen

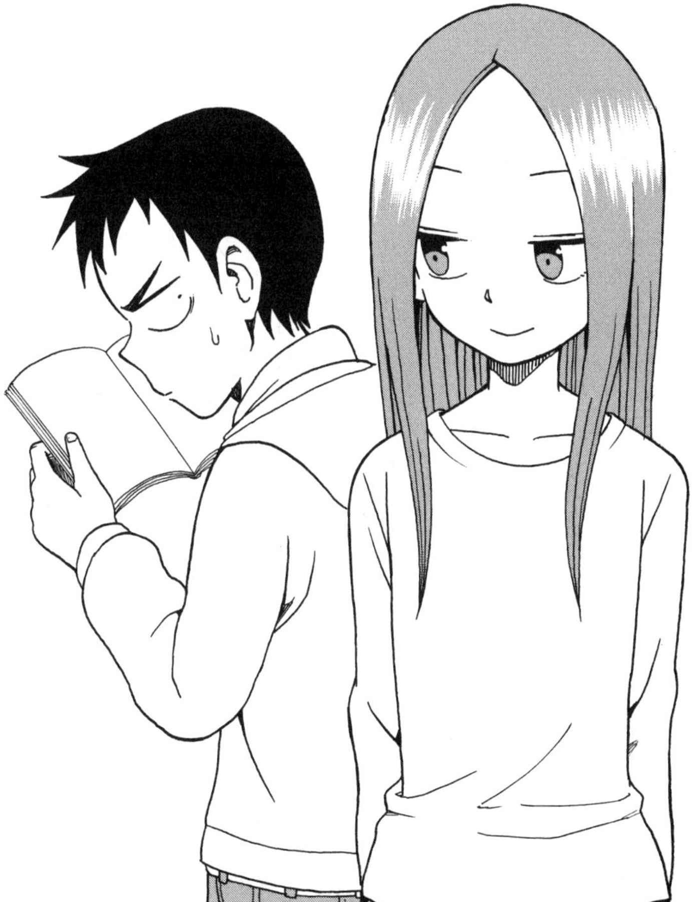

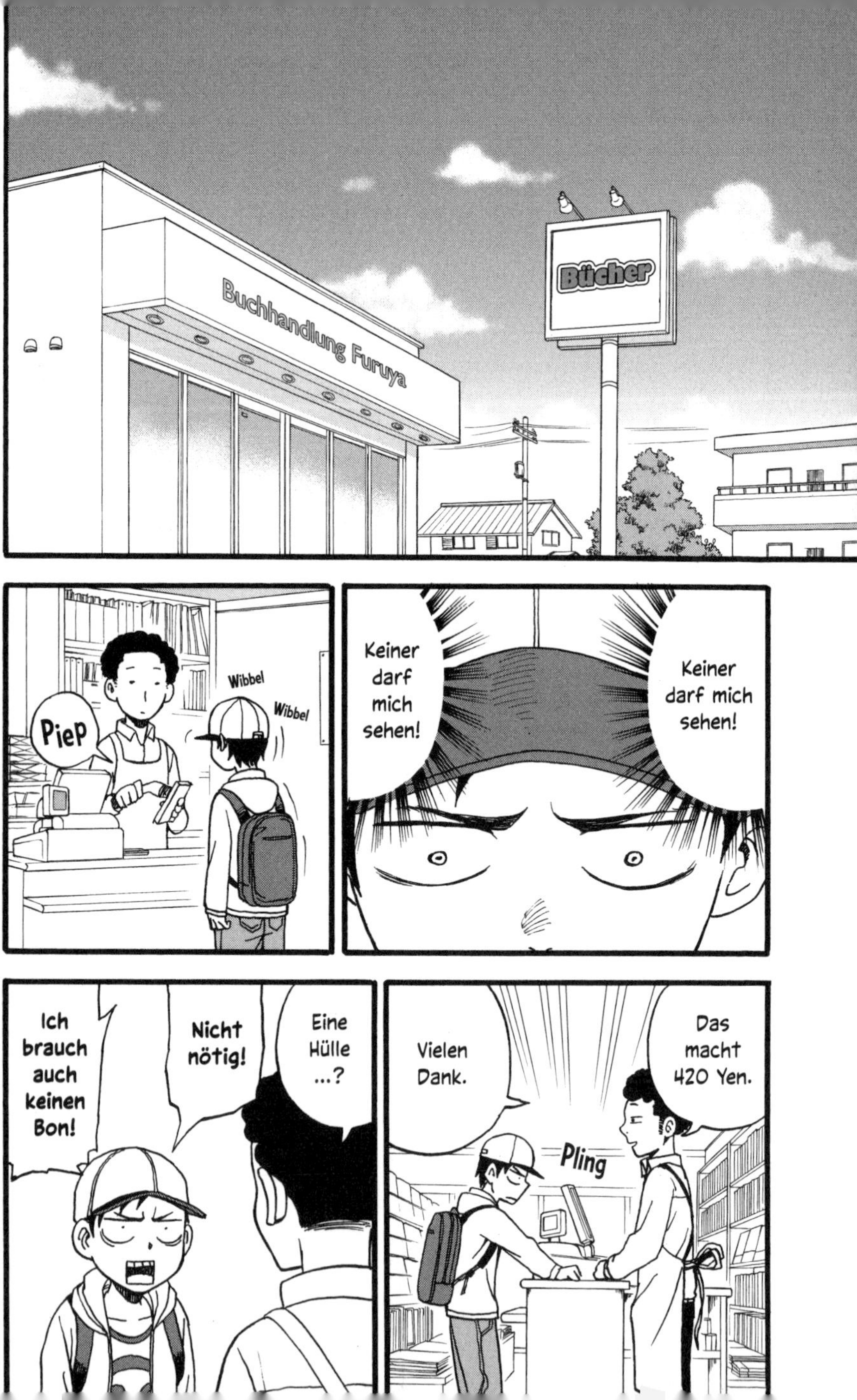
Bücher
Buchhandlung Furuya
Keiner darf mich sehen!
Keiner darf mich sehen!
Wibbel
Wibbel
Piep
Das macht 420 Yen.
Pling
Vielen Dank.
Eine Hülle ...?
Nicht nötig!
Ich brauch auch keinen Bon!

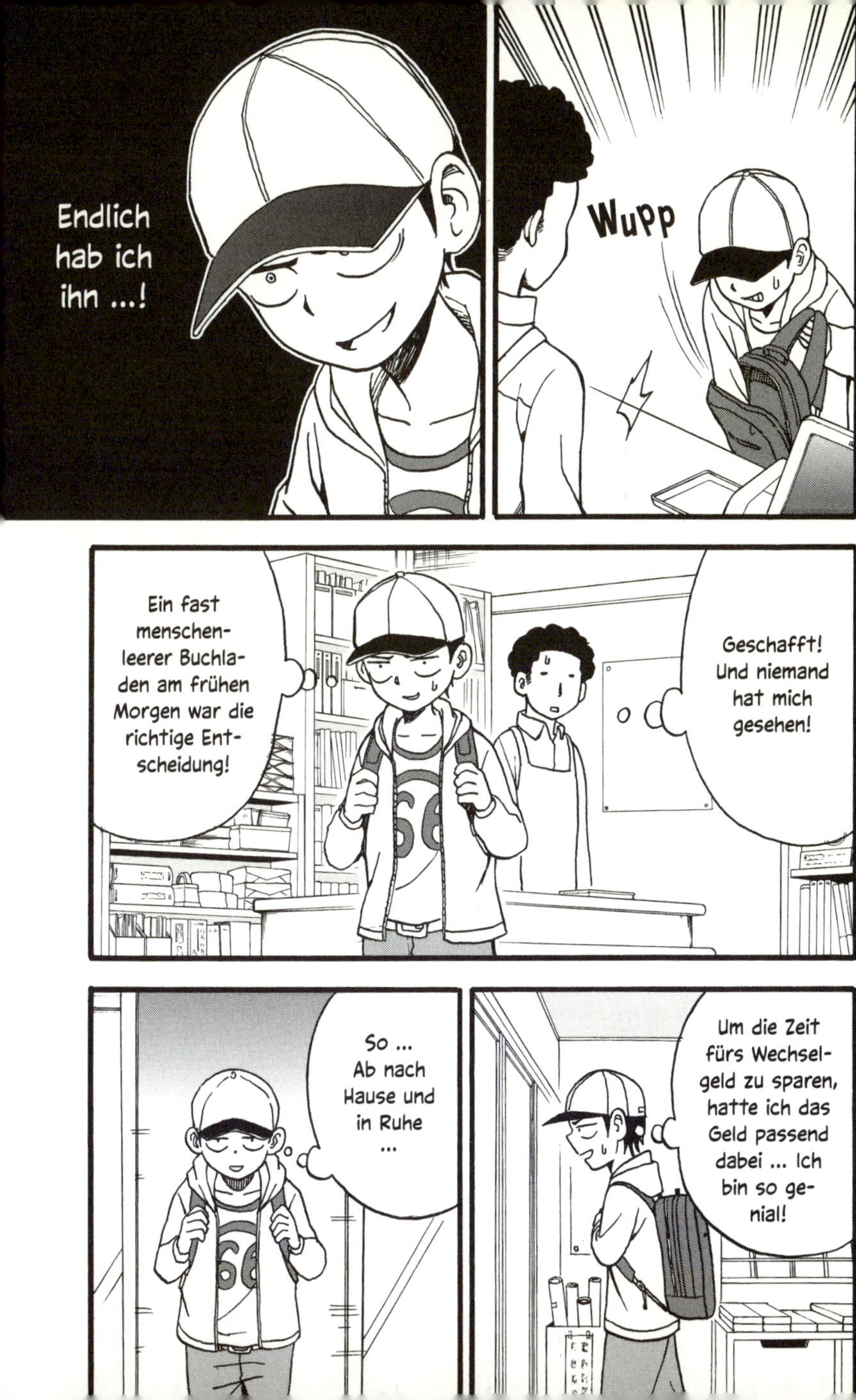
Endlich hab ich ihn ...!
Wupp
Ein fast menschenleerer Buchladen am frühen Morgen war die richtige Entscheidung!
Geschafft! Und niemand hat mich gesehen!
So ... Ab nach Hause und in Ruhe ...
Um die Zeit fürs Wechselgeld zu sparen, hatte ich das Geld passend dabei ... Ich bin so genial!

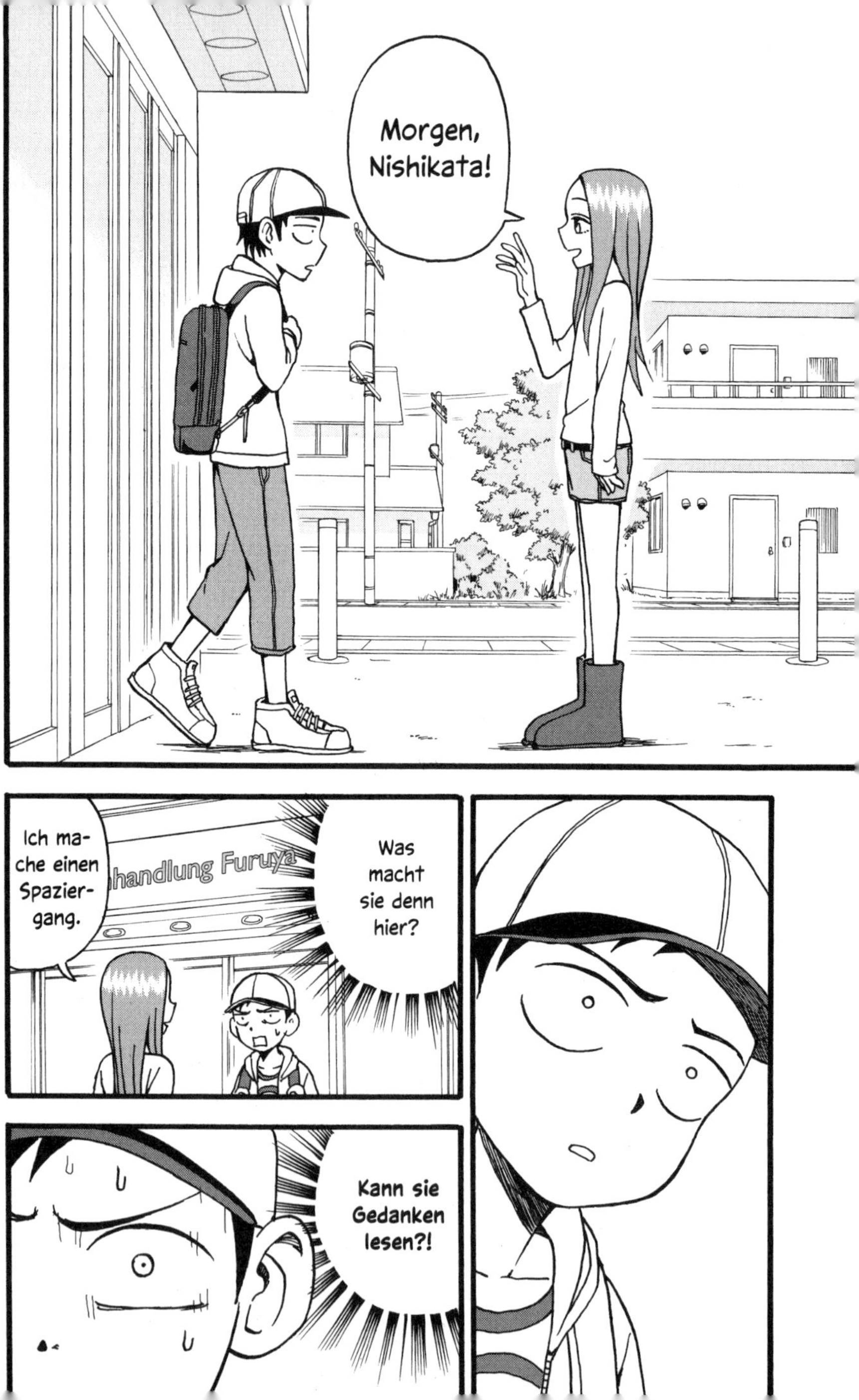
Morgen, Nishikata!
Was macht sie denn hier?
Ich mache einen Spaziergang.
handlung Furuya
Kann sie Gedanken lesen?!

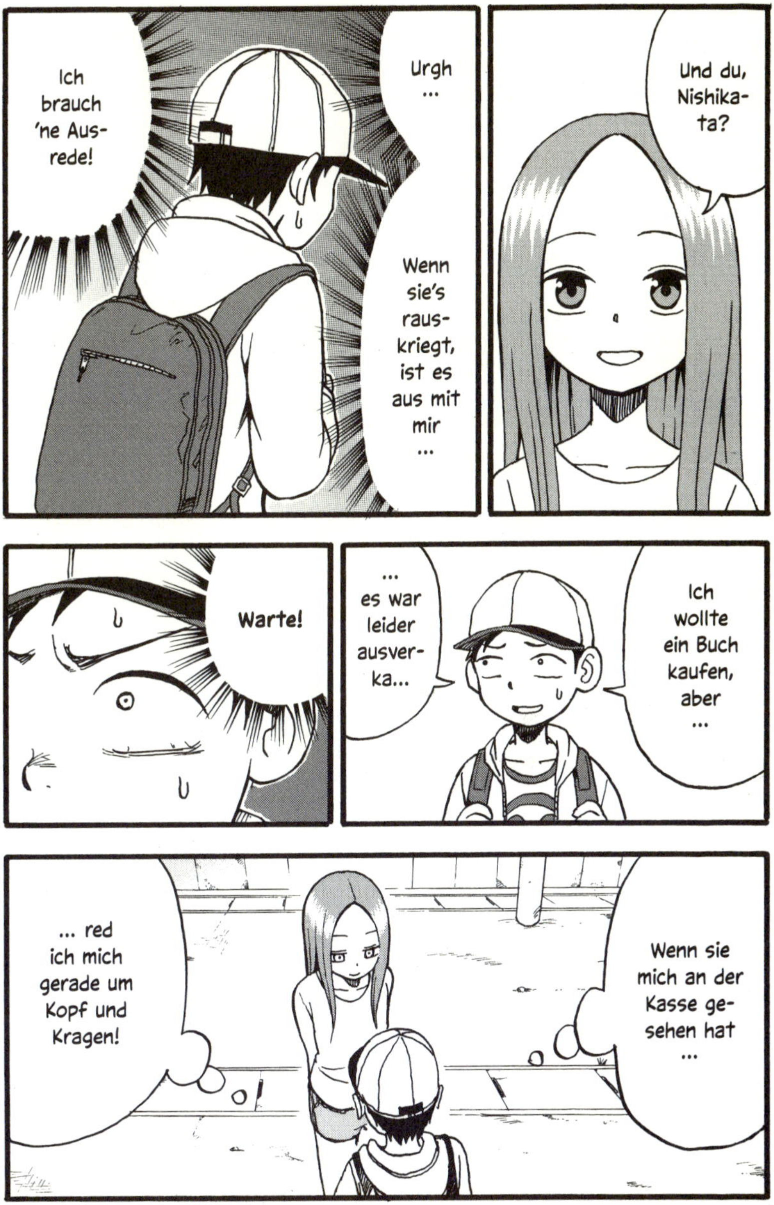
Und du, Nishikata?
Urgh ...
Wenn sie's rauskriegt, ist es aus mit mir ...
Ich brauch 'ne Ausrede!
Ich wollte ein Buch kaufen, aber ...
... es war leider ausverka...
Warte!
Wenn sie mich an der Kasse gesehen hat ...
... red ich mich gerade um Kopf und Kragen!

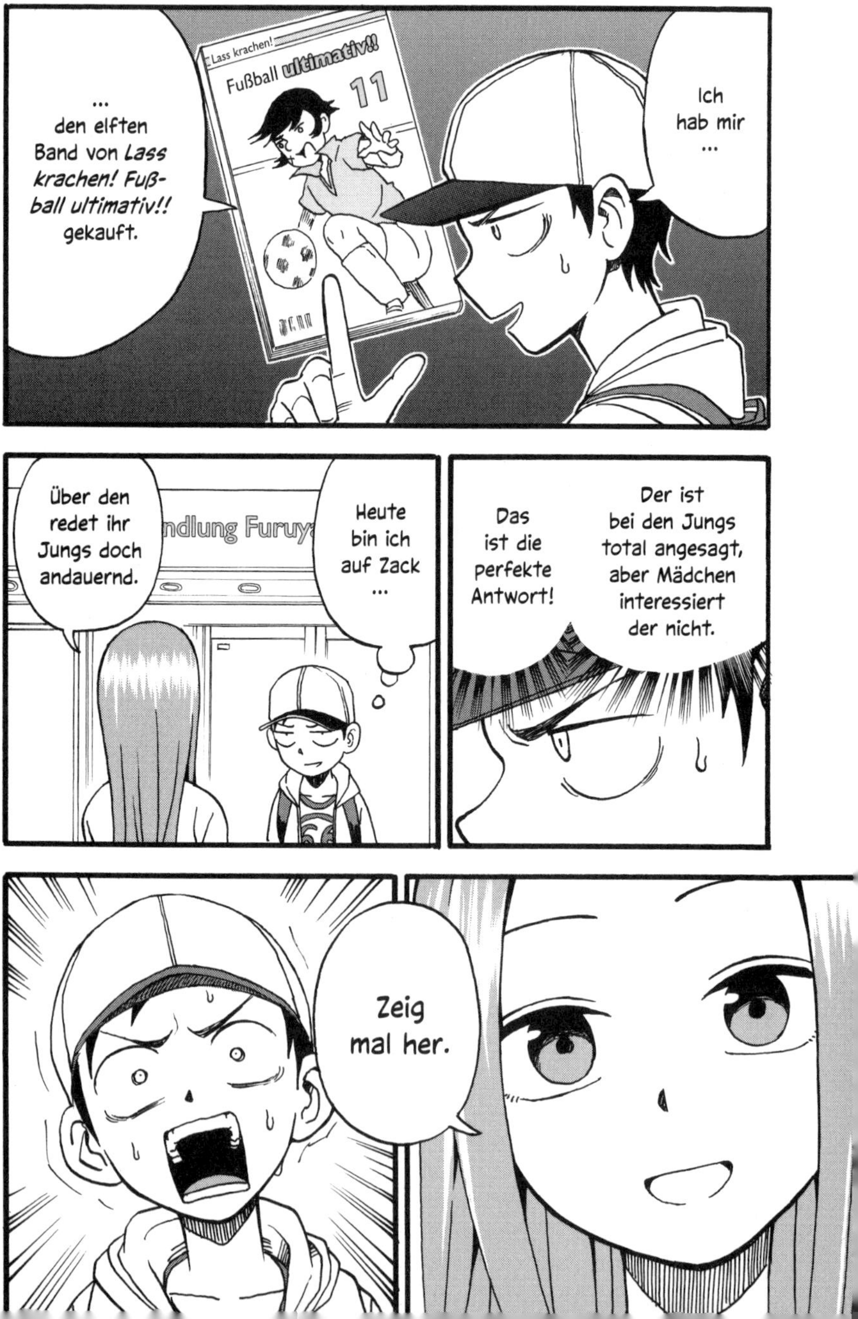
Lass krachen!
Fußball ultimativ!!
11
Ich hab mir ...
... den elften Band von *Lass krachen! Fußball ultimativ!!* gekauft.
Der ist bei den Jungs total angesagt, aber Mädchen interessiert der nicht.
Das ist die perfekte Antwort!
Heute bin ich auf Zack ...
ndlung Furuya
Über den redet ihr Jungs doch andauernd.
Zeig mal her.

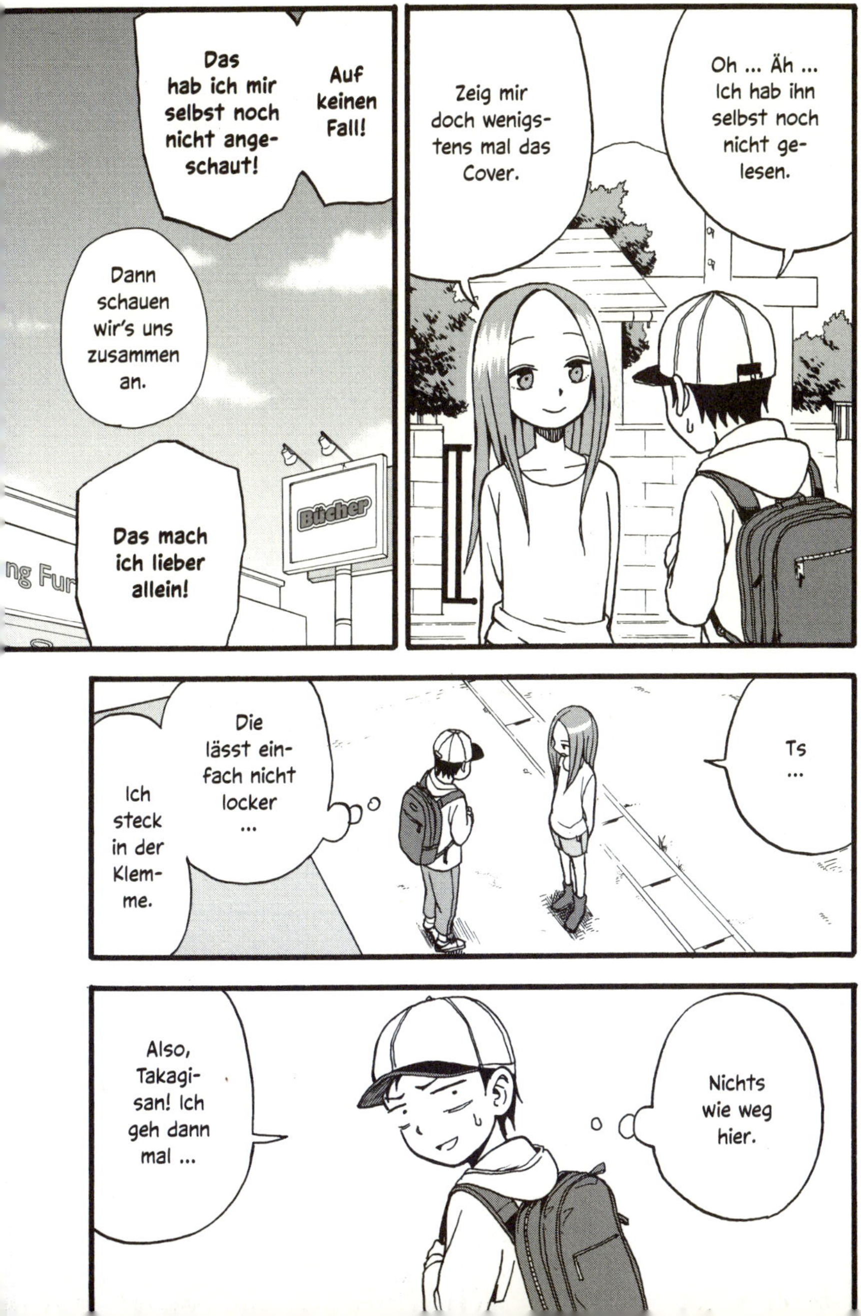

Oh ... Äh ... Ich hab ihn selbst noch nicht gelesen.
Zeig mir doch wenigstens mal das Cover.
Auf keinen Fall!
Das hab ich mir selbst noch nicht angeschaut!
Dann schauen wir's uns zusammen an.
Bücher
Das mach ich lieber allein!
Ts ...
Die lässt einfach nicht locker ...
Ich steck in der Klemme.
Nichts wie weg hier.
Also, Takagi-san! Ich geh dann mal ...

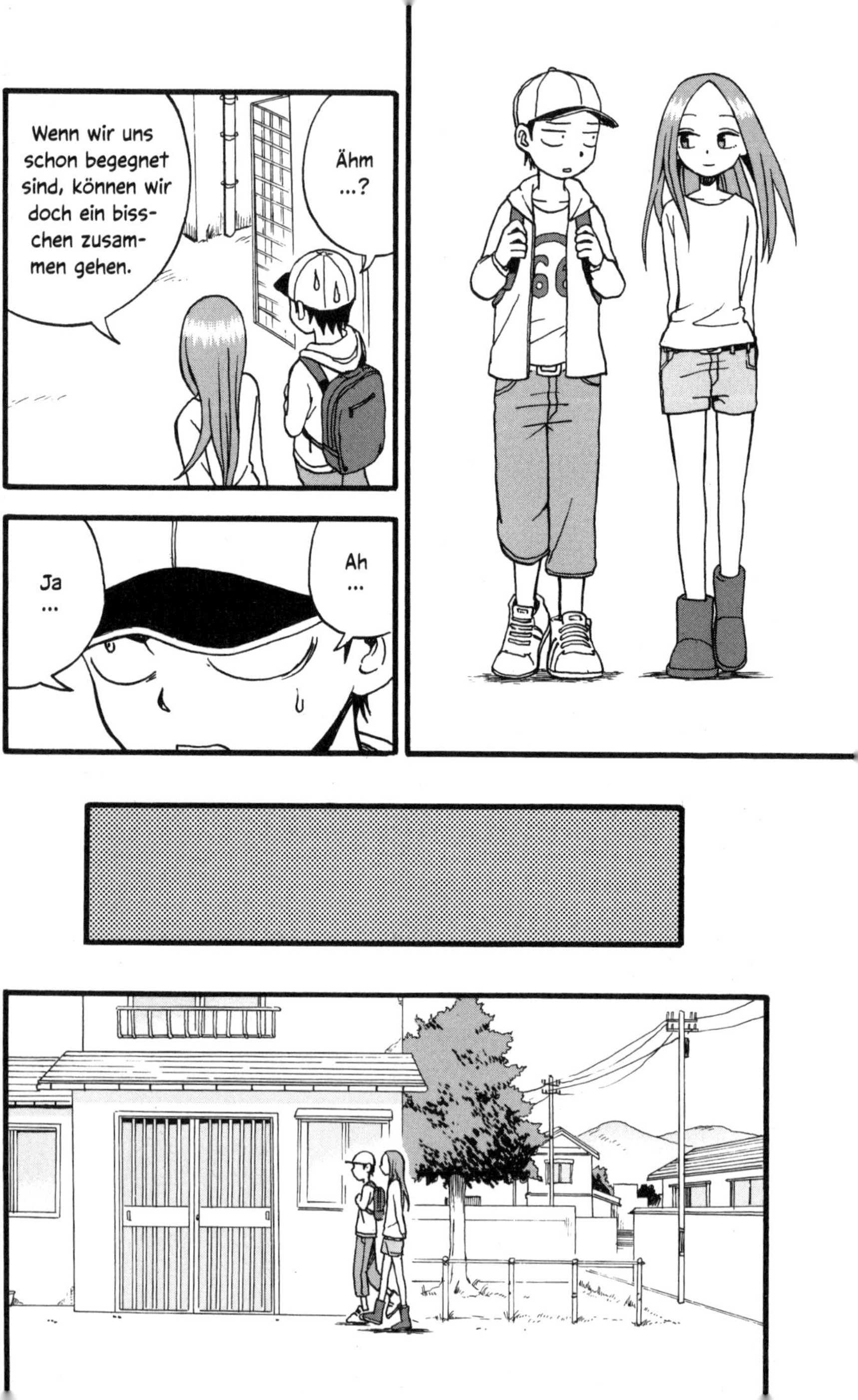
Ähm …?
Wenn wir uns schon begegnet sind, können wir doch ein bisschen zusammen gehen.
Ah …
Ja …

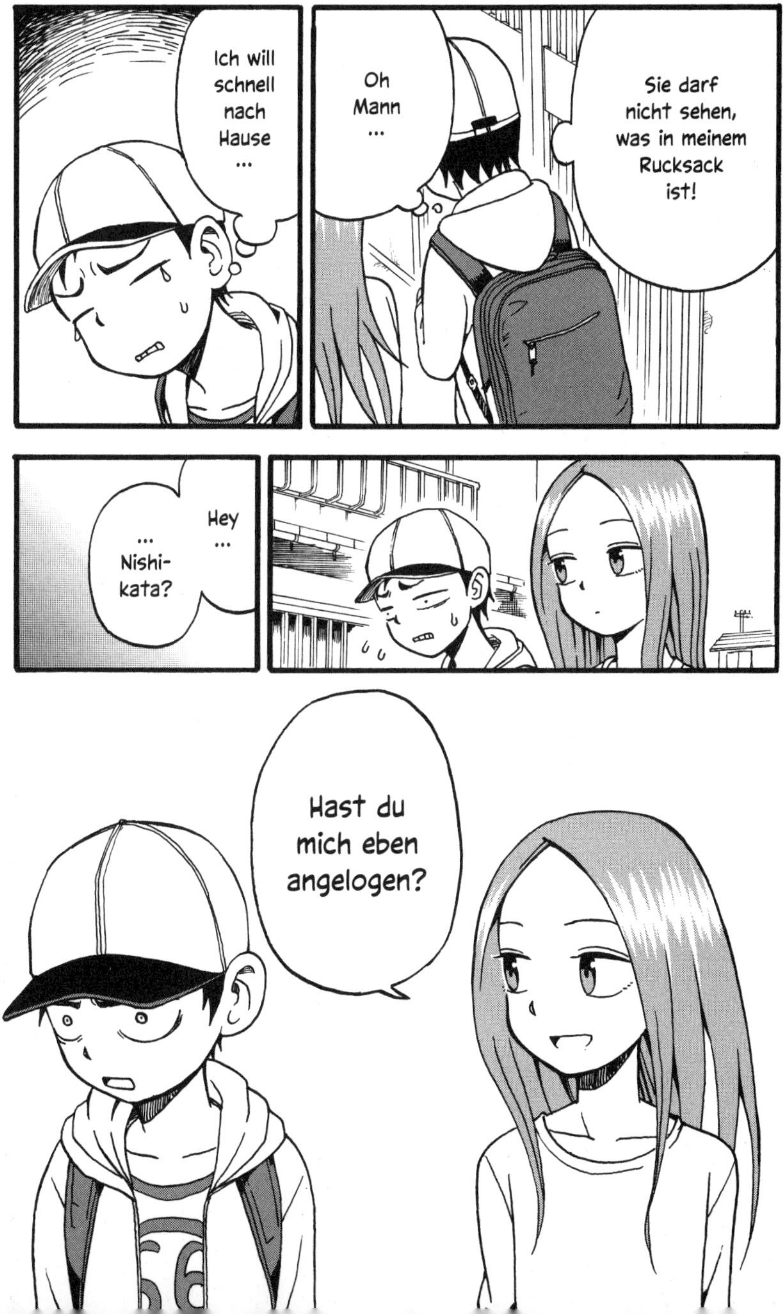
Sie darf nicht sehen, was in meinem Rucksack ist!
Oh Mann …
Ich will schnell nach Hause …
Hey … … Nishikata?
Hast du mich eben angelogen?

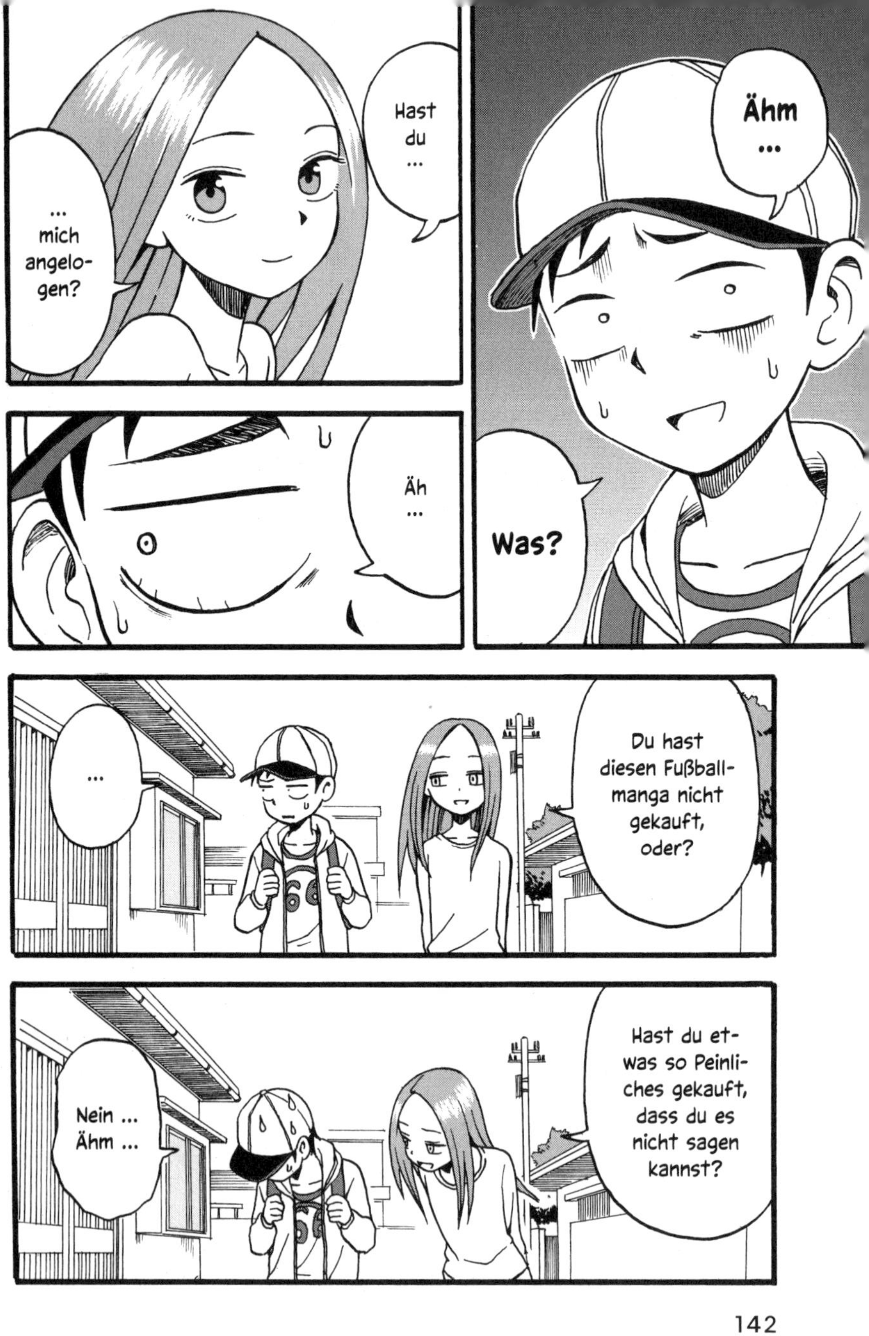
Hast du ...
... mich angelogen?
Äh ...
Was?
Ähm ...
Du hast diesen Fußballmanga nicht gekauft, oder?
...
Hast du etwas so Peinliches gekauft, dass du es nicht sagen kannst?
Nein ... Ähm ...

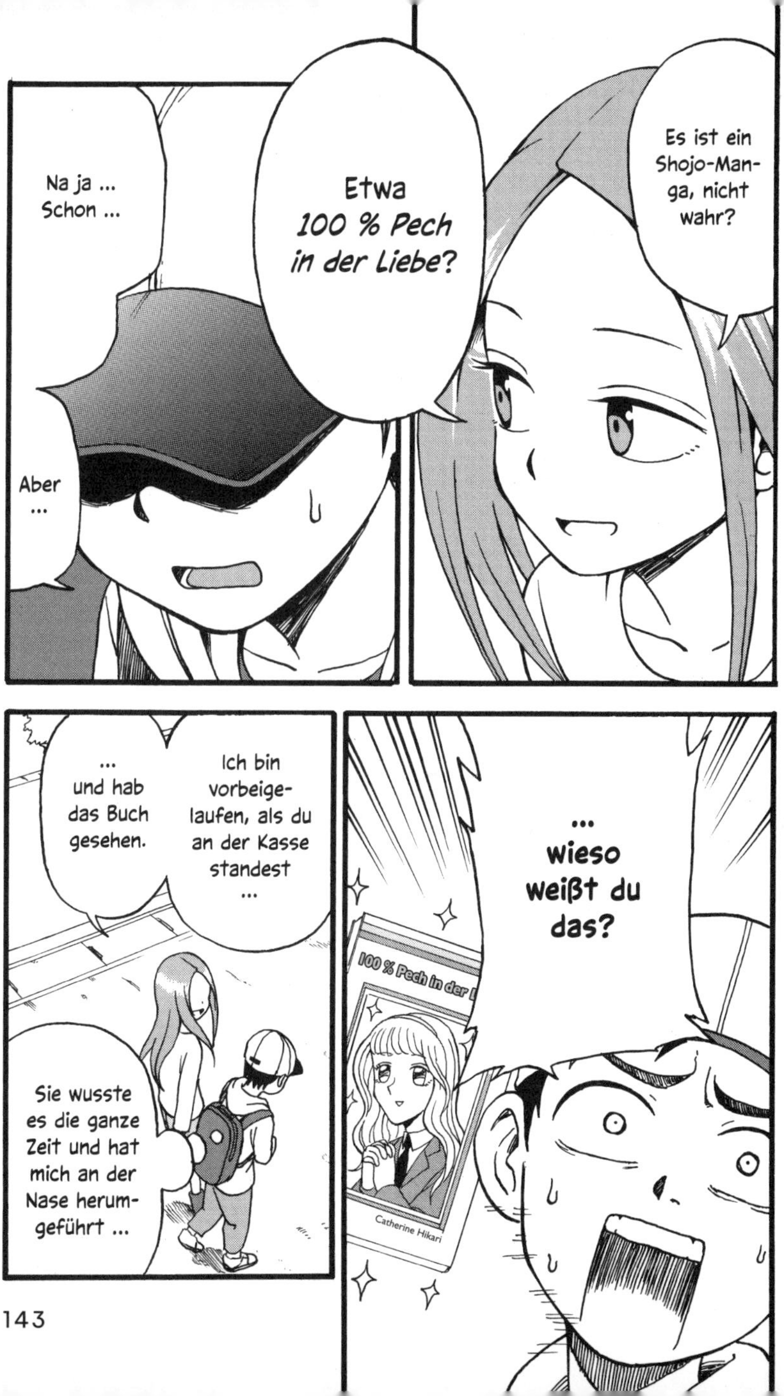

Es ist ein Shojo-Manga, nicht wahr?
Etwa *100 % Pech in der Liebe?*
Na ja ... Schon ...
Aber ...
... wieso weißt du das?
Catherine Hikari
Ich bin vorbeigelaufen, als du an der Kasse standest ...
... und hab das Buch gesehen.
Sie wusste es die ganze Zeit und hat mich an der Nase herumgeführt ...

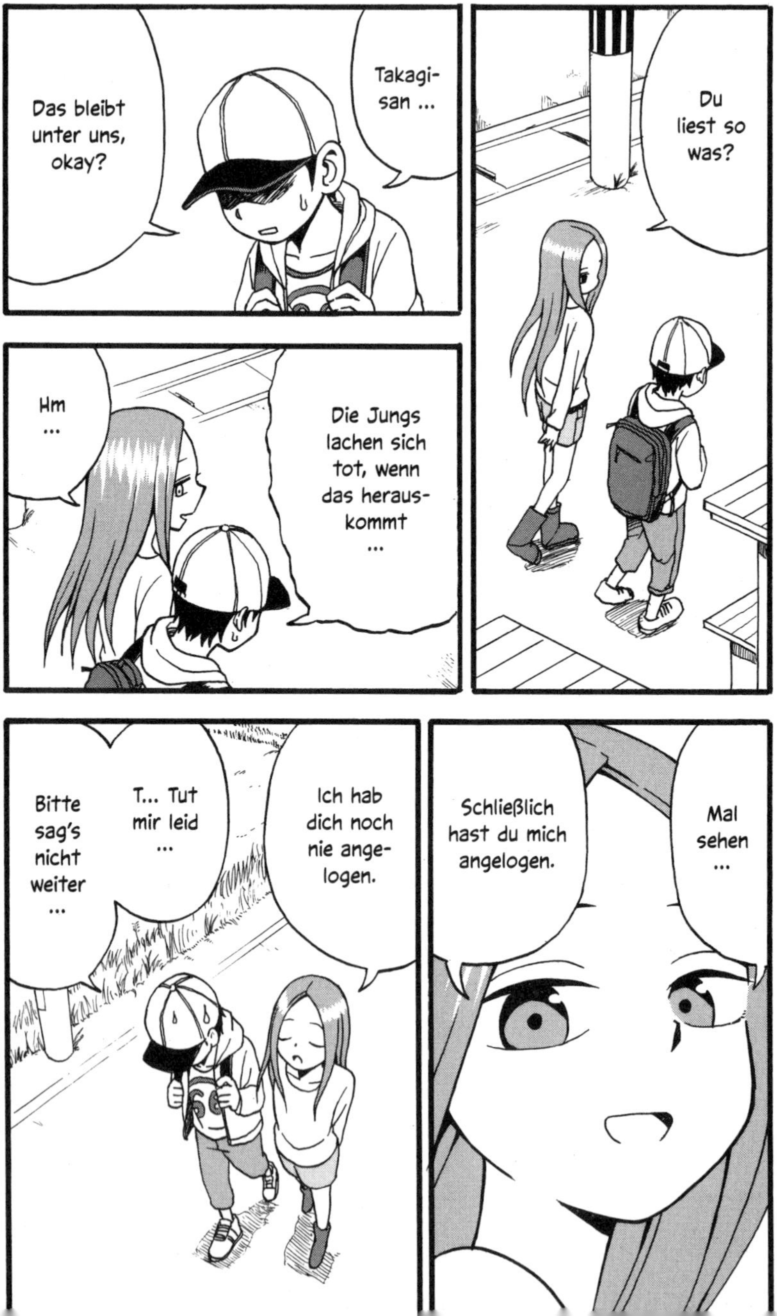
Du liest so was?
Takagi-san ...
Das bleibt unter uns, okay?
Die Jungs lachen sich tot, wenn das heraus-kommt ...
Hm ...
Mal sehen ...
Schließlich hast du mich angelogen.
Ich hab dich noch nie ange-logen.
T... Tut mir leid ...
Bitte sag's nicht weiter ...

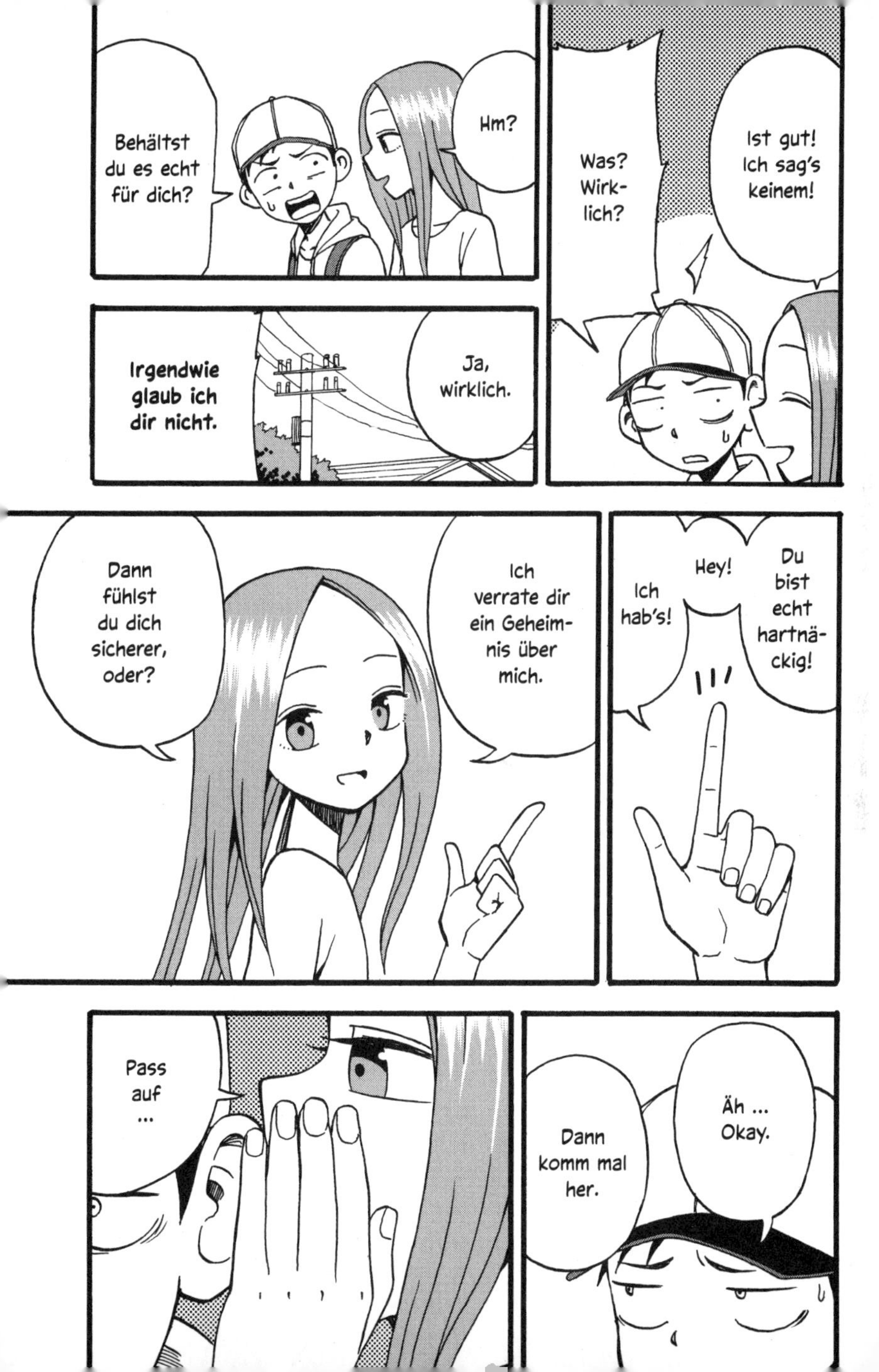
Ist gut! Ich sag's keinem!
Was? Wirklich?
Behältst du es echt für dich?
Hm?
Ja, wirklich.
Irgendwie glaub ich dir nicht.
Du bist echt hartnäckig!
Hey!
Ich hab's!
Ich verrate dir ein Geheimnis über mich.
Dann fühlst du dich sicherer, oder?
Dann komm mal her.
Äh ... Okay.
Pass auf ...

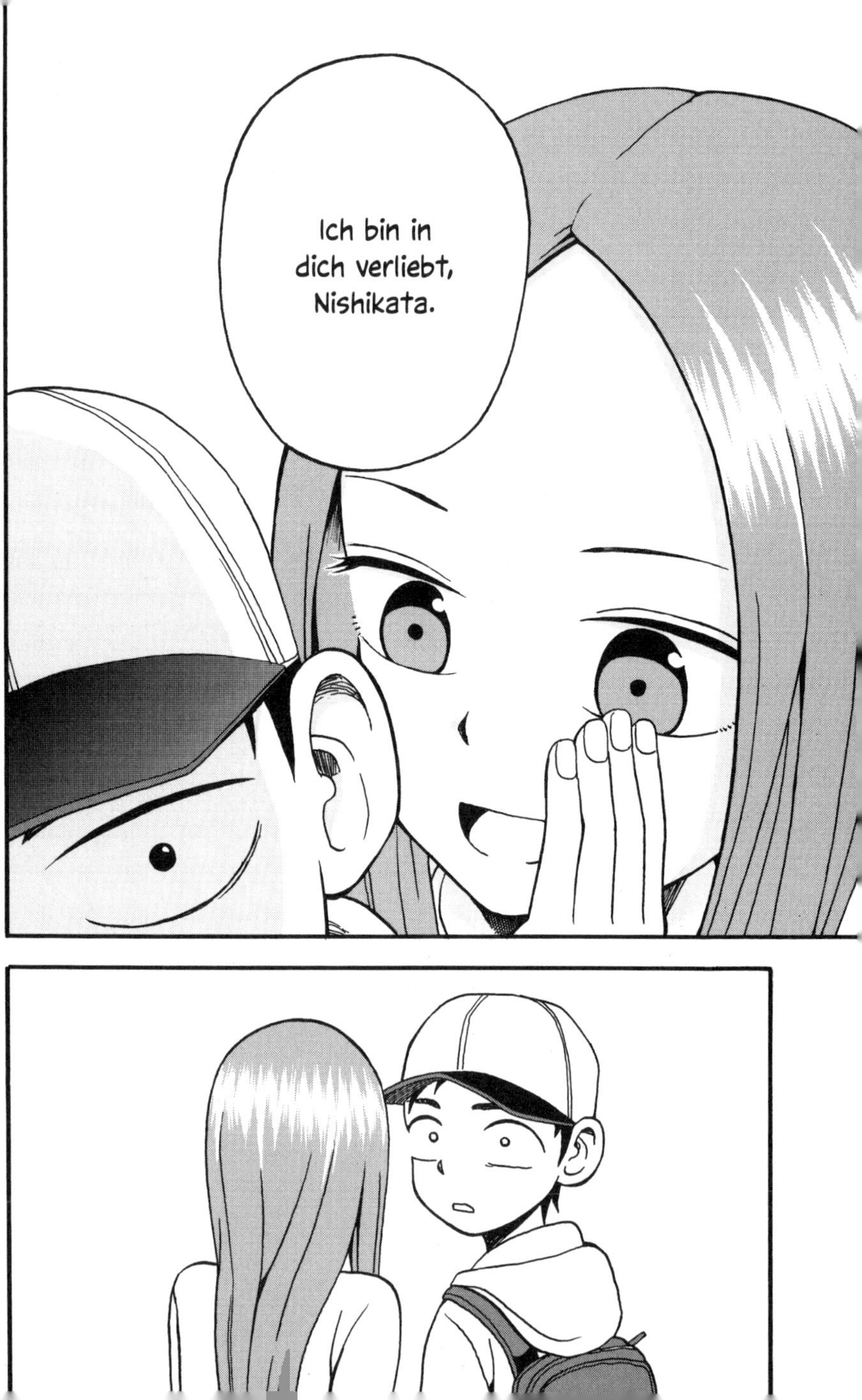
Ich bin in dich verliebt, Nishikata.

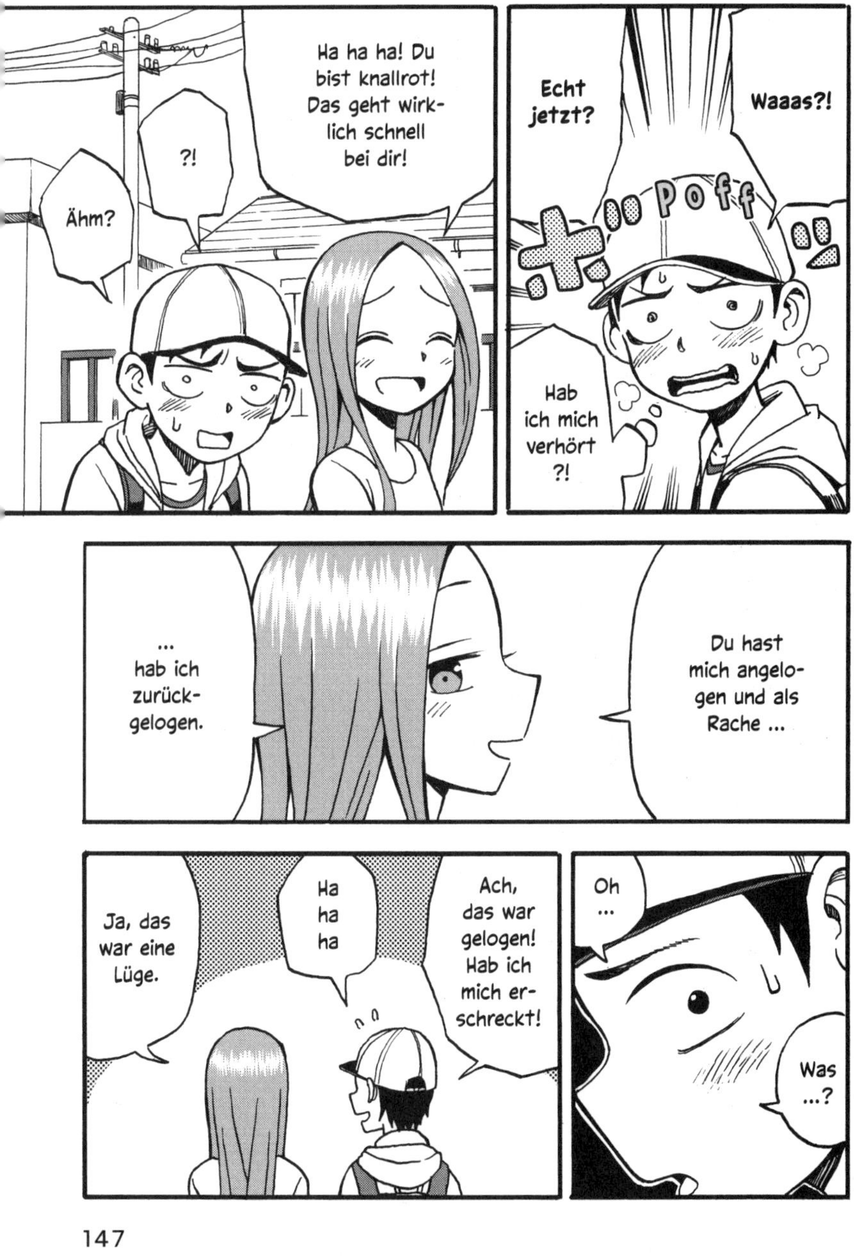
Waaas?!
Echt jetzt?
Poff
Hab ich mich verhört?!
Ha ha ha! Du bist knallrot! Das geht wirklich schnell bei dir!
?!
Ähm?
Du hast mich angelogen und als Rache ...
... hab ich zurückgelogen.
Oh ...
Was ...?
Ach, das war gelogen! Hab ich mich erschreckt!
Ha ha ha
Ja, das war eine Lüge.

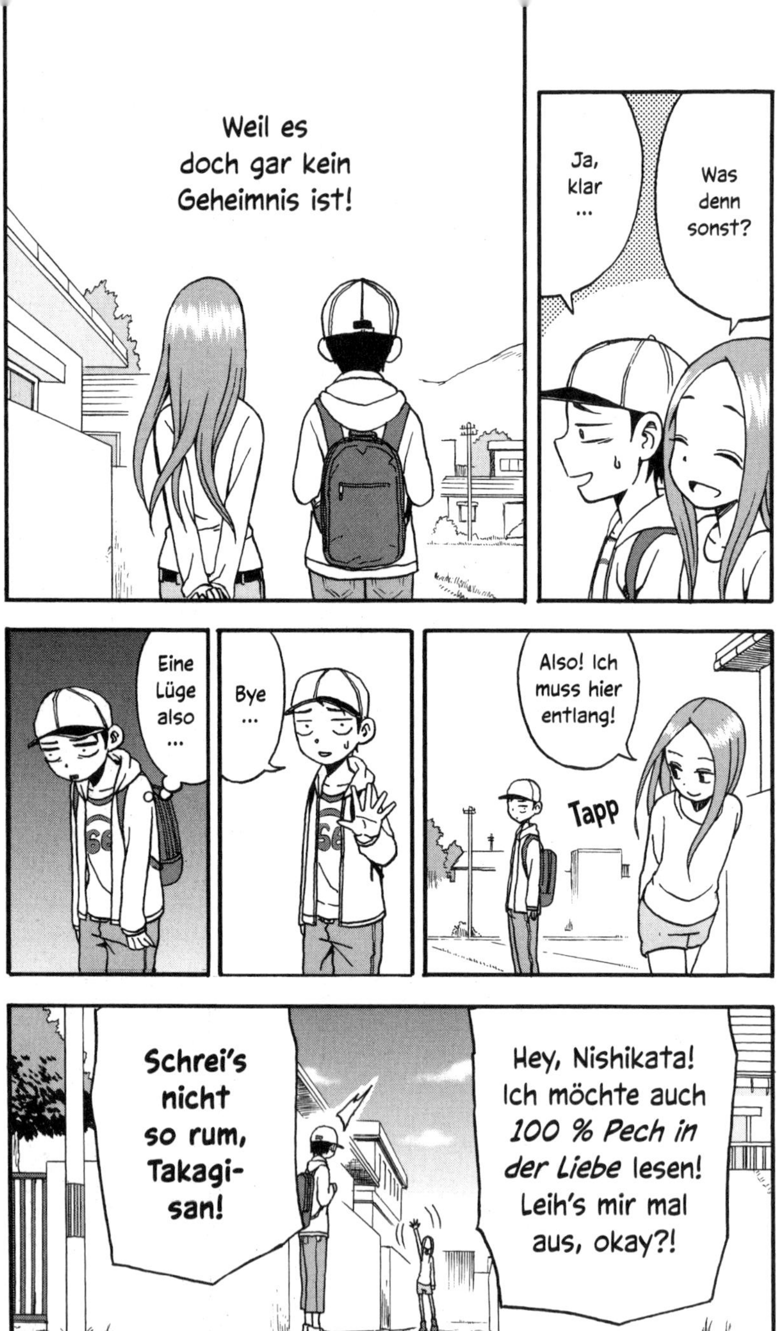

Nicht schon wieder, Takagi-san! 1 / Ende

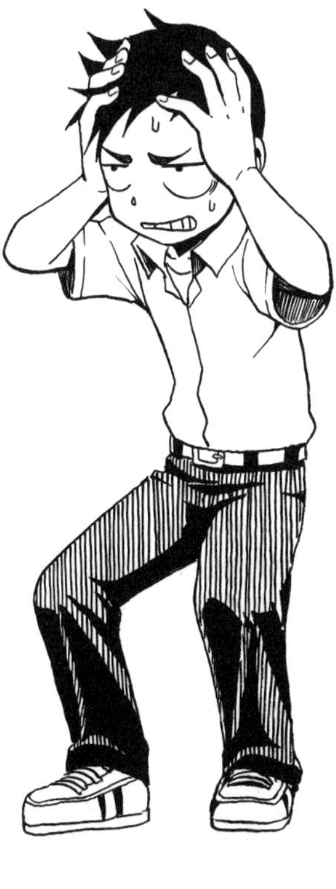

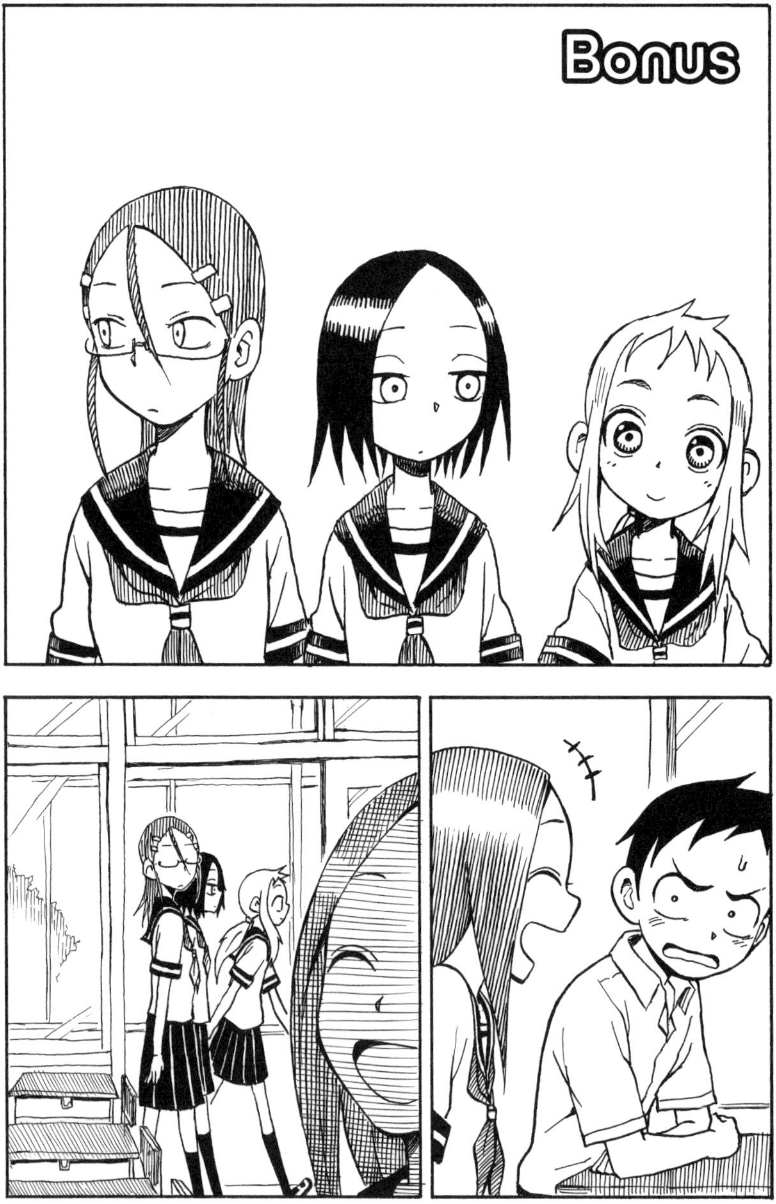
Bonus

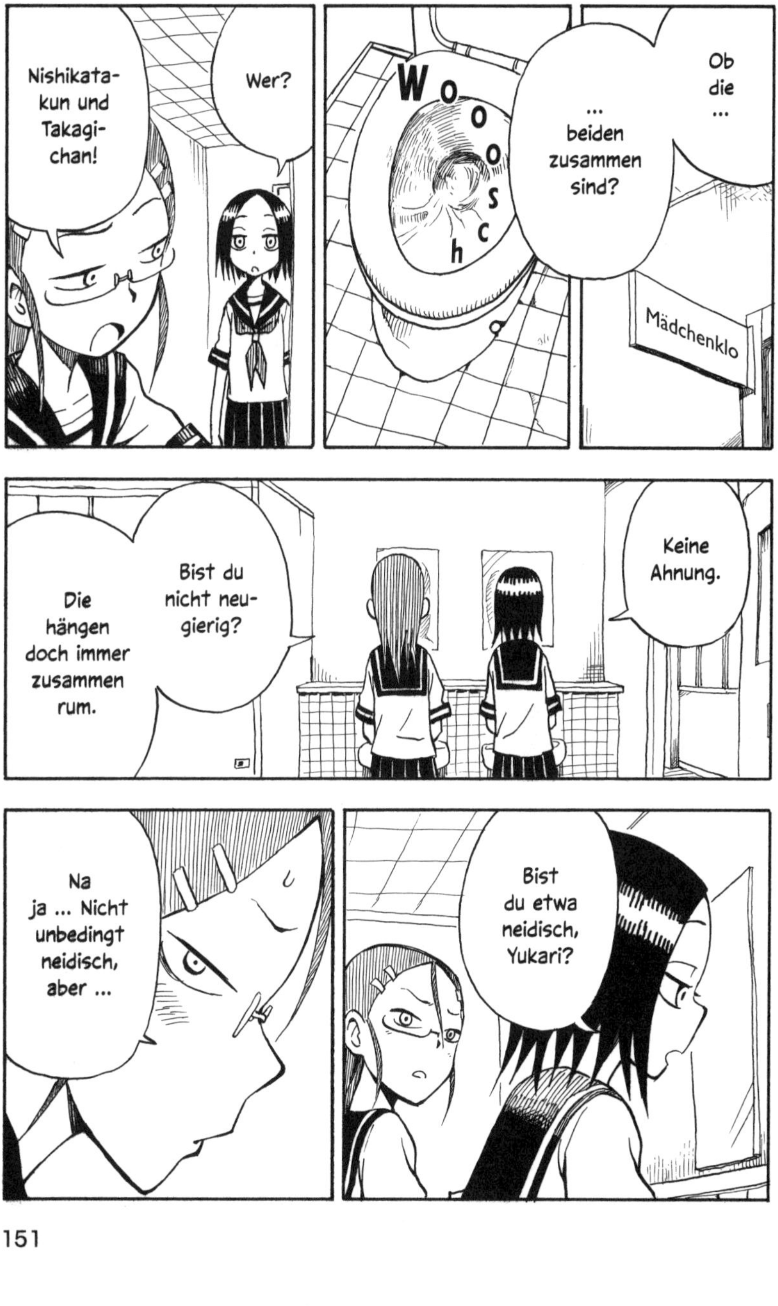
Ob die ...
... beiden zusammen sind?
Mädchenklo
Wooosch
Wer?
Nishikata-kun und Takagi-chan!
Keine Ahnung.
Bist du nicht neugierig?
Die hängen doch immer zusammen rum.
Bist du etwa neidisch, Yukari?
Na ja ... Nicht unbedingt neidisch, aber ...

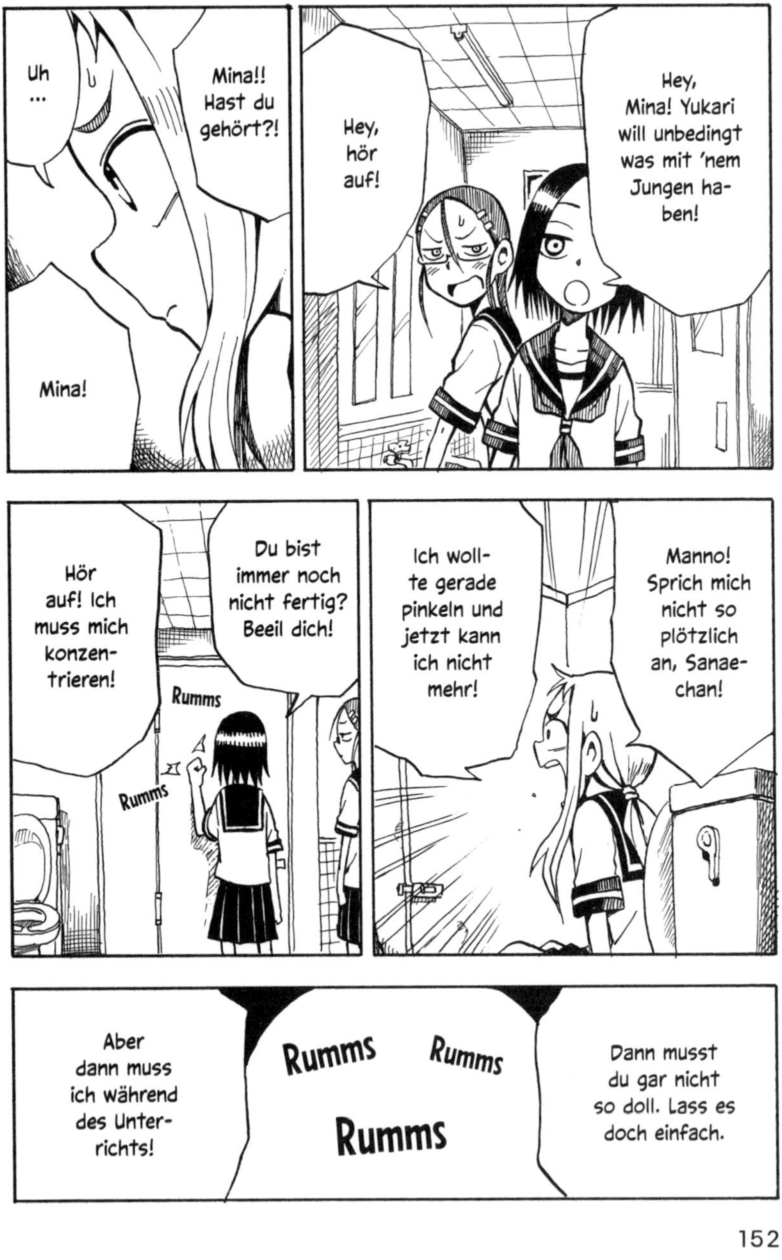
Hey, Mina! Yukari will unbedingt was mit 'nem Jungen haben!
Hey, hör auf!
Mina!! Hast du gehört?!
Uh ...
Mina!
Manno! Sprich mich nicht so plötzlich an, Sanae-chan!
Ich wollte gerade pinkeln und jetzt kann ich nicht mehr!
Du bist immer noch nicht fertig? Beeil dich!
Hör auf! Ich muss mich konzentrieren!
Rumms
Rumms
Dann musst du gar nicht so doll. Lass es doch einfach.
Rumms
Rumms
Rumms
Aber dann muss ich während des Unterrichts!

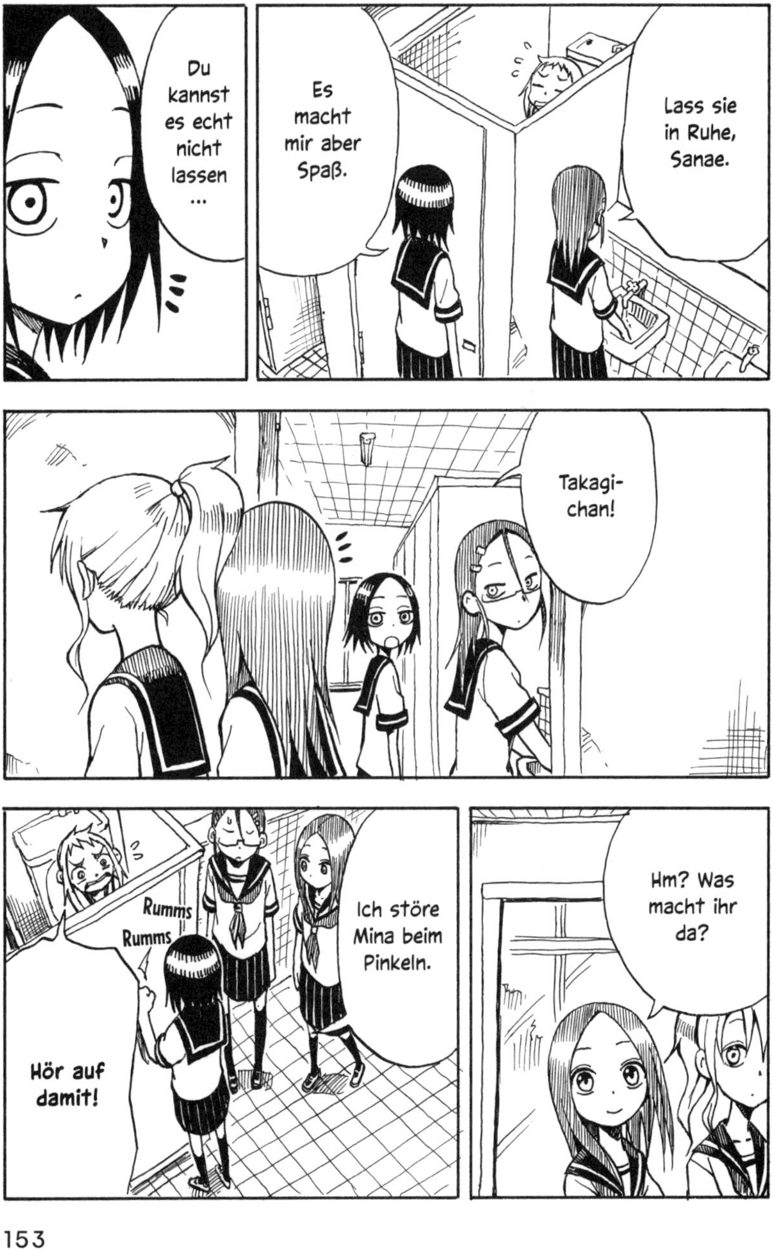
Lass sie in Ruhe, Sanae.
Es macht mir aber Spaß.
Du kannst es echt nicht lassen ...
Takagi-chan!
Hm? Was macht ihr da?
Ich störe Mina beim Pinkeln.
Rumms
Rumms
Hör auf damit!

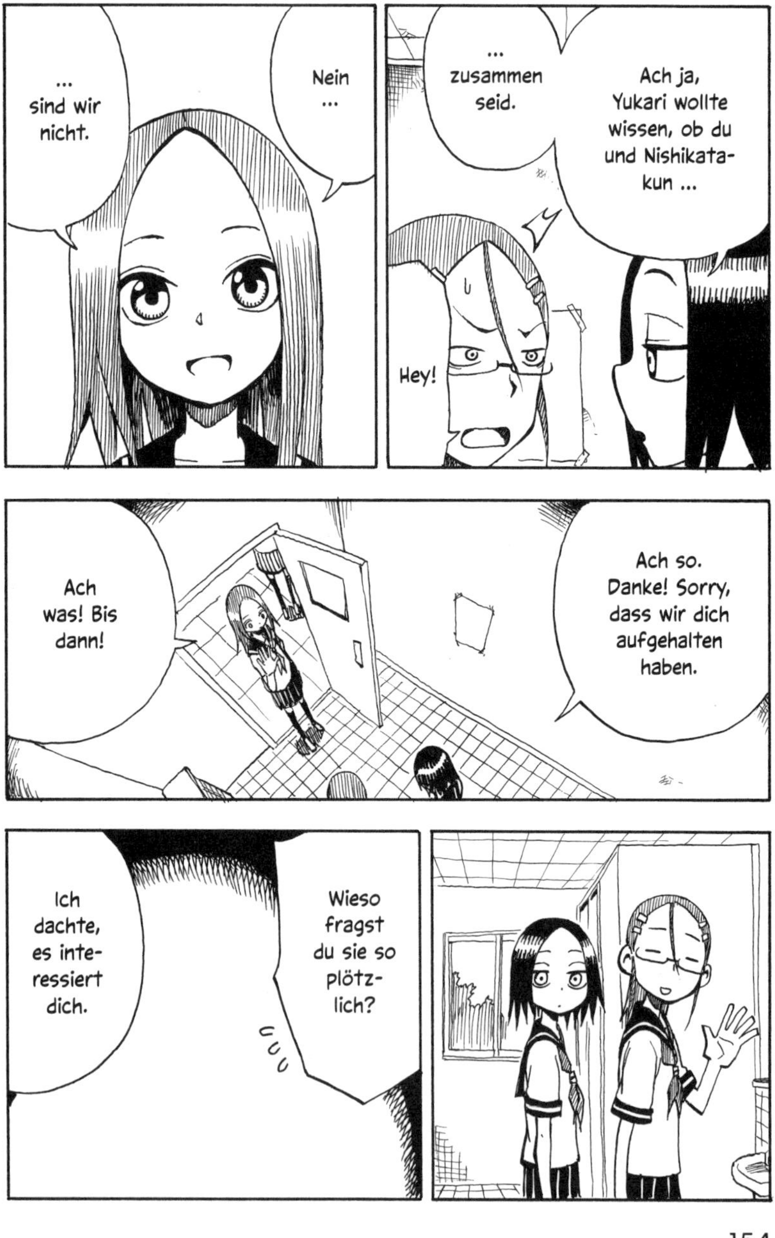
Ach ja, Yukari wollte wissen, ob du und Nishikata-kun ...
... zusammen seid.
Hey!
Nein ...
... sind wir nicht.
Ach so. Danke! Sorry, dass wir dich aufgehalten haben.
Ach was! Bis dann!
Wieso fragst du sie so plötzlich?
Ich dachte, es interessiert dich.

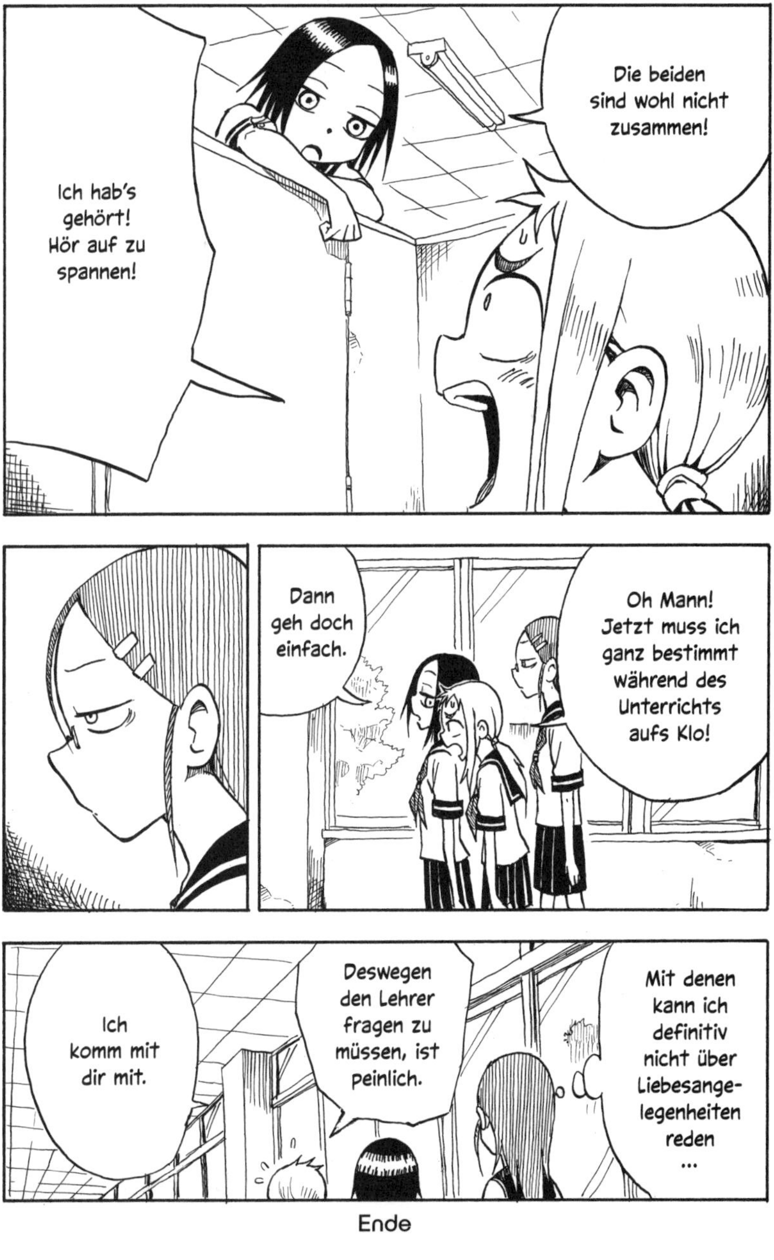
Die beiden sind wohl nicht zusammen!
Ich hab's gehört! Hör auf zu spannen!
Oh Mann! Jetzt muss ich ganz bestimmt während des Unterrichts aufs Klo!
Dann geh doch einfach.
Mit denen kann ich definitiv nicht über Liebesange-legenheiten reden ...
Deswegen den Lehrer fragen zu müssen, ist peinlich.
Ich komm mit dir mit.

Ende

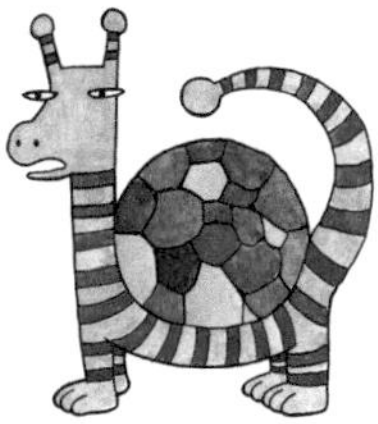

Danke, dass ihr dieses Buch
in die Hand genommen habt!
Ich hoffe, ihr habt viel Spaß
beim Lesen!

Comedy 13+

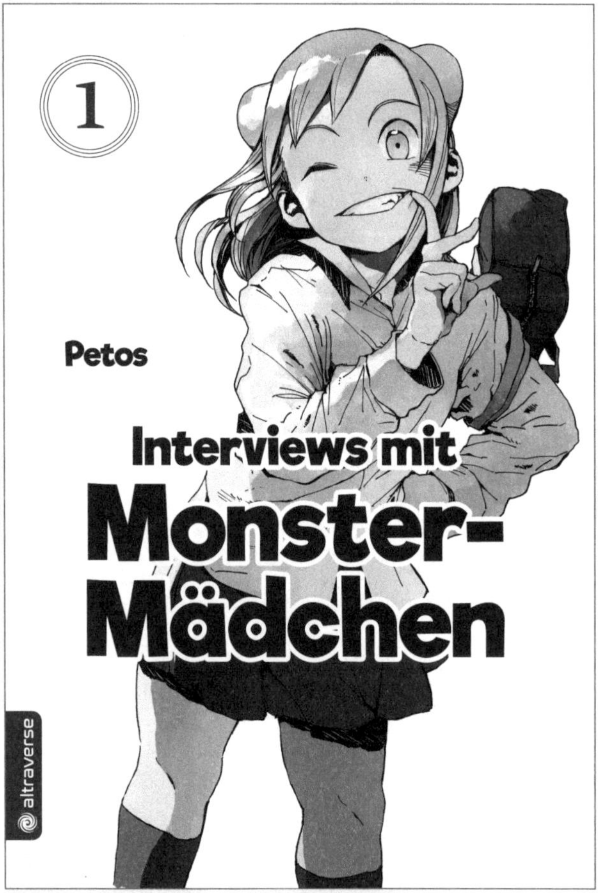

Interviews mit Monster-Mädchen

Petos

Vampire, Sukkuben, Schneefrauen und andere Arten von Ajins sind uns Menschen ähnlicher, als man denken könnte. Biologielehrer Tetsuo Takahashi hofft bereits sein ganzes Leben darauf, einen kennenzulernen. Als er herausfindet, dass drei seiner Schülerinnen Ajins sind, beschließt er zu Studienzwecken Interviews mit ihnen zu führen.

altraverse

Deutsche Ausgabe / German Edition
Altraverse GmbH – Hamburg 2022
Aus dem Japanischen von Sakura Ilgert

KARAKAI JOZU NO TAKAGI-SAN Vol. 1 by Soichiro YAMAMOTO

Original cover design: Takatoshi TAGUCHI

Original Japanese edition published by SHOGAKUKAN.
German translation rights arranged with SHOGAKUKAN
through The Kashima Agency.

Redaktion: Anh Tu Nguyen
Herstellung: Stephanie Gieck
Lettering: Vibrant Publishing Studio

Druck: CPI books GmbH, Leck
Printed in Germany

MIX
Papier
FSC FSC® C083411

ISBN 978-3-96358-159-5
2. Auflage 2022

www.altraverse.de